Assessment Report of
Websites' Business Value

网站商业价值评估报告
（2016）

谢新洲　施侃 / 主编

华夏出版社
HUAXIA PUBLISHING HOUSE

网站商业价值评估报告(2016)

主　编：谢新洲
　　　　施　侃

撰稿人：
　　胡　璇　刘晶晶　赵丹彤　张华麟　李　冰
　　聂　琴　陈晓媛　李晓玢　赵宇迪　王　瑞

序 言

从1994年中国科学院高能物理研究所建立国内首个网站起至今,我国网站发展历经了二十余年的时间。从Web1.0时代门户网站崛起,到2.0时代社交网站风靡,再到如今电子商务、视频直播、O2O网站大放异彩,网站伴随"互联网+"的进程见证了中国互联网的发展与变革,并且日益与人们的生活密不可分。

习近平总书记在2016年4月19日"全国网络安全与信息化工作座谈会"上指出:现在,互联网越来越成为人们学习、工作、生活的新空间,越来越成为获取公共服务的新平台。网信事业代表着新的生产力、新的发展方向,应该也能够在践行新发展理念上先行一步。网站是互联网生态中与用户接触最密切的部分,承载着信息发布、内容分享、交流互动、消费娱乐等多方面的功能,其社会效益和价值是不可估量的。

我国网站数量巨大,增长速度极快,商业模式不断创新,创造着惊人的经济价值,许多以网站为主营企业的互联网企业市值屡创新高。据中国互联网络信息中心(CNNIC)发布的《第37次中国互联网络发展统计报告》显示,截至2015年12月,中国网站数量为423万个,年增长率26.3%[1],中国网页数量为2123亿个,年增长率11.8%。[2] 多家网站在资本市场倍受青睐,在国际上也颇具竞争力。据工信部统计,2015年全球互联网企业市值前30强中,中国占据10席;全球营收前10强中,中国企业营收平均增速是美国企业的2.5倍。

互联网产业正逐步成为我国新的经济支柱和经济增长点,网站作为互联网产业中最为基础、应用最广的应用平台,其商业价值是互联网产业价值的重要组成部分。尽管目前已有一些对网站商业价值进行评估的方法,但对大量的、商业模式各异的网站进行长期、持续的商业价值评估,至今仍没有较为系统与科学的方法与体系。

---

[1] 《第37次中国互联网络发展统计报告》[R]. 中国互联网络信息中心,2016.1.
[2] 《第37次中国互联网络发展统计报告》[R]. 中国互联网络信息中心,2016.1.

因此，对我国网站发展的现状深入了解，对各类型网站的经济价值做出客观评估，对于践行网络强国战略，推动我国网信事业发展，总结归纳网站发展的经验教训，指导行业良性前行，具有强烈的现实必要性和重要意义。

对我国商业网站的发展现状进行梳理、建立科学的网站商业价值评估体系能够推动网信事业发展。我国经济发展进入了新常态，新常态要有新动力，互联网在这方面可以大有作为。因此，梳理我国网站的发展现状，建立符合我国国情的网站商业价值评估体系，可以促进政府相关管理部门对我国网站整体商业规模和存在问题的了解，有利于对网站未来发展制定长期规划和管理措施，是建设"网络强国"，推动网信事业发展，实现"两个一百年"宏伟目标的必然要求。

进行网站商业价值的评估研究是我国互联网产业总结发展经验，正视自身问题，展望未来发展的题中之义。网站作为互联网产业中最先崛起的应用形态，见证了我国互联网产业的发展，并仍然具有广阔的发展前景。2015年全年新开通的中国网站数量达到110.3万余个，平均每月新开通网站9.1万余个。对网站整体商业价值的了解与分析，有助于互联网产业中的管理者、研究者总结历史，把握规律，发现问题，理解趋势。

对我国网站的发展现状和商业价值进行研究是帮助互联网企业应对市场竞争，激励商业模式创新的必然要求。互联网接入市场竞争日趋激烈，市场集中度进一步提升。当前我国互联网公司面临"底层技术没有核心竞争力，上层模式停留在跟风模仿"的窘迫境地。在此背景之下，展开对我国网站发展现状的总结和梳理，对于帮助企业认清整体市场形势，了解自身长处与短板，提升企业商业模式创新能力，具有重要意义。

《网站商业价值评估报告》旨在对我国主要网站的商业价值做出较为客观、科学、可信的评估，希望解决如下一些问题：网站的商业价值来源及构成是什么，如何构建一个对各类网站适用的商业价值评估体系，如何获取大量、稳定、可信的评估数据，哪些网站的商业价值排名前列，哪些类型的网站具有更好的商业发展趋势，商业网站的发展存在哪些风险及问题。

本报告在对基本理论及过往相关研究进行综述整理的基础上，以德尔菲法、综合层次分析法构建网站商业价值评价指标体系，在选取9000余个网站进行合理分类后，导入公开数据进行网站商业价值评估计算，最终得出网站整体及各分类的商业价值排行榜，并对电子商务、信息门户、社交网站、信息服务、生活服务、娱乐服务六大类型网站进行分析，整理归纳其发展历程及概况，运用 SWOT 分析法对网站的优势、劣势、机会、威胁进行剖析，并总结其未来的发展趋势及问题。

本报告的创新点主要包括范式创新、指标创新、算法创新、机制创新和数据创新多个方面。传统计量模型主要站在投资者的角度为网站进行定价，主要关注盈利和现金流等公司财务信息，研究对象为单一网站。而本次研究更加关注网站在商业价值方面体现出的一些特有属性，以所有商业网站为研究对象，基于用户和广告主行为产生的海量数据进行分析和计算，从而实现灵活、快速、高效的评估，既是对单个网站当下经营状况的直观反映，同时也能够展示行业和行业之间、行业内部的差异及变化趋势。

本报告的研究设计包括以下几个部分：界定核心概念和研究对象，确定研究方法；抽取足够的样本网站并进行分类；提炼关键指标，建立两级指标体系；进行指标体系的验证与修正；输出网站商业价值评估结果；建立网站商业价值评估系统。

本报告中的数据由北京大学新媒体研究院及 AnG 大数据精准营销公司联合成立的"数字媒体实验室"提供。AnG 已对接国内全网超过 80% 的广告媒体和资源，日流量达百亿次，覆盖超过 5 亿网民。研究数据中，网站广告数据来自 AnG 网站分析平台，其他数据来自 Alexa、站长之家、百度等开放数据源。

报告出版之际，感谢撰稿团队各位研究人员及北京大学新媒体研究院 2015 级三名硕士生的认真编写；感谢 AnG 公司在研究数据方面提供支持，特别感谢华夏出版社对本报告出版的大力支持，感谢责任编辑及其团队付出的辛勤劳动。

谢新洲
2016 年 10 月 10 日

目 录

报告摘要 ·· 1

报告正文

第1章 前言 ·· 3
  1.1 网站商业价值评估研究的现实必要性 ······················· 3
    1.1.1 推动我国网信事业发展 ·· 3
    1.1.2 积极回应我国网站发展现状 ····································· 4
    1.1.3 指导互联网企业总结经验、发现问题 ····················· 5
    1.1.4 帮助互联网企业应对竞争和创新 ····························· 6
  1.2 网站商业价值评估研究的现实意义 ······························· 7
    1.2.1 填补商业网站评分定级的空白 ································ 7
    1.2.2 以科学标准建立网站商业价值评估体系 ················· 7
    1.2.3 形成定期发布机制,提供行业对比参照 ················· 8
    1.2.4 净化网络空间,提高网站社会责任意识 ················· 8
    1.2.5 提升有关互联网企业的社会影响力 ························· 9
    1.2.6 提升用户体验,建设以人民为中心的网信事业 ····· 9
  1.3 网站商业价值评估研究的创新点 ··································· 10
    1.3.1 范式创新 ··· 10
    1.3.2 指标创新 ··· 11
    1.3.3 算法创新 ··· 11
    1.3.4 机制创新 ··· 12
    1.3.5 数据创新 ··· 12

第2章 网站商业价值评估研究综述 ··································· 14
  2.1 网站商业价值评估要素的阐释 ······································· 14
  2.2 网站商业价值评估指标体系的建立 ······························· 15

2.3 网站商业价值评估方法的探讨 ·· 22
2.4 网站商业价值评估方法的应用 ·· 25
2.5 网站商业价值评估结果的梳理 ·· 27
  2.5.1 Alexa 排名 ·· 27
  2.5.2 Google 的 PageRank 值 ··· 29
  2.5.3 IBM 的 HITS 算法 ·· 30
  2.5.4 搜狗的 Sogou Rank 网页指数 ·· 31
  2.5.5 百度权重指数 ··· 31
  2.5.6 360 权重指数 ··· 32
  2.5.7 工信部的互联网企业排行榜单 ·· 32
  2.5.8 《互联网周刊》的网站排行榜 ·· 34

第 3 章 网站商业价值评估的理论基础 ··· 36
3.1 网站相关理论及概念界定 ·· 36
  3.1.1 网站发展及演变——Web1.0 与 Web2.0 ···························· 36
  3.1.2 网站的概念 ··· 37
  3.1.3 网站特征属性分析 ·· 38
  3.1.4 网站分类及构成 ··· 40
3.2 网站商业价值相关理论及概念界定 ·· 41
  3.2.1 商业价值概念界定 ·· 41
  3.2.2 网站商业价值概念界定 ·· 42
  3.2.3 网站商业价值源泉 ·· 42
  3.2.4 网站商业价值增值规律 ·· 44
  3.2.5 网站商业价值实现路径——商业模式 ······························· 45
3.3 网站商业价值评估内容、方法及适用性分析 ···························· 50
  3.3.1 网站价值评估内容 ·· 50
  3.3.2 网站价值评估基本方法 ·· 51
  3.3.3 网站价值评估常见模型 ·· 54
  3.3.4 目前网站价值评估方法比较 ··· 56
  3.3.5 网站商业价值评估影响因子 ··· 57
  3.3.6 网站商业价值评估的难点 ··· 63

第 4 章 网站商业价值评估体系设计 ·· 65

4.1 网站商业价值评估体系的设计原则 ………………………………… 65
  4.1.1 科学性原则 …………………………………………………… 65
  4.1.2 整体性原则 …………………………………………………… 66
  4.1.3 可操作性原则 ………………………………………………… 66
  4.1.4 时效性原则 …………………………………………………… 66
4.2 网站商业价值评估的研究对象 ……………………………………… 66
  4.2.1 商业网站的规模和身份标识 ………………………………… 67
  4.2.2 商业网站列表的采集 ………………………………………… 69
4.3 商业网站的分类 ……………………………………………………… 70
  4.3.1 分类的理论框架 ……………………………………………… 71
  4.3.2 编码员对网站进行分类 ……………………………………… 74
  4.3.3 依据结果对原分类编码表的修正 …………………………… 75
  4.3.4 确定分类编码表 ……………………………………………… 75
4.4 网站商业价值评估方法的选择 ……………………………………… 78
  4.4.1 层次分析法 …………………………………………………… 79
  4.4.2 德尔菲法 ……………………………………………………… 79
  4.4.3 研究步骤概述 ………………………………………………… 80
4.5 网站商业价值层次结构模型的初步建立 …………………………… 81
  4.5.1 目的层分解:网站商业价值 ………………………………… 82
  4.5.2 中间层指标分解:用户规模 ………………………………… 83
  4.5.3 中间层指标分解:用户忠诚度 ……………………………… 83
  4.5.4 中间层指标分解:网站广告收入 …………………………… 84
  4.5.5 中间层指标分解:用户付费情况 …………………………… 84
  4.5.6 初步的层次结构模型 ………………………………………… 85
4.6 网站商业价值层次结构模型的调整 ………………………………… 85
4.7 操作层各指标的释义及操作化 ……………………………………… 87
  4.7.1 操作层指标:百度收录页面数 ……………………………… 87
  4.7.2 操作层指标:反向链接数 …………………………………… 89
  4.7.3 操作层指标:百度 PR ………………………………………… 90
  4.7.4 操作层指标:网站 PV、独立访问 IP 数、人均页面浏览量 …… 91
  4.7.5 操作层指标:平均页面加载时间 …………………………… 93
  4.7.6 操作层指标:网站广告数据指标 …………………………… 93

4.6 数据来源及获取方式 ··· 95
4.7 网站商业价值指标权重的确定 ····································· 96
4.8 指标体系的验证:样本排名 ·· 98
  4.8.1 样本的选取 ·· 98
  4.8.2 样本数据的抓取 ·· 99
  4.8.3 数据存在的问题及解决办法 ···································· 99
  4.8.4 数据的标准化 ··· 101
  4.8.5 样本排名的计算及讨论 ······································ 102

第5章 网站商业价值评估结果 ·· 104
 5.1 网站总体概况 ·· 104
 5.2 商业价值TOP100网站列表 ······································ 107
 5.3 商业价值TOP100网站分析 ······································ 111
  5.3.1 电子商务领跑,阿里集团一马当先 ······························ 113
  5.3.2 信息门户网站流量巨大,广告业绩突出 ·························· 115
  5.3.3 视频网站成功拓展免费+增值业务模式 ·························· 117

第6章 电子商务网站商业价值分析 ···································· 120
 6.1 电子商务网站概述 ·· 120
 6.2 电子商务网站发展历程 ·· 121
  6.2.1 萌芽期:1995-2001 ·· 122
  6.2.2 成长期:2001-2007 ·· 122
  6.2.3 爆发期:2008-2015 ·· 123
 6.3 电子商务网站整体规模 ·· 124
 6.4 电子商务网站分类 ·· 126
 6.5 电子商务网站商业价值排名 ···································· 127
  6.5.1 电子商务网站商业价值TOP50 ································ 127
  6.5.2 综合零售网站商业价值TOP20 ································ 129
  6.5.3 B2B网站商业价值TOP20 ···································· 129
  6.5.4 二手交易网站商业价值TOP10 ································ 130
  6.5.5 团购网站商业价值TOP20 ···································· 131
  6.5.6 租车打车网站商业价值TOP10 ································ 131
  6.5.7 个护化妆网站商业价值TOP20 ································ 132

  6.5.8 服饰鞋包网站商业价值 TOP20 …………………………………… 132
  6.5.9 数码家电网站商业价值 TOP20 …………………………………… 133
  6.5.10 比价导购网站商业价值 TOP20 ………………………………… 134
  6.5.11 跨境海淘网站商业价值 TOP20 ………………………………… 134
  6.5.12 食品酒水网站商业价值 TOP20 ………………………………… 135
  6.5.13 在线药店网站商业价值 TOP20 ………………………………… 135
  6.5.14 鲜花礼品网站商业价值 TOP10 ………………………………… 136
  6.5.15 折扣返利网站商业价值 TOP20 ………………………………… 137
 6.6 综合零售网站商业价值分析 ……………………………………………… 137
  6.6.1 综合零售网站盈利模式分析 ……………………………………… 137
  6.6.2 综合零售网站 SWOT 分析 ………………………………………… 138
  6.6.3 综合零售网站代表网站分析 ……………………………………… 141
  6.6.4 综合零售网站问题及趋势分析 …………………………………… 144
 6.7 团购网站商业价值分析 …………………………………………………… 145
  6.7.1 团购网站盈利模式分析 …………………………………………… 145
  6.7.2 团购网站 SWOT 分析 ……………………………………………… 146
  6.7.3 团购网站代表网站分析 …………………………………………… 148
  6.7.4 团购网站问题及趋势分析 ………………………………………… 149
 6.8 跨境海淘网站商业价值分析 ……………………………………………… 150
  6.8.1 跨境海淘网站盈利模式分析 ……………………………………… 151
  6.8.2 跨境海淘网站 SWOT 分析 ………………………………………… 152
  6.8.3 跨境海淘网站代表网站分析 ……………………………………… 155
  6.8.4 跨境海淘网站问题及趋势分析 …………………………………… 155

第 7 章 信息门户网站商业价值分析 ……………………………………………… 157
 7.1 信息门户网站概述 ………………………………………………………… 157
 7.2 信息门户网站发展历程 …………………………………………………… 157
 7.3 信息门户网站整体规模 …………………………………………………… 158
 7.4 信息门户网站分类 ………………………………………………………… 159
 7.5 信息门户网站商业价值排名 ……………………………………………… 159
  7.5.1 信息门户网站商业价值 TOP50 …………………………………… 159
  7.5.2 综合门户网站商业价值 TOP20 …………………………………… 162

7.5.3　IT 电子门户网站商业价值 TOP20 ············· 162
7.5.4　财经门户网站商业价值 TOP20 ············· 163
7.5.5　电子报刊网站商业价值 TOP20 ············· 164
7.5.6　房产门户网站商业价值 TOP20 ············· 164
7.5.7　教育门户网站商业价值 TOP20 ············· 165
7.5.8　军事门户网站商业价值 TOP20 ············· 166
7.5.9　历史文化网站商业价值 TOP20 ············· 166
7.5.10　汽车门户网站商业价值 TOP20 ············ 167
7.5.11　区域门户网站商业价值 TOP20 ············ 167
7.5.12　新闻门户网站商业价值 TOP20 ············ 168
7.5.13　娱乐门户网站商业价值 TOP20 ············ 169
7.6　综合门户网站商业价值分析 ··················· 169
7.6.1　综合门户网站盈利模式分析 ················ 169
7.6.2　综合门户网站 SWOT 分析 ··················· 171
7.6.3　综合门户网站代表网站分析——新浪网 ······ 172
7.6.4　综合门户网站问题及趋势分析 ················ 173
7.7　新闻门户网站商业价值分析 ··················· 174
7.7.1　新闻门户网站盈利模式分析 ·················· 174
7.7.2　新闻门户网站 SWOT 分析 ··················· 175
7.7.3　新闻门户网站代表网站分析——人民网 ······ 177
7.7.4　新闻门户网站问题及趋势分析 ················ 177

第 8 章　社交平台网站商业价值排名及分析 ············· 179
8.1　社交平台网站概述 ····························· 179
8.2　社交平台网站发展历程 ························· 180
8.2.1　萌芽期:2003 - 2004 ························· 181
8.2.2　快速成长期:2005 - 2007 ····················· 181
8.2.3　高速发展期:2008 年至今 ····················· 182
8.3　社交平台网站整体规模 ························· 183
8.4　社交平台网站分类 ····························· 183
8.4.1　综合类社交平台网站 ························ 184
8.4.2　垂直类社交平台网站 ························ 184

8.4.3　微博类的社交平台网站 ……………………………………… 184
8.5　社交平台网站商业价值排名 ………………………………………… 185
8.5.1　社交平台网站商业价值TOP50 …………………………… 185
8.5.2　社交网站商业价值TOP20 ………………………………… 187
8.5.3　综合社区网站商业价值TOP20 …………………………… 188
8.5.4　微博博客网站商业价值TOP20 …………………………… 189
8.5.5　亲子社区网站商业价值TOP20 …………………………… 189
8.5.6　留学社区网站商业价值TOP20 …………………………… 190
8.5.7　科技社区网站商业价值TOP20 …………………………… 190
8.6　社交网站商业价值分析 ……………………………………………… 191
8.6.1　社交网站盈利模式分析 ……………………………………… 191
8.6.2　社交网站SWOT分析 ………………………………………… 194
8.6.3　社交网站代表网站分析 ……………………………………… 196
8.6.4　社交网站问题及趋势分析 …………………………………… 197
8.7　综合社区网站商业价值分析 ………………………………………… 199
8.7.1　综合社区网站盈利模式分析 ………………………………… 199
8.7.2　综合社区网站SWOT分析 …………………………………… 201
8.7.3　综合社区网站代表网站分析 ………………………………… 202
8.7.4　综合社区网站问题及趋势分析 ……………………………… 204

第9章　信息服务网站商业价值排名及分析 ……………………………… 205
9.1　信息服务网站概述 …………………………………………………… 205
9.2　信息服务网站发展历程 ……………………………………………… 205
9.3　信息服务网站整体规模 ……………………………………………… 207
9.4　信息服务网站分类 …………………………………………………… 209
9.5　信息服务网站商业价值排名 ………………………………………… 209
9.5.1　信息服务网站商业价值TOP50 ……………………………… 209
9.5.2　搜索引擎网站商业价值TOP20 ……………………………… 212
9.5.3　分类导航网站商业价值TOP20 ……………………………… 212
9.5.4　下载站点网站商业价值TOP20 ……………………………… 213
9.5.5　信息查询网站商业价值TOP20 ……………………………… 214
9.5.6　站长工具网站商业价值TOP20 ……………………………… 214

- 9.5.7 知识获取网站商业价值 TOP20 ·········· 215
- 9.5.8 资源分享网站商业价值 TOP20 ·········· 215
- 9.5.9 电子邮件网站商业价值 TOP20 ·········· 216
- 9.5.10 设计素材网站商业价值 TOP20 ·········· 217
- 9.6 搜索引擎网站商业价值分析 ·········· 217
  - 9.6.1 搜索引擎网站盈利模式分析 ·········· 217
  - 9.6.2 搜索引擎网站 SWOT 分析 ·········· 220
  - 9.6.3 搜索引擎网站代表网站分析 ·········· 224
  - 9.6.4 搜索引擎网站问题及趋势分析 ·········· 226
- 9.7 分类导航网站商业价值分析 ·········· 227
  - 9.7.1 分类导航网站盈利模式分析 ·········· 227
  - 9.7.2 分类导航网站 SWOT 分析 ·········· 228
  - 9.7.3 分类导航网站代表网站分析 ·········· 230
  - 9.7.4 分类导航网站问题及趋势分析 ·········· 231

第 10 章 生活服务网站商业价值排名及分析 ·········· 233

- 10.1 生活服务网站概述 ·········· 233
- 10.2 生活服务网站发展历程 ·········· 233
- 10.3 生活服务网站整体规模 ·········· 234
- 10.4 生活服务网站分类 ·········· 236
- 10.5 生活服务网站商业价值排名 ·········· 236
  - 10.5.1 生活服务网站商业价值 TOP50 ·········· 237
  - 10.5.2 地图服务网站商业价值 TOP20 ·········· 239
  - 10.5.3 法律网站商业价值 TOP8 ·········· 239
  - 10.5.4 挂号问诊网站商业价值 TOP20 ·········· 240
  - 10.5.5 家居生活网站商业价值 TOP20 ·········· 240
  - 10.5.6 健康网站商业价值 TOP20 ·········· 241
  - 10.5.7 酒店预订网站商业价值 TOP20 ·········· 242
  - 10.5.8 快递网站商业价值 TOP20 ·········· 242
  - 10.5.9 旅游网站商业价值 TOP20 ·········· 243
  - 10.5.10 票务网站商业价值 TOP20 ·········· 244
  - 10.5.11 问答网站商业价值 TOP20 ·········· 245

- 10.5.12 在线金融网站商业价值 TOP20 ……… 245
- 10.5.13 招聘网站商业价值 TOP20 ……… 246

10.6 在线金融网站商业价值分析 ……… 247
- 10.6.1 在线金融网站盈利模式分析 ……… 247
- 10.6.2 在线金融网站 SWOT 分析 ……… 248
- 10.6.3 在线金融网站代表网站分析 ……… 251
- 10.6.4 在线金融网站发展的问题及趋势 ……… 252

10.7 挂号问诊网站商业价值分析 ……… 252
- 10.7.1 挂号问诊网站盈利模式分析 ……… 252
- 10.7.2 挂号问诊网站 SWOT 分析 ……… 253
- 10.7.3 挂号问诊网站代表网站分析 ……… 255
- 10.7.4 挂号问诊网站问题及趋势分析 ……… 256

10.8 问答网站商业价值分析 ……… 257
- 10.8.1 问答网站盈利模式分析 ……… 257
- 10.8.2 问答网站 SWOT 分析 ……… 258
- 10.8.3 问答网站代表网站分析 ……… 259
- 10.8.4 问答网站问题及趋势分析 ……… 260

第 11 章 娱乐服务网站商业价值分析 ……… 262
11.1 娱乐服务网站概述 ……… 262
11.2 娱乐服务网站发展历程 ……… 262
11.3 娱乐服务网站整体规模 ……… 263
11.4 娱乐服务网站分类 ……… 263
11.5 娱乐服务网站商业价值排名 ……… 263
- 11.5.1 娱乐服务网站商业价值 TOP50 ……… 264
- 11.5.2 视频网站商业价值 TOP20 ……… 265
- 11.5.3 阅读网站商业价值 TOP20 ……… 266
- 11.5.4 音乐网站商业价值 TOP20 ……… 267
- 11.5.5 体育网站商业价值 TOP20 ……… 267
- 11.5.6 时尚女性网站商业价值 TOP20 ……… 268
- 11.5.7 在线直播网站商业价值 TOP20 ……… 268
- 11.5.8 网络游戏网站商业价值 TOP20 ……… 269

11.5.9 动漫网站商业价值TOP20 …… 270
11.5.10 电影网站商业价值TOP20 …… 270
11.5.11 图书音像网站商业价值TOP20 …… 271
11.5.12 星座命理网站商业价值TOP20 …… 272
11.5.13 幽默笑话网站商业价值TOP10 …… 272
11.5.14 摄影网站商业价值TOP10 …… 273
11.5.15 艺术古玩网站商业价值TOP20 …… 273

11.6 视频网站商业价值分析 …… 274
11.6.1 视频网站盈利模式分析 …… 274
11.6.2 视频网站SWOT分析 …… 275
11.6.3 视频网站代表网站分析 …… 277
11.6.4 视频网站问题及趋势分析 …… 278

11.7 音乐网站商业价值分析 …… 279
11.7.1 音乐网站盈利模式分析 …… 279
11.7.2 音乐网站SWOT分析 …… 280
11.7.3 音乐网站代表网站分析 …… 282
11.7.4 音乐网站问题及趋势分析 …… 282

11.8 在线直播网站商业价值分析 …… 283
11.8.1 在线直播网站盈利模式分析 …… 283
11.8.2 在线直播网站SWOT分析 …… 284
11.8.3 在线直播网站代表网站分析 …… 285
11.8.4 在线直播网站问题及趋势分析 …… 286

参考文献 …… 287

报告摘要

商业网站经过数十年的发展,已创造了巨大的经济效益与社会效益,不断诞生演变出新的类型与商业模式,是互联网生态中的重要组成部分。对网站的商业价值做出科学、客观的评价,对于推动我国网信事业的发展,总结梳理我国网站发展现状,指导互联网企业总结经验教训,帮助互联网企业应对竞争和创新,具有十分重要的意义。

《网站商业价值评估项目报告》在对基本理论及过往相关研究进行综述整理的基础上,以德尔菲法、综合层次分析法构建网站商业价值评价指标体系,在选取 9000 余个网站进行合理分类后,导入公开数据进行网站商业价值评估计算,最终得出网站整体及各分类的商业价值排行榜。

本次研究的创新点主要包括范式创新、指标创新、算法创新、机制创新和数据创新多个方面。传统计量模型主要站在投资者的角度为网站进行定价,主要关注盈利和现金流等公司财务信息,研究对象为单一网站。而本次研究更加关注网站在商业价值方面体现出的一些特有属性,以所有商业网站为研究对象,基于用户和广告主行为产生的海量数据进行分析和计算,从而实现灵活、快速、高效的评估,既是对单个网站当下经营状况的直观反映,也能够展示行业和行业之间、行业内部的差异及变化趋势。

报告第 1 章为前言,主要阐释了进行网站商业价值评估的现实必要性、意义以及研究的主要创新点。

第 2 章为研究综述,主要对网站商业价值的评估要素进行分析,对过往研究中网站商业价值评估指标体系进行总结和评价,在此基础上对相应的评估方法与结果进行整理,以作为本次研究的参照。

第 3 章为理论基础,主要梳理了与几个核心概念相关理论,包括网站、网站商业价值、网站商业价值评估等,为下一步提出本研究的网站商业价值评估设计提供基础。

第 4 章为评估体系设计,主要介绍了评估体系的设计原则、研究对象、评估方法。由于研究对象为网站,内部类型分化严重,因此首先对网站进行了科学合理分类。接下来使用层次分析法,将网站商业价值这一抽象概念分解为可以操作和量化的具体指标,之后运用德尔菲法,在专家多轮匿名投票的基础上筛选出了具有信度和效度、同时还具备可操作性的具体指标。最后导入了一定量的样本数据,对指标体系进行测试,测试结果具有可信度。

第 5 章为具体的排名结果,列出了排名前 100 的网站,并对排名结果进行初步分析。

第 6 章至第 11 章为电子商务、信息门户、社交平台、信息服务、生活服务、娱乐服务六大类别商业网站的详细排名情况,并结合各类网站中具有代表性的商业模式分析、SWOT 竞争态势分析、典型网站分析,对其发展现状、问题、趋势做出总结。

本次研究的核心方法包括综合层次分析法与德尔菲法。层次分析法由美国运筹学家 Saaty 于 20 世纪 70 年代初提出,是一种将定性与定量分析方法相结合的多目标决策分析方法。层次分析法的主要思想是通过将复杂问题分解为若干层次和若干因素,对两两指标之间的重要程度作出比较判断,建立判断矩阵,通过计算矩阵的最大特征值以及对应特征向量,就可得出不同方案的重要性程度的权重,为最佳方案的选择提供依据。德尔菲法通过一个多次与专家交互的循环过程,使分散的意见逐渐收敛在协调一致的结果上,充分发挥了信息反馈和信息控制的作用。两种方法相结合,即由多轮匿名专家评审选择出具有信度和效度的评价指标,并由专家打分得出各指标具体的权重,最终形成网站商业价值评价指标体系。

本报告的核心成果为网站商业价值评估指标体系。具体如下表所示。

表 1 网站商业价值评估指标体系

一级指标	二级指标	权重
用户规模	百度收录页面数量	0.051767
	反向链接数	0.059367
	百度权重	0.108967
	日均访问量 PV	0.092067
	日均独立 IP 数	0.105467
用户忠诚度	人均页面浏览量	0.154467
	平均响应时间	0.107367

（续表）

一级指标	二级指标	权重
网站广告指标	广告请求次数	0.056467
	广告竞价次数	0.049567
	广告展示次数	0.052367
	月均广告总收入	0.093067
	广告均价	0.068967

根据上表的网站商业价值评估指标体系，导入Alexa及站长之家、第三方广告平台的具体网站数据，即可计算出网站的商业价值指数及排名。下表是根据评估指标体系计算出的，商业价值排名TOP100的网站，及网站所属的一级与二级分类。

表2 网站商业价值排名TOP100

排名	网站名称	一级分类	二级分类
1	淘宝网	电子商务	综合零售
2	百度	信息服务	搜索引擎
3	阿里巴巴1688	电子商务	B2B
4	天猫网	电子商务	综合零售
5	爱奇艺	娱乐服务	视频网站
6	京东	电子商务	综合零售
7	58同城	信息服务	分类导航
8	央视网	娱乐服务	视频网站
9	网易	信息门户	综合门户
10	腾讯网	信息门户	综合门户
11	赶集网	信息服务	分类导航
12	优酷网	娱乐服务	视频网站
13	360搜索	信息服务	搜索引擎
14	凤凰网	信息门户	综合门户
15	亚马逊中国官网	电子商务	综合零售
16	土豆网	娱乐服务	视频网站
17	搜狐	信息门户	综合门户

(续表)

排名	网站名称	一级分类	二级分类
18	虎扑体育	娱乐服务	体育网站
19	搜狗	信息服务	搜索引擎
20	新浪网	信息门户	综合门户
21	大众点评网	电子商务	团购网站
22	4399小游戏	娱乐服务	网络游戏
23	新浪微博	社交平台	博客微博
24	当当网	电子商务	综合零售
25	天涯社区	社交平台	综合论坛
26	中国网	信息门户	新闻门户
27	网易新闻	信息门户	新闻门户
28	北青网	信息门户	新闻门户
29	acfun弹幕视频网	娱乐服务	视频网站
30	游民星空	娱乐服务	网络游戏
31	中关村在线	信息门户	IT电子门户
32	互动百科	信息服务	知识获取
33	唯品会	电子商务	综合零售
34	晋江文学城	娱乐服务	阅读网站
35	新华网	信息门户	新闻门户
36	酷6网	娱乐服务	视频网站
37	百姓网	信息服务	分类导航
38	昵图网	信息服务	设计素材
39	Q友乐园	信息服务	资源分享
40	滴滴打车官网	电子商务	租车打车
41	凤凰资讯	信息门户	新闻门户
42	百度知道	生活服务	问答网站
43	百度贴吧	社交平台	综合论坛
44	什么值得买	电子商务	比价导购
45	中国日报网	信息门户	新闻门户

(续表)

排名	网站名称	一级分类	二级分类
46	53货源网	电子商务	B2B
47	折800网	电子商务	综合零售
48	搜狐视频	娱乐服务	视频网站
49	中华网	信息门户	综合门户
50	一淘网	电子商务	比价导购
51	苹果官方网站	电子商务	数码家电
52	1号店	电子商务	综合零售
53	贝贝网	电子商务	综合零售
54	全球加盟网	电子商务	B2B
55	商国互联	电子商务	B2B
56	寻医问药	生活服务	挂号问诊
57	苏宁易购	电子商务	综合零售
58	CSDN	信息服务	站长工具
59	中华网社区	社交平台	综合论坛
60	腾讯新闻	信息门户	新闻门户
61	一呼百应	电子商务	B2B
62	39健康网	生活服务	健康网站
63	美团	电子商务	团购网站
64	豆瓣电影	娱乐服务	电影网站
65	海外网	信息门户	新闻门户
66	凤凰视频	娱乐服务	视频网站
67	世界工厂网	电子商务	B2B
68	蘑菇街	电子商务	综合零售
69	2345网址导航	信息服务	分类导航
70	H&M官方网上商城	电子商务	服饰鞋包
71	东方网	信息门户	新闻门户
72	糯米网	电子商务	团购网站
73	360影视	娱乐服务	视频网站

(续表)

排名	网站名称	一级分类	二级分类
74	百度文库	信息服务	知识获取
75	战旗TV	娱乐服务	视频网站
76	28商机网	电子商务	B2B
77	Hao123	信息服务	分类导航
78	优购网	电子商务	服饰鞋包
79	电影网	娱乐服务	电影网站
80	财经网	信息门户	财经门户
81	小米官方网站	电子商务	数码家电
82	AK军事网	信息门户	军事门户
83	游侠网	娱乐服务	网络游戏
84	机电之家	电子商务	B2B
85	中国二手设备网	电子商务	B2B
86	豆瓣	社交平台	综合论坛
87	网易体育	娱乐服务	体育网站
88	新军事网	信息门户	军事门户
89	百贸网	电子商务	B2B
90	和讯网	信息门户	财经门户
91	99健康网	生活服务	健康网站
92	三九养生堂	生活服务	健康网站
93	中国青年网	信息门户	新闻门户
94	哔哩哔哩弹幕视频网	娱乐服务	视频网站
95	站酷	信息服务	设计素材
96	慧聪网	电子商务	B2B
97	维库电子市场网	电子商务	B2B
98	网易娱乐	信息门户	娱乐门户
99	一起做网店	电子商务	B2B
100	《参考消息》官方网站	信息门户	新闻门户

报告正文

第 1 章 前 言

我国的网站经过数十年的发展,已成为推动经济增长、丰富人民精神文化生活的重要一极。如今网站数量仍旧保持着高速增长态势,新的商业模式层出不穷。据中国互联网络信息中心(CNNIC)发布的《第 37 次中国互联网络发展统计报告》显示,截至 2015 年 12 月,中国网站数量为 423 万个,年增长率 26.3%①,中国网页数量为 2123 亿个,年增长率 11.8%。②

习近平总书记在全国网络安全与信息化工作座谈会上指出,现在,互联网越来越成为人们学习、工作、生活的新空间,越来越成为获取公共服务的新平台。网信事业代表着新的生产力、新的发展方向,应该也能够在践行新发展理念上先行一步。因此,对我国网站发展的现状深入了解,对各类型网站的经济价值做出客观评估,对于总结归纳网站发展的经验教训,指导行业良性前行,具有强烈的现实必要性和重要意义。

1.1 网站商业价值评估研究的现实必要性

自互联网进入我国以来,网络已经展示出了其在改造传统经济、改善人民生活、变革社会结构等方面的巨大潜力。其中,网站作为互联网的主要载体形式,不论是在数量上,还是内容上都得到了迅猛的发展,成为引领网络经济、启迪移动互联的基础和桥梁。

1.1.1 推动我国网信事业发展

对我国商业网站的发展现状进行梳理,建立科学的网站商业价值评估体系能够推动网信事业发展。习近平总书记在全国网络安全与信息化工作座谈会上指出,对互联网来说,我国虽然是后来者,接入国际互联网只有 20 多年,

---

① 《第 37 次中国互联网络发展统计报告》[R].中国互联网络信息中心,2016.1.
② 《第 37 次中国互联网络发展统计报告》[R].中国互联网络信息中心,2016.1.

但我们正确处理安全和发展、开放和自主、管理和服务的关系,推动互联网发展取得令人瞩目的成就。现在,互联网越来越成为人们学习、工作、生活的新空间,越来越成为获取公共服务的新平台。网信事业代表着新的生产力、新的发展方向,应该也能够在践行新发展理念上先行一步。我国经济发展进入新常态,新常态要有新动力,互联网在这方面可以大有作为。我们实施"互联网+"行动计划,带动全社会兴起了创新创业热潮,信息经济在我国国内生产总值中的占比不断攀升。当今世界,信息化发展很快,不进则退,慢进亦退。因此,梳理我国网站的发展现状,建立符合我国国情的网站商业价值评估体系,可以促进政府部门、研究学者和互联网企业之间的信息交流,达成共识,共同面对问题,这是推动网信事业发展,实现"两个一百年"宏伟目标的必然要求。

1.1.2 积极回应我国网站发展现状

开展网站商业价值评估体系的相关研究是对我国网站发展现状的积极回应。据中国互联网络信息中心(CNNIC)发布的《第 37 次中国互联网络发展统计报告》显示,截至 2015 年 12 月,中国网站数量为 423 万个,年增长率 26.3%。①

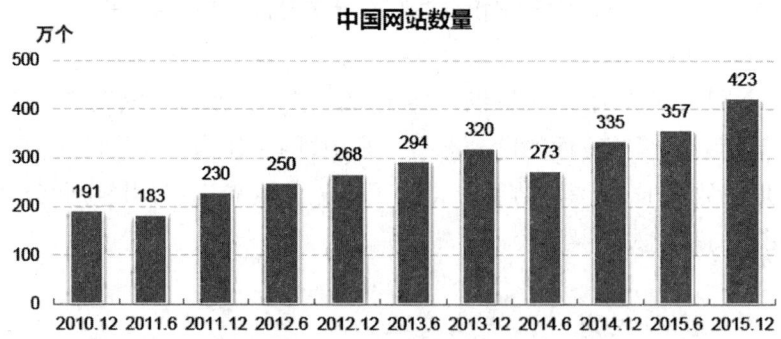

图 1-1 中国网站数量(2015.12)②

---

① 《第 37 次中国互联网络发展统计报告》[R]. 中国互联网络信息中心,2016.1.
② 《第 37 次中国互联网络发展统计报告》[R]. 中国互联网络信息中心,2016.1.

截至 2015 年,中国网页数量为 2123 亿个,年增长率 11.8%。[①] 网站数量的迅猛增加是我国网信事业快速发展的一个缩影,因此对网站商业价值的概念、内容和排名现状进行调查研究是回应我国网信事业发展,承前启后,继往开来的必然要求。

表 1-1 中国网页数量(2015.12)[②]

	单位	2014 年	2015 年	增长率
网页总数	个	189,918,649,085	212,296,223,670	11.8%
静态网页	个	112,744,752,741	131,447,834,396	16.6%
	占网页总数比例	59.36%	61.9%	4.3%
动态网页	个	77,173,896,344	80,848,389,274	4.8%
	占网页总数比例	40.64%	38.1%	-6.3%
网页长度(总字节数)	KB	9,310,312,446,467	14,815,932,917,365	59.1%
平均每个网站的网页数	个	56,710	50,197	-11.5%
平均每个网页的字节	KB	49	70	42.9%

1.1.3 指导互联网企业总结经验、发现问题

进行网站商业价值的评估研究是我国互联网企业总结发展经验,正视自身问题,规划未来发展的题中之意。互联网领域的创业创新正在引领新一轮科技革命和产业变革,互联网领域呈现出前所未有的创业创新热情和氛围。从 2015 年"中国互联网企业 100 强"排行榜来看,在前 100 位中有三家企业发生变化,阿里巴巴跃升第 1,携程网、搜房网首次跻身前 10。创业创新是否成功与网站生存周期关系密切,2015 年全年新开通的中国网站有 110.3 万余个,平均每月新开通网站 9.1 万余个;全年网站主办者自行停办的中国网站 48.3 万余个,平均每月自行停办的网站 4 万余个。[③] 本研究针对网站运营实际状况中的关键指标进行综合评估,对网站的流量、广告等多个方面做出评价,对互联网企业发现自身问题,改善运营状况,提升商业价值,拓展发展道路具有指导价值。

---

① 《第 37 次中国互联网络发展统计报告》[R]. 中国互联网络信息中心,2016.1.
② 《第 37 次中国互联网络发展统计报告》[R]. 中国互联网络信息中心,2016.1.
③ 《中国互联网站发展状况及其安全报告(2016)》[R]. 中国互联网协会,国家互联网应急中心,2016.

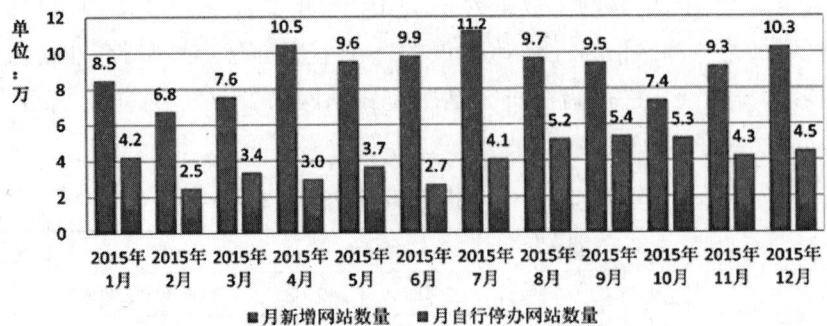

图1-2 2015年网站主办者新开通及自行停办的中国网站数量月变化情况①

1.1.4 帮助互联网企业应对竞争和创新

对我国网站的发展现状和商业价值进行研究是帮助互联网企业应对市场竞争、激励商业模式创新的必然要求。当前我国互联网公司面临"底层技术没有核心竞争力,上层模式停留在跟风模仿"的窘迫境地。然而互联网接入市场竞争日趋激烈,市场集中度进一步提升。一是互联网接入市场竞争日趋激烈。从事网站接入服务业务的市场经营主体快速增长,2015年全国新增54家。二是"国退民进"加剧,市场集中度进一步提升。三家基础电信企业直接接入的网站为中国网站总量的6%,同比下降1个百分点。而接入网站数量排名前20的接入网站数量占比由2014年底的58.13%提高到2015年底的64.96%。接入网站数量在1万以上的重点接入服务商数量比2014年由56家减少为54家,54家重点接入服务商接入网站总量为中国网站总量的77.1%,比2014年提高了4个百分点。三是市场份额相对均衡。单一接入服务商市场份额均未超过30%。四是民营接入服务商发展成就越来越显著。以腾讯云为代表的新型云计算公司发展迅速,接入网站数量排名前10的接入服务商均为民营接入服务商,接入网站数量排名前20的接入服务商中只有一家基础电信企业省级公司,且排名在第15。② 在此背景之下,对我国网站发展现状进行总结和梳理,对于帮助企业认清整体市场形势,了解自身长处与短板具有重要意义。

---

① 同上.
② 《中国互联网站发展状况及其安全报告(2016)》[R]. 中国互联网协会,国家互联网应急中心,2016.

1.2 网站商业价值评估研究的现实意义

伴随着互联网的发展,我国的商业网站逐渐成为一种重要的网络主体,并在网络信息传播、互联网经济模式中占据关键地位,也因此成为当前解读我国互联网发展现状,预测未来互联网信息产业发展趋势的有力参照。本次研究基于我国商业网站的发展现状,在综合多种研究方法(后文有详细说明)的前提下,探索建立兼具包容性与科学性、理论性与操作性的网站商业价值评估体系。对我国商业网站商业价值评估体系的研究具有填补空白、建立标准、形成机制、敦促企业履行社会责任和净化网络空间五方面的现实意义。

1.2.1 填补商业网站评分定级的空白

网站商业价值评估研究,有助于填补当前我国商业网站评分定级的空白。目前我国尚未出现长期稳定、科学系统、具有公信力和影响力的商业网站评级年鉴,这成为我国当前互联网研究领域的缺憾。同时,网络中各类榜单随意发布,多为计算机收集得到的单纯网站流量等机械数据,既无科学的计算模型,又无可信的说明解释,致使当前的网站评级中出现"各说各家,相互矛盾"的怪象,严重妨碍我们正确认识和把握当前中国商业网站的发展方向。

万维网服务是因特网提供的核心业务之一,目前已经渗透到我们生活的方方面面,万维网服务的基本组成就是形形色色的网站,网站的质量直接决定了我们获取服务的质量。因此,一个客观科学的网站评价体系对于因特网的发展具有重要的意义。从信息资源的角度看,因特网的出现使信息生产和传播的速度达到了人类历史的巅峰。因此,我们需要有一个客观评价网站信息内容的标准,帮助我们评价所获得的信息质量和可信度。同时,这个指标也可以帮助网站评价自身提供的信息质量,促进网站的发展。

1.2.2 以科学标准建立网站商业价值评估体系

网站商业价值评估研究,有助于按照科学标准建立我国商业网站商业价值评估体系,树立行业发展标杆,从而推动互联网行业发展。2015年,云计算、物联网、大数据技术和相关产业迅速崛起,多种新型服务蓬勃发展,不断催生新应用和新业态,推动传统产业创新融合发展。从认知角度看,超过50%的企业对这三类新技术有所知晓;从应用角度看,超过10%的企业已经采用或计划采用相关技术。① "十二五"期间,我国服务业发展迅速,增加值占GDP的比重逐年上升。随着互联网与传统服务业的深度融合,以信息网络技术和互联网思维为基础的服务模式不断在实践中演变发展、推陈出新,推动现代服务业迅速壮大,"互联网+"服务业将在国民经济中占据更加重要的位置。

本次研究拟从建立商业网站完善的评估指标入手,探索科学的商业网站价值评估方法和计算模型。采用业界与学界联合研究的方式,最大程度地保证数据的真实性和及时性,同时参考最新学术研究成果,做到评价指标完备和模型完整。为我国互联网行业的发展提供标杆,为政府部门提供决策参考和政策依据。

1.2.3 形成定期发布机制,提供行业对比参照

对网站商业价值进行评估研究,有助于形成定期发布机制,为我国商业网站提供行业对比参照。本次研究致力于形成长期长效的商业网站商业价值与竞争力排行发布机制,为商业网站提供业界信息和学界意见,为广大网民增加了解商业网站发展现状的信息渠道。本次研究出具的榜单致力于成为商业网站的"诊断书",帮助商业网站知己知彼,扬长补短。

本研究一是为了帮助网站的设计者与经营者了解网站运营的现状,并通过分析评估结果指导设计者对网站进行优化和改进,最终促进网站自身的发展;二是为网站并购、引入风险投资、网络广告投放、网站上市、网站资产转让等提供客观的参考依据。要正确进行网站价值评估,必须研究和掌握网站的价值。构成网站价值的要素不再是传统意义上的物质资产,而已经发展成为基于用户规模、品牌知名度、市场占有率和未来市场需求控制的信息资产。衡量网站价值的指标也不再是传统意义上的当前财务利润指标,而是基于吸引注意力资源(用户数)所带来的预期递增收益。②

1.2.4 净化网络空间,提高网站社会责任意识

网站商业价值评估研究,有助于净化网络空间,提高商业网站的社会责任

---

① 《第37次中国互联网络发展统计报告》[R]. 中国互联网络信息中心,2016.1.
② 潘海江. 网站价值评估理论研究[D]. 长安大学,2008.

意识。习近平总书记在全国网络安全与信息化工作座谈会上指出:"一个企业既有经济责任、法律责任,也有社会责任、道德责任。企业做得越大,社会责任、道德责任就越大,公众对企业这方面的要求也就越高。我国互联网企业在发展过程中,承担了很多社会责任,这一点要给予充分肯定,希望继续发扬光大。""只有积极承担社会责任的企业才是最有竞争力和生命力的企业。办网站的不能一味追求点击率,开网店的要防范假冒伪劣,做社交平台的不能成为谣言扩散器,做搜索的不能仅以给钱多少作为排位的标准。希望广大互联网企业坚持经济效益和社会效益统一,在自身发展的同时,饮水思源,回报社会,造福人民。"

本研究对商业网站的口碑和品牌认可度进行衡量,可以在一定程度上反映商业网站的社会形象,在商业网站的经济体量和道德表现中取得平衡,从而敦促其履行社会责任。因此,本研究可与政府的监管行动形成合力,提高商业网站的社会责任意识,共同净化网络空间。

1.2.5 提升有关互联网企业的社会影响力

网站商业价值评估研究的榜单公开发布,有助于提升相关互联网企业的社会影响力。对于传统企业而言,在初级阶段,网站的形象与企业形象之间可能并不完全一致,因为在企业网站建立之前,企业的供应商、合作伙伴、顾客等对于公司已经有了一定的认识,企业的品牌形象在建立企业网站之前就已经确定了。对于网络公司,网站则代表着它们的基本形象。人们认识一个网络公司通常是从网站开始,因为网站的形象在一定程度上代表着企业形象,在许多人的心目中,网站就是网络公司的核心内容。因此,对于网络公司来说,网站的品牌形象对于企业经营非常重要。

本次研究建立在对当前学术研究成果和相关榜单的消化吸收基础之上,综合多种研究方法,采用可信的数据来源,反映商业网站的经济潜力和社会形象,因此评估结果具有社会公信力和舆论引导作用,可以提升有关企业的社会影响力,成为了解我国互联网行业发展的重要参考。

1.2.6 提升用户体验,建设以人民为中心的网信事业

网站商业价值评估研究,有助于督促商业网站提升用户体验,建设以人民为中心的网信事业。习近平总书记在全国网络安全与信息化工作座谈会上指

出,网信事业要发展,必须贯彻以人民为中心的发展思想。这是党的十八届五中全会提出的一个重要观点。要适应人民的期待和需求,加快信息化服务普及,降低应用成本,为老百姓提供用得上、用得起、用得好的信息服务,让亿万人民在共享互联网发展成果上有更多获得感。

本次研究针对网站的商业价值,跳出传统经济价值的单一视角,从多个维度对网站的商业价值进行评估,重视网站的用户流量和质量,有助于相关企业检视自身问题,改进网站服务,重视用户评价,提高网站用户体验。

1.3 网站商业价值评估研究的创新点

中国互联网络信息中心(CNNIC)对中国互联网的发展状况开展每半年一次的调查研究,其中包括对某些网站在一定程度上的评估。而更多的网站评估活动则是由网站自身开展,对自身网站或同类网站进行评估。

各种网站评估模式各有特点,其应用各有侧重。从评估的具体内容分析,有的强调网站使用技术的先进性,有的则强调网站内容对用户需求的满足。从所使用的具体方法分析,有些模式依靠先进的技术手段,有的模式则更取决于人,依靠对用户或专家的调查。各种模式都存在着一定的局限性,得出的评估结果往往只能说明网站某个方面的情况,无法评估网站的经济价值。

本次研究在参考其他网站商业价值评估体系的指标建设和模型设置的基础之上,做到了以下几点创新,使之更加全面、如实反映当前我国商业网站的价值表现。

1.3.1 范式创新

传统计量模型主要站在投资者的角度为网站进行定价,主要关注盈利和现金流等公司财务信息,研究对象为单一网站。这种方式的优点在于能够集中解决网站估值问题,将网站过去、现在、未来的商业价值以货币的形式进行表示,能够为企业经营者、投资者提供财务依据。

缺陷则在于忽略了网站作为新经济形态的独特性,使用的仍然是评估一般企业的办法:评估所需时间较长,至少需要一个财务周期,难以适应网站业务快速发展的状况;注重深度而缺乏广度,无法对大量的网站同时进行研究,也无法进行网站间的横向比较。

本次研究更加关注网站在商业价值方面体现出的一些特有属性,以所有商业网站为研究对象,基于用户和广告主行为产生的海量数据进行分析和计算,从而实现灵活、快速、高效的评估,既是对单个网站当下经营状况的直观反映,同时能够展示行业和行业之间、行业内部的差异及变化趋势。

本次研究将用户行为、网站流量、网站中心度、网站广告表现等纳入评估范围,对一级指标和二级指标进行层次模型建构,构造权重判断矩阵,得出最终评分。

1.3.2 指标创新

现有的一些网站评估体系因视角不同,选取的指标也大相径庭:财务型的评估体系多关注 ROI(投资回报率),网络分析型主要关注网站在互联网中的中心度,竞争力分析型则以多种定性指标综合评定网站内容质量、服务质量、口碑等。

本次综合参考不同类型网站的传播力榜单、竞争力榜单等,在对网站商业价值进行深入分析的基础上,将反映网站商业价值多方面的指标进行系统性的梳理和整合,从网站运营指标和网站广告指标两个方面构建商业网站的价值评估体系,经过专家评选和反复讨论修改,确定了 3 个一级指标、12 个二级指标,并将其纳入体系当中,力求既反映网站作为互联网应用在网络中的重要度差异,也反映网站作为创造利润的企业资产的价值差异,双管齐下,提高评估体系的说服力和公信力。

1.3.3 算法创新

网站评估所使用的数据及算法对结果影响很大,数据及算法质量决定了结果的信度和可重复性,是排名能否获得公信力的关键。一些网站排名对数据来源及评分算法不予公开,这一方面使得排名的中立性和科学性大打折扣,另一方面使后来的研究者难以对结果进行复现,或是从现有的算法中找到问题并加以改进。

本次针对不同研究阶段的具体需求,综合使用社会调查和经济管理领域的德尔菲法、层次分析法和综合指数法。德尔菲法(Delphi Method),又称专家规定程序调查法。该方法主要是由调查者拟定调查表,按照既定程序,以函件的方式分别向专家组成员进行征询;而专家组成员又以匿名的方式(函件)

提交意见。经过几次反复征询和反馈，专家组成员的意见逐步趋于集中，最后获得具有很高准确率的集体判断结果。层次分析法（Analytic Hierarchy Process，简称 AHP）是将与决策总是有关的元素分解成目标、准则、方案等层次，在此基础之上进行定性和定量分析的决策方法。综合指数法是指在确定一套合理的经济效益指标体系的基础上，对各项经济效益指标个体指数加权平均，计算出经济效益综合值，用以综合评价经济效益的一种方法。三种方法结合起来，开创了一种从指标选择、分解、评估一体化的作业流程，实现了算法创新。

1.3.4 机制创新

以往的研究中不乏有价值的成果，但因为缺乏好的平台和方式进行展示，这些成果并未全部转化为学界和业界的工具、资料和财富。例如，一些研究的学术性较强，难以被大众、媒体、普通行业从业者所了解；一些机构仅仅提供网站排名榜单而没有对排名理由进行分析。这些都不利于网站评估这一领域的发展和创新。

本次研究成果将以学术报告、行业报告、发布会、网站等多种形式进行展示，在内容上将统一评分与分类榜单结合，克服综合榜单大而不当的缺点，力求反馈细分品类商业网站的商业价值情况。搭建商业网站商业价值评估系统，为学界和业界提供实用工具和进一步研究的基础。

1.3.5 数据创新

以前的网站商业价值评估由于数据获取难度大，数据分析程序繁琐，通常在数据方面有较大的局限，导致研究大多情况下被限制在某一区域或者某一行业。从而难以获得更为宏大的结论，不能为企业和民众提供广阔的观察视角。

本次研究对基础数据做了严格的限定和筛选，打通学界与业界的数据壁垒，将科学的研究方法与企业的大数据优势相结合。具体表现在以下几个方面。

一是数据覆盖范围广。本次我国网站商业价值的评估研究所涉及的数据，涵盖了网站日常流量数据、网站基础运营数据、网站基本财务数据等。试图从多维度立体化的角度对商业网站勾勒描摹，摆脱单一收入指标的限制，挖掘商业网站的发展潜力和盈利潜力,对"商业价值"做出更富内涵的数据模型。

二是数据来源范围广。本次研究中所涉及的数据,在统一的数据模板基础上,通过现有网站查询、企业数据库抓取等方式进行初期数据收集,数据来源包括在线数据库、企业数据库、研究网站本身、新闻报道、学术报告等等。

三是数据处理严格科学。在初期收集的数据和严格的网站分类的基础上,对总体数据进行清洗和标准化处理。在指标筛选和权重确定方面,谨慎地采用多轮专家打分的方法,综合得到最后的指标列表和权重赋值,力求评估模型客观公正,具有说服力和适用性。

第 2 章 网站商业价值评估研究综述

网站商业价值评估作为一个跨学科和应用型的课题,长期以来受到多个学科的关注和钻研,并在学界和业界都具有一定的操作和实践基础。对已有的研究进行梳理和归纳,特别是网站商业价值评估中涉及的比较关键的要素选择、指标体系建立、方法的选择与应用,对本次研究有针对性的指导作用。

2.1 网站商业价值评估要素的阐释

评估要素指的是整个商业网站评估过程中所涉及的一系列具体要素,潘海江(2008)[①]对评估要素进行了详细的阐释,认为评估要素包含7个部分,即评估主体、评估客体、评估目的、价值类型、评估原则、评估方法、评估程序。

评估主体应是具有特定资质的评估公司(法人)或通过专业的网站价值评估培训并具有评估资格的个人(自然人);评估客体即待评估的商业网站;评估目的指的是资产评估服务于什么样的资产者;价值类型指的是使用适当的网站评估价值类型,常见价值类型有市场价值以及投资价值、在用价值、清算价值、残余价值等市场价值以外的价值;评估原则则包括市场性原则、科学性原则、公平性原则、可行性原则、前瞻性原则、突破传统评估理论与继承传统评估理论相结合的原则等;评估方法指的是根据不同网站特点及盈利模型等采用适合的评估方法,具体见表2-1;评估程序一般分为四个步骤:确定被评估网站的主要范畴及评估内容;分析被评估网站的影响因素;采用一定的评估方法对网站商业价值进行评估;撰写评估报告。

---

① 潘海江.网站价值评估理论研究[D].长安大学,2008.

表2-1　不同类型网站价值评估方法

评估方法 网站名称	一	二	三
商业网站	基于多元线性函数模型的价值评估方法	基于经济附加值模型的价值评估方法	基于现金贴现模型的价值评估方法
企业网站	客观评价法	综合评价法	成本法
电子商务网站	综合评价法	基于现金流贴现模型的价值评估方法	超额收益折现法
政府网站	综合评价法	公众评议	

2.2　网站商业价值评估指标体系的建立

商业网站或互联网企业的指标体系的建立多是在分析商业网站或互联网企业本身的盈利模式、商业模式、市场规模等影响网站或互联网企业因素的基础上,构建出相应的商业网站价值评估指标体系。

罗淇(2013)[①]分析了企业商业模式和盈利模式的价值影响因素,构建了互联网企业价值评估的指标体系。罗淇认为,基于企业商业模式的企业价值影响因素包括企业定位(企业愿景与文化、品牌影响力、管理层受教育程度)、核心战略、产品与服务设计(独立用户访问量、滞留时间、用户忠诚度、页面浏览量、持续创新能力)等;而基于企业盈利模式的企业价值影响因素包括经营收入机制、盈利潜力等。评估指标体系具体如表2-2所示:

表2-2　互联网企业价值评估指标体系

总目标	一级指标	二级指标
互联网 企业价值	企业定位	企业愿景与文化
		品牌影响力
		管理层受教育程度
	核心战略	市值/每月页面浏览数量
		市场占有率

---

① 罗淇.引入非财务指标的互联网企业价值评估研究[D].济南:山东大学,2013.

(续表)

总目标	一级指标	二级指标
互联网企业价值	产品与服务设计	独立用户访问量(IP值)
		滞留时间
		用户忠诚度
		页面浏览量(PV值)
		持续创新能力
	经营收入机制	收入
		现金净流量
		利润率
	盈利潜力	毛利率
		收入增长率
		每股收益

这一评估指标体系融合了定性指标和定量指标。但一级指标难以进行量化和收集,企业愿景与文化过于宏观,而品牌影响力这一指标本身难以阐释,核心战略下的指标并不能很好地诠释核心战略的内涵。

潘海江(2008)[①]基于不同网站的不同盈利模式、市场规模及网站特点,提出了商业网站价值评估指标体系、企业网站价值评估指标体系、电子商务网站价值评估指标体系和政府网站价值评估指标体系,具体体系如表格所示。

表2-3 商业网站价值评估指标体系

一级指标	二级指标
客户群价值指标	UV
	停留时间
	回访率
人力资源资产价值指标	网站的团队
	决策者

---

① 潘海江.网站价值评估理论研究[D].长安大学,2008.

(续表)

一级指标	二级指标
网站知识产权资产价值指标	网站对浏览器的兼容性
	搜索引擎上的出现率
	站点速度和浏览速度
	链接有效性
	被链接率
	拼写错误率
	站点设计
网站调整因素指标	市场潜力
	盈利模式
	网站的未来规模扩展性
网站的硬件资产价值指标	网站的硬件资产价值

表2-4 商业网站二级指标的简要说明及评分标准

二级指标	指标简要说明	评分标准
UV	访问某个站点或点击某个网页的不同IP地址的人数	数量
停留时间	访问者在网页上的逗留时间	停留时间的长短
回访率	老顾客回访比率	回访比率的高低
网站的团队	协同工作	效率
决策者	战略决策能力、环境的把握	盈利能力
网站对浏览器的兼容性	站点在各种浏览器上的显示情况,站点支持各种不同的浏览器和平台的情况	兼容性
引擎上的出现率	站点在各搜索引擎上出现评论和显示的位置	出现频率、搜索引擎排名位置
站点的速度和浏览速度	站点内容下载速度和浏览速度的快慢	下载速度、延迟时间不超过5秒
链接的有效性	站点是否存在无线连接	有效性、经济型、便利性、领先性、延伸性
被链接率	站点被其他站点链接的数量或者频率	数量、频率
拼写错误率	站点内的拼写错误	出错频率

(续表)

指标	指标简要说明	评分标准
站点设计	站点整体设计是否合理	合理性
市场潜力	市场潜力规模大小	规模大小
盈利模式	模式的有效性、经济性、便利性	有效性、经济性、便利性、领先性、延伸性
网站的未来规模扩展性	网站未来规模的扩展性	
网站的硬件资产价值	网站服务器、主机等硬件资产	资产折现价值

表2-5 企业网站价值评估指标体系

一级指标	二级指标	三级指标
网站交互性指标	信息收集	用户注册与登录
		信息质量和信息呈现方式
		问卷调查
		计数器
		相关信息的互补性资源链接
	娱乐性	游戏
		趣味装置
		聊天系统
	相互交流	在线订购采购
		在线支付
		联系方式
		新闻订购
		留言板
		社区
		招聘专区
		下载专区
		员工专区
		常见问题

（续表）

一级指标	二级指标	三级指标
网站质量技术指标	设计特性	易用性
		通用性
		专业性
		美观性
	服务特性	条理性
		多媒体性
		时效性
		全面性
		点击率
		人性化程度
	网站服务技术	网站地图
		站内搜索
		网站导航
		返回首页
	网络特性	网络安全
		站点可用性
		浏览速度
	网站的规范性	域名的规范性
		版权著作权声明条款

这一研究较为全面地建构了企业网站价值的评估体系，并对不同类型的企业网站制定了不同的体系，具有较强的针对性。但这一体系指标较为繁多，指标获得的途径和方式的要求较高，对指标的制定也仍需商讨。

章文佳(2014)[①]建立了一个适用于凤凰网微博的商业价值评估模型，该模型能够有效预测一条微博能够为客户带来多少广告传播价值，为招商资源报价和广告主的资源评估提供数据参考。具体指标体系如下：

---

① 章文佳.媒体微博商业价值评估模型的研究——基于凤凰网微博实例的模型研究[J]．商场现代化，2014(33):27-29.

表 2-6 媒体微博商业价值四级评价指标表

一级指标	二级指标	三级指标	四级指标
账号因素	身份	真实性	是否认证用户
		认知性	公众认知度
		持续性	资料完整度
	影响	辐射度	粉丝总数
		渗透度	转发数均值
		协同度	关注数
			官方互动占比
	沟通	活跃度	微博总数
			更新频率
		互动性	互动占比
	内容	专业性	专业微博占比
		丰富性	原创占比
			形式是否丰富
			链接延伸占比
吸引力因素	展现方式	形式丰富性	常用的展现形式包括：表情、话题、@其他账号、图片、视频、链接
	内容类型	内容形式	内容属于以下哪种类型：大事件报道、策划和观点、新闻、品牌栏目、自主活动、知识、互动、趣味转发等。
		主题色彩	内容属于以下哪种类型：政治、财经、娱乐、社会、体育、文化、科技、历史、公益、节日、问候等。
	内容创意	内容创意	文案表达方式的创意程度
时间因素	展现时间	微博发送时间	微博发送的时间属于哪个时间段

这一评估体系针对微博账号进行评估，评估体系较为细致，如可有效收集数据，对于微博的价值评估是具有一定的参考意义的。但这一体系的适用性过小，难以推及其他的研究；而作为微博的大型对比研究，这一体系显得过于琐碎，因而难以胜任。

杨金国(2009)[①]在原有的评估方法上做了改进,在此基础上建构了网络企业的评价指标体系(见下表)。

表2-7 综合评估方法的指标体系

目标层	准则层	子准则层	备注
网络企业评价指标	外部因素 U_1	基础设置状况 U_{11}	网络普及率 U_{111}
			上网费用 U_{112}
			上网宽带 U_{113}
		经济周期 U_{12}	商业时机 U_{121}
			股市状况 U_{122}
		支付体系 U_{13}	网上银行普及率 U_{131}
			网上银行便捷程度 U_{132}
			网上银行安全性 U_{133}
		物流体系 U_{14}	快递企业数量 U_{141}
			快递企业规模 U_{142}
			快递所需时间 U_{143}
	内部因素 U_2	客户资源 U_{21}	注册用户数量 U_{211}
			访问用户数量 U_{212}
			客户满意度 U_{213}
			用户滞留时间 U_{214}
			品牌知名度 U_{215}
		技术状况 U_{22}	服务器配置 U_{221}
			网络宽带 U_{222}
			网络技术平台 U_{223}
			网络整体稳定性和安全性 U_{224}
		经营管理 U_{23}	管理团队水平 U_{231}
			企业业绩 U_{232}
			员工素质 U_{233}
			企业经营模式 U_{234}

---

① 杨金国.网络企业价值评估研究[D].西安:西安电子科技大学,2009.

这一企业价值评估体系将重点放在了企业的整体架构上,将基础设置、经营管理到支付、物流体系均考虑在内。但网络企业的类型众多,一个企业的支付、物流体系并不适用于所有的网络企业。其他的具体指标是否应纳入体系也有待考量。

Nigel Melville、Keneth L. Kraemer 和 Vijay Gurbaxani(2004)[①]针对如何使用商业价值评估信息技术对企业组织绩效这一课题展开研究。基于一种以资源为核心指标的观点,上述研究者们将多种维度和评估标准整合在一个统一框架之中,并以此发展出新的信息技术商业价值模型。

该研究通过整合以往的商业价值评估体系,建立了信息技术商业价值综合模型(Integrate Model of IT Business Value)。该模型将所有评估指标分为三层。第一层为企业核心层(Focal firm),为最核心层。第二层为竞争环境层(Competitive environment),为次内层。第三层为宏观环境层(Macro environment),为最外层。企业核心层下设四项指标,包括信息技术资源(IT resources)、企业辅助资源(Complementary Organizational Resources)、商业化过程(Business process)以及业绩效能(Performance)。其中信息技术资源(TIR)又包含科技资源和人才资源(HIR)。科技资源主要由企业基础设施和对技术的运用两个因素组成。而人才资源则根据人员的技术和管理能力进行考核。第二项企业辅助资源则是指非 IT 资源,包括组织的结构、政策、规定和文化。第三项商业化是有关信息技术从输入到输出的过程,包括制作、销售和售后环节。第四项绩效则主要从企业的商业化成效和组织绩效测量 IT 产品的商业价值。第二层有关市场竞争,分别从产业特征和商业模式考核其商业价值。从产业生态的角度考虑企业及其 IT 产品的商业价值。第三层宏观环境,主要从国家特征和国情来度量企业和其信息技术的适应性。

2.3 网站商业价值评估方法的探讨

学者们对于商业网站的评估方法进行了相当多的探讨,对不同方法的优

[①] Melville, N., Kraemer, Keneth. L., Gurbaxani, Vijay. "Information Technology and Organizational Performance: An Integrative Model of IT Business Value" (2004). Center for Research on Information Technology and Organizations University of California, Irvine. www.crito.uci.edu.

缺点、适用性均做出了有针对性的梳理。

潘海江、韩东方(2007)[①]认为商业网站的价值评价是无形资产价值和有形资产价值之和,其提出的商业网站无形资产价值评估公式如下:

公式1　商业网站无形资产价值评估公式如

$$Y = a*K + b*R + c*J + T$$

其中　K——客户群价值

R——人力资源资产价值

J——知识产权资产价值

T——调整因素,包括商业网站的商业模式、市场潜力、未来规模扩展性(包括技术平台横向和纵向的扩展性)等对网站增值起作用的因素。

a、b、c——待定系数,可通过专家打分的方法确定

商业网站整体资产评估公式如下:

公式2　商业网站整体资产评估公式

$$Z = A*(\Sigma Y + \Sigma W)$$

其中　A——不可确定无形资产对网站价值的影响系数

ΣY——有形资产价值之和

ΣW——无形资产价值之和

潘海江(2008)[②]认为各种类型的网站应有不同的价值评估方法。商业网站的价值评估方法包括基于多元线性函数模型的价值评估方法、基于经济附加值模型的价值评估方法、基于现金流贴现模型的价值评估方法;企业网站的价值评估方法包括客观评价法、综合评价法、成本法;电子商务网站的价值评估方法包括综合评价法、基于现金流贴现模型的价值评估方法、超额收益折现法;政府网站的价值评估方法包括综合评价法和公众评议。

杨金国(2009)[③]认为常用的企业价值评估方法体系共分三大类,即收益法、成本法和市场法。收益法主要包括贴现现金流量法(DCF)、内部收益率法(IRR)、CARM模型和EVA估价法。成本法的主要方法是重置成本(成本加和)法。市场法中常用的方法是参考企业比较法、并购案例比较法和市盈率

[①] 潘海江,韩东方. 商业网站价值评估理论方法探讨[J]. 中国资产评估,2007(5):20-23.

[②] 潘海江. 网站价值评估理论研究[D]. 长安大学,2008.

[③] 杨金国. 网络企业价值评估研究[D]. 西安:西安电子科技大学,2009.

法。企业价值评估的核心方法主要由注重货币时间价值的贴现现金流量法（DCF）、假定收益为零的内部收益率法（IRR）、完全市场下风险资产价值评估的 CAPM 模型、加入资本机会成本的 EVA 评估法、符合"1+1=2"规律的重置成本法、注重行业标杆的参考企业比较法和并购案例比较法以及上市企业市值评估的市盈率乘数法。

宋菲菲（2013）[①]认为网络公司的价值评估方法主要包括四种：股权资本自由现金流贴现评估法，该方法更符合价值理论，考虑了资金未来收益和货币的时间价值，能够较为准确地反映资产的资本化价格，也更符合长期战略发展需求，且排除了人为操纵和会计政策的影响，但该方法的准确性则完全由被评估公司的未来预测能力所决定，且市场不完善和竞争不充分都会对折现率的预测产生影响，该方法主要适用于对从事正常生产经营活动的公司进行价值评估；经济附加值评估法，实现了将贴现现金流量法和业绩考核所需的权责发生制相统一，可通过经济利润的度量去关注公司经济价值的创造，对股东价值的衡量更为准确和适合，但其缺失识别风险的能力，且相当依赖于规范的会计制度。该方法适用于对网络公司的股价是否合理进行分析，以及分析在合理股价下公司的未来增长率应该有多大，也较适合对处于发展期的网络公司进行价值评估；实物期权评估法是为具有高风险、高不确定性环境下的公司提供的一种可行的价值评估方法，其适用于成立初期的网络公司的价值评估，在实际工作中可对其进行修正以便于更为准确地反映公司的真实价值和发展状况；可比公司法，其优点在于形式比较简单，具有直观性和直接性，尤其是当可比公司较多而股票市场价格有效时更为适合，其缺点是对于可比公司的选择具有主观性，加入或去除可比公司会对评估结果造成较大影响。

王珊琦（2014）[②]认为常用的评估方法共有五种，即收益法、市场法、成本法、层次分析法和期权定价法。收益法通过预测估计对象未来的现金流量，选择恰当的贴现率将其核算为评估日的现值后累加，从而确定企业的价值，是国内外企业整体价值评估方法当中最基础的一种。但其假设企业的经营稳定且企业经营战略一成不变，这与现实情况有所背离，而且没有考虑企业所拥有的获利机会的价值对企业总价值的贡献；市场法是通过在市场上找出若干个与

---

① 宋菲菲. 人民网股份有限公司价值评估研究[D]. 哈尔滨：哈尔滨商业大学，2015.

② 王珊琦. 互联网企业价值评估模型研究[D]. 北京：华北电力大学，2014.

被评估企业相同或类似的企业作为参照,以参照企业的市场交易价格及其财务数据为基础数据,测算出参照企业的价值比率,再确定被评估企业的价值比率,最后通过恰当的方式方法确定被评估企业的评估价值,其难度在于评估资料不易搜集,且受市场的整体估值水平影响较大;成本法是指在合理评估企业各项资产价值(即企业所有有形资产和可确定的无形资产的现行价值)和负债的基础上确定评估对象价值的评估方法,其缺点在于它极可能将盈利能力过低、具有经济性贬值的企业的价值评估得过高,也可能因没有考虑那些未在财务报表上出现的无形资产,而将具有一定获利能力的企业的价值评估得过低;层次分析法是一种简便、灵活而且实用的多准则决策方法,特别适用于那些难以完全定量分析的问题;期权定价法则主要适用于一些特殊企业价值的评估,比如说对处于困境中的企业权益资本的评估,为具有高风险、处在不确定环境下的企业提供了一种切实可行的评估工具。

2.4 网站商业价值评估方法的应用

综合评价法是在商业网站价值评估中最为常用的方法。罗淇(2013)[①]使用了综合评价法对互联网企业进行价值评估,具体步骤为确定综合评价指标体系及收集数据后,作者使用模糊综合评价法处理定性指标,而对处理后的定性指标和定量指标数据采用无量纲化方法处理;接着使用层次分析法确定权数;最后使用综合指数法汇总计算得出分值。潘海江(2008)[②]同样使用了综合评价法,其认为具体评估步骤为对商业网站资产各组成部分进行评估;确定整体价值的影响因素,构成因素集;通过"专家群评价的校正—补偿方法"确定各影响因素的权重指标;加权平均得到调整因子的数值。

Hahn,Jungpil 和 Kauffman(2004)[③]针对网站的商业价值评估方法开展了研究,其主要应用了 DEA 模型。他们认为在过去的研究中,研究的对象主要是传统的信息系统和应用程序。而这些研究和评估方法无法运用于网站的研究,尤其是零售电子商务网站。因为网站通常拥有更高的更新和再设计频率,

---

① 罗淇. 引入非财务指标的互联网企业价值评估研究[D]. 济南:山东大学,2013.
② 潘海江. 网站价值评估理论研究[D]. 长安大学,2008.
③ Hahn, Jungpil and Kauffman, Robert J., "A Methodology for Business Value – Driven Website Evaluation: A Data Envelopment Analysis Approach" (2004). *SIGHCI* 2004 Proceedings. Paper 12.

故而针对网站的每一次更新进行纯编程效能评估会造成很大的开销。其次，不同于一般电商，零售业网站的用户一般是直接的消费者，而非商家。因此，网站的开发者应当考虑一般消费者对网站的使用。另外，由于消费者人群的多样性，其在网站浏览和使用过程中人机互动效果的差异性很大。这些都阻碍了对于零售网站评估方法的研究。该研究是根据经济学上的生产理论展开的，主要对象为电子零售商务网站(B2C,C2C)。在这一研究中。研究者们对消费者如何使用网站的各类功能完成购买这一过程展开了系统的调查。这一调查提供给学界一种崭新的角度和方法来评估网站绩效。该方法关注网站转化投入为产出的能力。具体来说，例如网站投入人力和财力来设计网站的功能，而这些投入能带动顾客购买则是研究者们关注的核心。对此，Hahn 和 Kauffman 使用了 DEA 模型，即数据包络分析法(Data Envelopment analysis)。他们使用了两种基于 DEA 模型的量度指标，无效宽度(Inefficiency Breadth)和单元无效性(Unit Inefficiency)来评估网站设计功能的潜在无效性。

DEA 数据包络分析模型的基点是经济生产理论。研究者更是将网站看作一种服务生产。而与其他行业不同的是，消费者会更多地参与到这一生产过程当中，进而形成一种源自消费者的自助服务。而网站则需要提供自助服务技术(SST: Self-service technologies)来支持消费者进行网上购物。在这一逻辑下，研究者和设计者只需测量网站自助服务功能区的效能和消费者的购买行为便能得知网站的投入产出比，进而对零售网站的商业价值进行评估。投入主要由网站各类不同功能区组成。而产出部分则可从购物车已付款和未付款的商品数量和价值得知。

DEA 数据包络分析法是一种非参数系前沿生产分析(non-parametric method for production frontier estimation)模型。DEA 具体的模型指标是根据 DMU(Decision making unit) - 决定性单元而制定的。在该研究当中，能决定一个消费者是否进行消费的投入包括：产品介绍页、产品列表页、用户信息页、订单记录页、搜索引擎、评价和意见页、收据页、订单确认页、帮助页。产出 DMU 主要是购物车大小。研究者通过收集每个消费者每次消费过程中对各项功能的点击量得出投入数据，通过统计一个购物流程里购物车里的数量和金额得出产出的原始数据。然后通过建立前沿生产函数，对原始数据进行线性规划，分别得出各功能要素的无效宽度和单元无效性。最终，研究者针对这两种指标对网站进行综合评价。研究者使用了美国中西部一家百货零售商的网站对这一评估方法进行了测试，并得出了数值结果，进而对网站投入产出效能进行了评估,并指出了网站在一些功能设计上的问题。

该研究基于 DEA 数据包络分析法,建立了针对零售网站的评估方法,并对此进行了测试。其数学模型完善,并且通过测试对一家零售商的网站进行了评估,并得出了结果。因此,该文章、该研究在测量评估和数据分析方面具有很大的借鉴价值。

杨金国(2009)[①]则在研究中阐述了德尔菲法的操作,其认为德尔菲法具体操作有四个步骤:确定每个价值影响因素的等级,如按好、较好、一般、较差、差设为 5 个等级;选定 N 位评审成员对各因素进行评级,在评级过程中,应给予评审成员相关的数据资料,例如其他网络企业的相关数据、点击率、现金流量等以及行业相关数据;评审人员对照相关数据资料和自己的知识经验对各因素进行评判;依次对所选定的风险因素进行评价,得出概率值,并记录下来。

2.5 网站商业价值评估结果的梳理

2.5.1 Alexa 排名

Alexa 排名是由亚马逊子公司 Alexa Internet 公司发布的目前世界上最为权威的网站排名指标。而 Alexa Internet 公司拥有的 URL 数量相当庞大,网站的排名信息丰富详尽,是互联网首屈一指的免费提供网站流量信息的互联网企业。

(1)网站排名

Alexa 的网站世界排名主要分两种:综合排名和分类排名。

综合排名也叫绝对排名,即特定的一个网站在所有网站中的名次。Alexa 每三个月公布一次新的网站综合排名。此排名的依据是用户链接数(Users Reach)和页面浏览数(Page Views)三个月累积的几何平均值。

分类排名:一是按主题分类,比如新闻、娱乐、购物等,Alexa 给出某个特定网站在同一类网站中的名次;二是按语言分类,比如英文网站、中文网站(简体)和中文网站(繁体)等,给出特定站点在所有此类语言网站中的名次。

---

① 杨金国.网络企业价值评估研究[D].西安:西安电子科技大学,2009.

(2) 规则概述

Alexa 的网站排名是按照每个特定网站的被浏览率进行排名的。浏览率越大,排名越靠前。浏览率是针对定义在域上的网站进行统计的。但是也有例外,如个人主页,如果系统能够自动从 URL 地址分辨的话,将被视为彼此独立的网站。提供同样内容的网站将被视为同一网站计算。

纳入统计的访问量仅来自使用 Alexa 工具栏(Alexa Toolbar)的用户。也就是说,只有用户下载了 Alexa 工具栏,并将其嵌入自己的浏览器。这样,该用户访问某个网站的话,访问的记录才能算作被访问网站的访问量。

Alexa 工具栏在 Internet Explorer 浏览器和 Firefox 浏览器中使用有效,使用其他浏览器的访问将不能被计数。

遇到有安全保护或加密的站点,Alexa 工具栏将自动关闭,因此那些安全系数高的网站,Alexa 将不能对其进行搜索和统计排名。

(3) 浏览率算法

某个特定网站被排名时,依据的浏览率数据是基于该网站 3 个月访问量记录的累积。也就是说 Alexa 每三个月发布一次排名结果,即通常说的名次。它的计算主要取决于访问用户数(Users Reach)和页面浏览数(Page Views)。Alexa 系统每天对每个网站的访问用户数和页面浏览数进行统计,通过这两个量的三个月累积值的几何平均得出当前名次。

访问用户数(Users Reach),指通过 Internet 访问某个特定网站的人数。用访问某个特定网站的人数占所有 Internet 用户数的比例来表示。即:访问用户数 =(访问人数/全部 Alexa 用户数)* 100%,Alexa 以每百万人作为计数单位。

页面浏览数(Page Views),是指用户访问了某个特定网站的多少个页面。是所有访问该网站的用户浏览的页面数之和。每个用户浏览的页面数取平均值,是所有访问该网站的用户每天每人浏览的独立页面数的平均。同一人、同一天、对同一页面的多次浏览只记一次。

(4) 影响因素

Alexa Toolbar 的采用率在全球各地有所差异,受用户的语言、地域、文化等各方面的影响。因此英文网站相对于其他语言的网站,访问量数据更容易统计。

容易受网站宣传程度的强弱、外链数量的多少的影响。

不同类别的网站有时没有可比性,所以不能一味地比较综合排名。如专业性的网站在同类别网站中排名非常靠前,但和门户类网站相比,浏览率可能差别很大。

浏览率太小的网站统计数字可能不准确,总体上排名越靠前(浏览率越大)的网站统计数字就越可靠。一般来说,月访问量1000以下或排名100,000以后的网站统计数字是不准确的。

(5)其他数据

除基本的按照流量排名的数据之外,Alexa网站还提供地域排名,受众分布,跳出率,人均日浏览页面量,日浏览时长,外链数量,页面响应时间等数据。

```
1   Google.com
    Enables users to search the world's information, including webpages, images, and videos. Offers...More

2   Youtube.com
    YouTube is a way to get your videos to the people who matter to you. Upload, tag and share your...More

3   Facebook.com
    A social utility that connects people, to keep up with friends, upload photos, share links and ...More

4   Baidu.com
    The leading Chinese language search engine, provides "simple and reliable" search exp...More

5   Yahoo.com
    A major internet portal and service provider offering search results, customizable content, cha...More

6   Wikipedia.org
    A free encyclopedia built collaboratively using wiki software. (Creative Commons Attribution-Sh...More

7   Amazon.com
    Amazon.com seeks to be Earth's most customer-centric company, where customers can find and disc...More

8   Twitter.com
    Social networking and microblogging service utilising instant messaging, SMS or a web interface.
```

图2-1 Alexa世界500强网站(节选)①

2.5.2 Google的PageRank值

PageRank②,网页排名,又称网页级别、Google左侧排名或佩奇排名,是一种根据网页之间相互的超链接数量进行计算的技术指标。Google用它来体现网页的相关性和重要性,在搜索引擎优化操作中是经常被用来评估网页优化的成效因素之一。其由Google创始人拉里·佩奇和谢尔盖·布林于1998年发明。

---

① The top 500 sites on the web [EB/OL]. http://www.alexa.com/topsites.
② Wikipedia entry:PageRank [EB/OL]. https://en.wikipedia.org/wiki/PageRank.

它的主要思想是:一个网页被高质量网页指向的次数越多,该网页的质量也就越高。算法中每个页面都有一个 PageRank 得分用来表示该页面的重要程度。如果用 PR(i)表示页面 i 的 PageRank 得分,一个页面的得分都来自于指向它的页面,而一个页面会按照自己出链的数量将自己的得分平均分配给它指向的页面。之后又引入了随机游走模型,加入了阻尼系数 α,将式子进行改进变为:

公式 3　PageRank 得分算法

$$PR(p)_{(1+1)} = (1-\alpha)\frac{1}{N} + \alpha \sum_{q \to p} \frac{PR(q)_1}{out(q)}$$

基于上式,可以将用户在互联网上的浏览行为看作在一个网络中随机游走,从概率的角度理解 PageRank 算法。用户随机选择一个网页开始浏览,当他想换个页面时有 α 的概率通过点击页面上的链接选择下一个页面,有 1 - α 的概率从整个网络中再随机选择另一个页面继续浏览。最终各页面的 PageRank 得分就是当随机冲浪的时间趋于无穷时,各页面被用户选择的概率。

Google 的 PageRank 指标值介于 0 到 10 之间,数值越高,网站的等级越高,即网站的重要性越高。

2.5.3　IBM 的 HITS 算法

HITS(全称为 Hypertext – Induced Topic Search)算法是由康奈尔大学的 Jon Kleinberg 博士于 1997 年首先提出的,为 IBM 公司阿尔马登研究中心的名为"CLEVER"的研究项目中的一部分。

HITS 计算页面重要性时更关注查询请求。对于一个查询请求,算法会先通过基于文本关键字的信息检索系统得到数量不多的与查询请求相关性高的页面,称之为根集。然后将指向根集中页面的网页(有数量上限)和所有被根集中页面指向的网页都收入该集合,扩充后的集合称为基础集。最后对基础集中的网页进行重要性计算。

Kleinberg 认为网页具备两种属性:权威性(authority)和中心性(hub)。权威性高的网页包含了用户需要的信息资源,而中心性高的页面中包含了很多指向高权威性网页的链接。两者是互相增强的关系,页面 i 的权威性 A(i)由指向自己的网页的中心性来计算,页面 i 的中心性 H(i)由自己指向的网页的权威性来计算,对于每个页面都要计算它的权威性得分和中心性得分。

2.5.4 搜狗的 Sogou Rank 网页指数

搜狗的 Sogou Rank 网页指数[①]只针对中文网站而设立,级别介于 1–100 之间,用于衡量网页的重要性,其不仅考察了网页之间链接关系,同时考察了链接质量、链接之间的相关性等特性,是机器根据 Sogou Rank 算法自动计算出来的,值从 0 至 100 不等。网页评级越高,该网页在搜索中越容易被检索到。

同 PR 相比,SR 的更新速度要更快,根据官方说法就是一周更新一次,而 PR 则是一季度更新一次,比较这一点就可以看出 SR 做得更加人性化。

同时,在使用搜狗搜索时,搜索结果第一条会显示该 URL 的评级、标题、摘要、链接、大小、更新时间等信息,并在下面显示出该页面的网页的链接。具体算法目前并未公布。

2.5.5 百度权重指数

百度权重[②]是爱站、站长工具等网站推出的针对网站关键词排名方面给网站带来的欢迎度的评级数据,其等级划分为 0–10。但百度官方明确表示不承认百度权重。权重数值越大,说明网站自然流量越大,那么相应的关键词排名就相对靠前,权重、流量、关键词排名三者之间是相辅相成的。

这一指标的影响因素包括网站外链的推广度、数量和质量;网站的内链质量;网站的原创质量;网站的年龄时间;网站的更新频率;网站的服务器质量;网站的流量;网站的关键词排名;网站的百度收录数量;网站或者网页的浏览量及深度;关键词的数量与流量。

其评级公式如下,以下为 chinaz 站长查询定义的百度权重的规则:

---

① 搜狗百科词条:Sogou Rank [EB/OL]. http://baike.sogou.com/v40446.htm.
② 百度百科词条:百度权重 [EB/OL]. http://baike.baidu.com/link?url=NENUhj0ZlOXLC5YS3uGNJ9j V5M8dvadpLVEB5NbB – M3vGD7iTAfDE6fvVncImp9Yj6UYQ89Ga035P7egEtYfPq#reference – [1] – 6297764 – wrap.

表 2-8 chinaz 站长查询定义的百度权重的规则

百度预计流量	1~99	权重 1
	100~499	权重 2
	500~999	权重 3
	1000~4999	权重 4
	5000~9999	权重 5
	10000~49999	权重 6
	50000~199999	权重 7
	200000~999999	权重 8
	1000000 以上	权重 9

注意:以上是 chinaz 站长通过统计该网站所有排行的关键词(一定要有百度指数的词),跟它所在的位置,反推算出来的预计流量;跟该网站的实际访问流量没有关系;

爱站网定义的规则与此类似,数值不一样,而且预计流量计算方法不一样,所以同一个网站同一时间用两者查,显示的权重值可能不一样,有时候相差还比较大。

2.5.6 360 权重指数

360 权重与百度权重类似,为第三方提供的评级指标。360 的权重计算方法也和百度大致是一样的,仅搜索引擎依托为 360 搜索,而非百度搜索。360 权重级别的计算和下面的元素有关:

域名的价值;网站服务器稳定性;网站建站时间;网站内容质量;网站更新的频率;网站是否具有更高的诚信度;网站有详尽的联系方法、有版权说明、企业介绍、公司电话、传真、地址等详尽的、明确的信息,使浏览者信任这个网站,那么网站在搜索引擎上也将会获得更高的权重;网站的跳出率,退出率。

2.5.7 工信部的互联网企业排行榜单

中国互联网协会,工业和信息化部信息中心每年会联合发布年度中国互联网企业 100 强的榜单。下文以 2015 年为例,介绍该榜单的评价对象、数据来源和处理方法及评价体系。

(1) 评价对象

2015 年中国互联网企业 100 强①(以下简称"互联网百强")的评价对象是持有工业和信息化部颁发的增值电信业务经营许可证,经营互联网信息服务业务(ICP)、互联网接入服务业务(ISP)、互联网数据中心业务(IDC)及在线数据处理与交易处理业务等四类业务中的一种或多种业务,网络接入地和主要业务在中国大陆,同时营业收入(以下简称为"营收")主要通过互联网实现的企业。对于存在集团公司与集团公司的全资子公司或控股子公司(含附属公司)的,以集团总公司的名义统一申报,其相关数据合并入集团总公司。

(2) 数据来源和数据处理

本次评价的数据基础是企业 2014 年度发展数据。数据来源以企业申报数据为主、上市公司财务报告等公开数据为辅。中国互联网协会、工业和信息化部信息中心联合对发布企业数据进行了细致的核查,重点核查四方面情况以保障数据的客观性和准确性,主要包括企业经营许可证情况核查,企业主营业务类型和收入比重核查,企业数据真实性和准确性核查及企业诚信和合法合规性核查等。

(3) 评价指标及方法

由于互联网行业具有行业发展快、创新能力强、格局不稳定、"轻资产"等特点,本榜单采用了计算复合指标进行排序的方法,设置企业规模、社会影响、发展潜力和社会责任四个维度,选取代表企业收入规模、人力资本、盈利能力、业务规模、成长速度、技术创新及社会责任等方面的 8 个指标,综合行业发展特点和专家意见,对指标设置了权重,加权平均计算生成综合得分作为企业的最终得分,对候选的数百家企业进行排序,取前 100 名的企业成为 2015 年中国互联网企业 100 强。

表 2-9 2015 年中国互联网企业 100 强(节选)

排名	公司名称
1	阿里巴巴集团
2	腾讯公司
3	百度公司
4	京东集团

---

① 2015 年中国互联网企业百强发布[J]. 青年记者, 2015(23):76-76.

(续表)

排名	公司名称
5	奇虎360科技有限公司
6	搜狐公司
7	网易公司
8	新浪公司
9	携程计算机技术(上海)有限公司
10	北京搜房科技发展有限公司

2.5.8 《互联网周刊》的网站排行榜

自1998年创建以来,《互联网周刊》持续关注中国互联网发展,并连续数年发布各类互联网榜单。

在2007年,该刊根据Alexa、Benchmark、Ciweekly和英创思四大排行榜单,分别以40%、20%、20%及20%的权重对中国商业网站进行了综合评估和排行。其中的分类排行榜则是根据Benchmark、KPI、英创思、大众投票数排名,参考35类网站排名,并对其进行权重赋值最终得出的。①

《2007中国商业网站排行榜》分类包括零售、B2B、旅游、招聘、生活服务、新闻资讯、理财服务、汽车、房产、IT门户、行业网站、区域门户、综合门户、知识获取、在线支付、博客、下载平台、婚恋交友、综合社区、视频网站、音乐、电子杂志、地图、搜索、无线互联、电子政务、企业、网上银行、游戏、网络管理、网络营销、文学、娱乐、教育以及网络工具,共35项。

该排行主要有三项评估指标。第一,用户体验指标。该项指标包括三个二级指标:响应时间、可靠性和稳定性。响应时间是指网站完整页面下载到用户端的时间;可靠性是用来反映客户访问网站的成功率;稳定性则能够衡量交易过程的整体响应时间的标准偏差。用户体验由上述三项二级指标以4∶2∶2的权重比核算。第二项指标:网站质量评测指标。这项指标亦存在三个二级指标:链接正确性、浏览器兼容性和W3C无障碍访问特性。其中链接正确性指成功链接总数与链接总数的百分比值。浏览器兼容性是测试网站是否存在浏览器不兼容的元素。而W3C是有文字替换的图片总数与图片总数的比值。

---

① 《互联网周刊》2007中国商业网站排行榜[J]. 互联网周刊,2007(24):62-69.

而第三项 KPI 指标则主要关注用户在访问量、会员转换率、会员忠诚度、信任度等具体项目上对网站进行评估。

在 2008 年,《互联网周刊》则给出了《2008 中国商业网站 500 强》①、《2008 中国商业网站分类排行榜》②和《2008 中国企业网站排行榜》三个榜单。其在测量和评估方法上更加具体。该刊将评估对象分为无线和非无线或联网领域。在传统的非无线互联网领域中,其以"网站影响力指数"、"网站传播指数"、"用户体验指数"和"公众喜好指数"四项指标依次以 30%、20%、40% 和 10% 的权重计算综合价值。而无线领域则有"用户流量/规模""用户体验"、"研发能力"、"技术壁垒"、"营收能力"、"团队管理"、"发展潜力"以及"投资价值"八项指标来进行评估。其中"网站影响力"是依据 Alexa 排名、Google PR 值、网站流量数据、浏览次数及频率进行测量。"网站传播指数"则是根据主流搜索引擎的反向链接数和收录条目数等得出的。"用户体验指数"包括网站可靠度、响应时间和断链比例等。"公众喜好度"是以各网站的网民投票为依据来反映网站的受欢迎程度。而人气指数则以《互联网周刊》的网站投票结果得出。

总体而言,《互联网周刊》所进行的评估和排行囊括了各类商业网站。其运用权重对网站商业价值的各类指标进行评估的方法也有可取之处。最重要的是该刊连续数年对网站进行排行,为研究者和投资者提供了一个长时段的数据,进而可以对中国互联网的发展趋势进行研究。但在其具体的各项指标的设置中,其过于依赖既成研究结果,缺少独立研究内容。且指标设置过于偏重于消费者分析、点击量的计算和对于网站工作效率的浅层次研究,而缺少对于网站内容的考核、网站投入产出效能和网站贡献的分析。从而使其排名的综合数值不完整。

---

① 2008 中国商业网站 500 强排行榜[J]. 互联网周刊, 2008(20):140 – 152.
② 2008 中国商业网站分类排行榜[J]. 互联网周刊, 2008(20):161 – 165.

第3章 网站商业价值评估的理论基础

网站商业价值评估的理论基础包括三个部分,首先是对网站相关理论及概念界定的梳理,进一步对网站商业价值的概念进行界定并整理相关理论,最后是对网站商业价值评估的内容、方法及适用性分析。

3.1 网站相关理论及概念界定

3.1.1 网站发展及演变——Web1.0 与 Web2.0

2003 年前后,博客、维基(wiki)、微博、轻博客、SNS、Tag、RSS、社会化问答等网站类型相继出现,研究者和从业人员把这些全新的类型统称为 Web2.0,将此之前的时代称为 Web1.0。

王伟军、孙晶(2007)在《Web2.0 的研究与应用综述》中总结到,Web2.0 这个术语是由 O'Reilly Media 公司的 Dale Dougherty 提出的。他认为"Web 正处于类似于'文艺复兴的时期',规则在不断改变,商业模式也在持续演进中"。Dougherty 举例说,DoubleClick 是 Web1.0;Google AdSense 是 Web2.0;Ofoto 是 Web1.0,但 Flickr 是 Web2.0。[①]但此时他没有对 Web2.0 的概念和特征进行进一步阐释。

2005 年 9 月,Tim O'Reilly 在 O'Reilly Media 网站上发表了文章 What is Web 2.0。[②] 他将头脑风暴的结果绘制成一张思维导图(mind map),指出 Web2.0 转变的核心是"网络即平台"(The Web As Platform),用户控制着自己的数据,在这个平台上应用着一系列的规则(principles),能够代表 Web2.0 的网络服务包括 flickr、pagerank、blogs、bittorrent、wikipedia 等。

Web2.0 是一次从核心内容到外部应用的革命。Ankit Jain 在 Web2.0:Is

[①] 王伟军,孙晶. Web2.0 的研究与应用综述[J]. 情报科学,2007,12:1907–1913.

[②] http://www.oreilly.com/pub/a/web2/archive/what-is-web-20.html.

It a Whole New Internet?① 从不同角度阐释了 Web1.0 与 Web2.0 的区别。从参与模式上来看,从单向的"读"向双向的"读+写"变化;由互联网信息的被动接收者成为主动的创造者;从接入互联网的途径来看,由浏览器向订阅式的 RSS 阅读器等内容发展;从运行机制上,由"Client Server"向"Web Services"转化;互联网内容生产者由站长、编程者等专业人士向普通用户转化;从应用类型上看,由初级应用向多种互联网服务发展。这种变化可以整理为下表内容。

表 3 - 1 Web1.0 和 Web2.0 的比较

	Web1.0(1993 - 2003) 通过浏览器浏览网页	Web2.0(2003 至今)网页,以及许多通过 Web 分享的其他内容,更为互动,更像有应用功能而不仅仅是一个网页
模式	读	读、写与贡献
主要内容单元	网页	发表/记录的信息
形态	静态	动态
浏览方式	互联网浏览器	各类浏览器、RSS 阅读器、其他
体系结构	Client server	Web services
内容建立者	站长	用户
应用领域	初期应用	大量成熟应用

3.1.2 网站的概念

《现代汉语大辞典》对网站的定义是,指建立在因特网上的、将各种信息进行归纳分类的、图像化的应用系统,是巨大的网上信息库。网民可在上面浏览、阅读、下载,以获取所需要的信息。《网络社会学辞典》对网站的定义是,网站(Website)是指在网际网络上,根据一定的规则,使用 HTML 等工具制作的用于展示特定内容的相关网页的集合。

网站的外部表现形式通常是一些可视的网页信息,其内部有一定的组织机构和人员。网站基本上由软件系统和硬件系统组成。软件系统包括各种服务应用程序和提供信息资料的页面,硬件系统一般由各种服务器及相应设备组成。

在互联网早期,网站还只能保存单纯的文本。经过几年的发展,图像、声

---

① http://www.slideserve.com/jaguar/web - 2 - 0 - is - it - a - whole - new - internet.

音、动画、视频,甚至 3D 技术都可以通过互联网得到呈现。通过动态网页技术,用户也可以与其他用户或者网站管理者进行交流,也有一些网站提供电子邮件服务或在线交流服务。

在早期,域名、空间服务器与程序是网站的基本组成部分,随着科技的不断进步,网站的组成也日趋复杂,多数网站由域名、空间服务器、DNS 域名解析、网站程序、数据库等组成。

世界上第一个网站由蒂姆·伯纳斯·李(Tim Berners - Lee)创建于 1991 年 8 月 6 日。到 2014 年 9 月,全球网站数量已经突破 10 亿,且仍在高速增长。

随着网站制作技术的流行,图像、声音、动画、视频等媒体形式在互联网上日益普及,网站的形式变得更加丰富有趣,功能也日益增多,用户能够越来越多地通过网站获取和交换信息。

3.1.3 网站特征属性分析

从网站和用户的关系来看,网站的一些特征与用户的浏览频率及使用体验呈现正相关关系,这些特征包括网站内容、网站设计、网站安全、网站结构等,国内外学者关于此方面的论述可以总结为下表:

表 3-2 目前学者们对互联网网站特征属性的描述

学者	网站特征属性
Huizingh(2000)	网站内容:信息性、交易性、娱乐性 网站设计:使用方便
Chen(1999,2002)	网站娱乐性、网站信息性和网站组织性
Hoque&Lohse(1999)	人机界面的感知易用性
Marquis(2002)	下载时间、浏览界面、产品清单、网站使用架构与链接性
Szymanski&Hise(2000)	网站的便利性、商品特征、网站设计特征和财务安全性
Swaminathan(1999)	卖家特征、交互安全性保证、个人隐私关注和顾客特征
Rangamathan&Ganapathy(2002)	信息内容、网站设计、安全性及隐私性
Hsu(2001)	合时性、可读性、信息丰富性
Evang&King(1999)	网页、网站整体设计及绩效、网站内容、影音元素、互动及涉入
Belanger&Hiller(2002)	安全因素、娱乐特征(便利、实用和定制等)
钟小娜(2005)	网站知识性、经济性、互动性、安全性和知名度

(续表)

学者	网站特征属性
李仪凡(2009)	功能属性、社会属性
Griffith(2005)	网站结构(简单便捷)、感知易用性
Novak&Hoffmann(2000)	网站响应速度、导航便捷性、网站形象
Kwon,Kim&Lee(2002)	网站设计特征:网站结构、网站信息内容、网站信息设计

网站特性可以归纳为功能属性及社会属性两大方面。网站的功能属性是指网站提供信息、交互、服务的基本属性,包括网站结构、技术设计、信息内容、安全隐私保护等,这些又可以概括为两个方面:技术易用性和内容有用性。网站的社会属性是指网民通过网站实现社会性的需求,如尊重、自我尊重、社会交往、娱乐性等。其特征表现也可以概括为两方面:社会交往性和娱乐休闲性。

潘广峰在《网站特征对互联网品牌忠诚的影响机理研究中》对网站的四种特征定义如下:①

技术易用性是指网民在使用网站提供的应用服务或者浏览网站所提供的信息内容对不必花费太大的努力。网站的设计中,良好的人机交互界面,网站内容易于导航,信息容易检索浏览,所提供的网络应用安装使用简单、方便等都是网站技术易用性特征的具体体现。

内容有用性是指网站所提供的信息内容和网络应用服务能够对网民的工作绩效或自我表现有积极的促进作用。举例来说,搜索引擎、网络百科等网络应用服务极大地便利了人们的信息检索过程,降低了信息搜索成本;而网站中提供的个性化页面定制、免费电子邮件、即时通信服务、网络资源共享以及网络支付等应用使得网民利用互联网大大提升了日常生活的信息化水平和工作效率,对网民来讲都具有内容有用性的特征。

社会交往性是指通过网站所提供的功能和服务,使得人们能够利用互联网网络的交互功能和沟通功能,相互之间进行情感、商务和公共信息的交流,满足其社会交往需求的各种属性的集合。

娱乐休闲性是指通过网站的内设计和功能的体现,使得网民在使用这些应用或者浏览这些内容时,能够感受到一种休闲、轻松、愉悦的心情和体验的属性集合。

---

① 潘广峰.网站特征对互联网品牌忠诚的影响机理研究[D].山东大学,2005.

3.1.4 网站分类及构成

对网站商业价值的评估和比较,需要建立在对网站的科学分类基础上。不同类型的网站具有不同的价值源泉与商业模式,也就适用不同的评价方法;同一类型下的网站的价值比较,更有意义。

网站分类的基本维度包括按照网站类型分类和按照网站内容分类。CNNIC 在 2000 年 7 月公布的中国网站影响力排名中,将网站按照内容分为娱乐体育、医疗健康、新闻媒体、生活服务、人力资源、科技教育、金融证券、工业企业、电子商务等类别。而在 2015 年发布的第 35 次互联网发展报告中,则按照网站类型分为了即时通信、搜索引擎、网络新闻、网络音乐、网络视频、网络游戏、网络购物、网上支付、网络文学、电子邮件、微博、旅行预订、团购、论坛、博客、互联网理财等类别。而这些类型仍然无法概括目前所有网站的情况。

将网站类型和网站内容交叉,可以对网站进行综合分类。2012 年度中国商业站分类排行榜所列分类包括:电子商务(综合零售、在线支付、个护化妆、服饰鞋包、数码家电、导航比价)、网络视频(视频网站、网络电视、视频工具)、门户网站(综合门户、区域门户、新闻门户、财经门户、汽车门户、房产门户、IT 门户、教育门户、手机门户、数码门户)、网络游戏、社区网站(交友社区、婚恋网站、综合社区、博客、微博、轻博客、母婴社区、商务社区、军事社区、摄影社区、留学社区、户外社区)、网络工具(搜索引擎、杀毒软件、下载站点、即时通讯、网盘、域名服务、邮箱)、生活服务(美食网站、家居网站、保险网站、旅游网站、招聘网站、健康网站、问答网站、威客、票务网站、地图服务)、娱乐休闲(音乐网站、体育网站、女性时尚网站、小说网站、宠物网站)等。

按照网站主体性质划分,可以分为政府网站、机构网站、企业网站、商业网站、个人网站等。

网站经过数十年的发展,其分类在不断增加和变化中。从发展趋势来看,首先既有的网站类型很难完全消失,而是不断发展出细分类型,如视频网站发展出弹幕视频网站、直播网站等细分类型;其次随着新的商业模式诞生,网站的类型还在增加,如近几年快速发展的 O2O 领域催生了一批团购网站、租车网站等生活服务类网站。

3.2 网站商业价值相关理论及概念界定

3.2.1 商业价值概念界定

商业价值一词在不同的商业领域、不同的学科背景下具有不同的含义。一般而言,人们在提及商业价值时,所指的是财务效率,或直接等同于经济利润。

秦卫东等(2003)在《商业价值该如何创造》一文中从马克思劳动价值论的角度定义商业价值。他指出,在经济学领域,对商业价值的定义是:"商业企业、商业资本在流通领域中所创造的价值。商业利润的真正来源是产业工人创造的剩余价值,是由产业企业转让给商业企业的由产业工人创造的剩余价值的一部分。"[①]

管理学中一些商业价值的概念通常集中于效率或者有效性,通常以财务效率形式表现出来(如毛利率、净利润、ROI等)。它是战略研究和新产品绩效研究中商业绩效最常用到的定义之一。也有公司将其定义集中于有效性。如传递给顾客的价值、销售水平、销售增长水平、市场份额、相对市场份额、生产能力利用或价格升水都是代表公司绩效的有效性导向的概念。

与上一概念类似,一些文献中将商业价值的概念以利润来表现。利润是企业所追求的最高目标和根本目标。利润之下还有几个二级概念,即销售额、价格和市场份额。它们帮助企业盈利,体现为商业价值的概念。与此相应的评价指标有:ROI、销售增长率、投资回收期等。

维基百科中对商业价值(Business value)是这样描述的:在管理学中,商业价值是个非正式用语,指决定企业长期健康和福利的价值。商业价值把公司价值拓展到经济价值(也称为经济效益,经济附加值和股东价值)以外,包括其他形式的员工价值、客户价值、供应商价值、渠道伙伴价值、战略伙伴价值、管理价值和社会价值等。很多价值不是通过金钱衡量的。[②]

总结以上的定义,商业价值应包含有形的价值,也应包含无形的价值,它表现出使企业获得商业利润的倾向。

---

① 秦卫东等.《商业价值该如何创造》[J].《商业时代》,2003年第15期,p13.
② https://en.wikipedia.org/wiki/Business_value.

3.2.2 网站商业价值概念界定

网站大都依托于互联网企业,而互联网企业又是由股东集体、资源、组织、终端消费者、兴趣团体、监督者、环境等等各个节点连接而成的内部、外部网络关系的集合,这些网络有时称为价值网络或价值链。网站的商业价值即网站作为一种事物而体现出来的在商业领域中的价值①,表现为网站能够为企业各个价值链节点上的权利主体带来经济效益的能力,也就是获利能力。

3.2.3 网站商业价值源泉

为了科学地评估网站价值,就必须追溯网站价值的源泉,分析网站价值是怎样表现的。

(1) 无摩擦经济效应

简单来说,无摩擦经济效应就是指,随着互联网技术的不断发展及普及应用,交易环节减少了,这样就在很大程度上消除了中间环节的交易支出,大大降低了产业或者企业的交易成本,但实际上这只是人们想要实现的一种预期理想状态。不过由于互联网技术的广泛应用,交易范围在空间上不断被扩大,交易的对象也随之突破了空间、距离的阻隔,通过互联网搜索工具,可以最大限度地实现供需对接,达到了市场资源的有效配置,减少了库存储备,改善了交易环节,使得原来由于多层环节交易产生的成本极大降低。对于网站而言,得益于互联网技术,用户利用网站实现点对点交易,减少了双方的交易环节,必然带来成本的降低。

(2) 注意力经济效应

最早的关于注意力经济的描述源于诺贝尔经济学奖获得者赫伯特·西蒙,他指出:"在一个信息丰富的世界,信息的丰富意味着其他东西的缺乏——信息消费的不足。现在,信息消费的对象是其接受者的注意力。信息的丰富导致注意力的贫乏,因此需要在过量的可供消费的信息资源中有效分配注意力。"注意力经济体现在网站商业价值上,就是怎样实现最大限度吸引用户的注意力,增加用户在网站页面的停留时间,提高其对网站的粘性,将其进一步转化为潜在的消费群体,最终给网站带来经济利益。通常情况下,网站为了吸

---

① 潘海江. 网站价值评估理论研究[D]. 长安大学,2008.

引客户注意,会采取一些措施来对品牌进行管理并对客户关系进行维护,同时利用技术手段不断改善用户体验,使网站的运营更贴近用户的需求。

(3) 收益递增效应

就传统经济学而言,我们所知道的是,当其他要素的投入量不变时,边际效益会随着某种生产要素的不断增加而递减,边际成本却不断增加。然而,对以信息提供为主的网站而言,经济收益递减的规律似乎失灵了。因为作为互联网经济的核心产品——信息,在被生产出来之后,其被大量复制和传播的过程边际成本几乎趋近于零,但基于这些信息所带来的价值却并不曾减少,虽然随着网站用户的增加,对信息的收集、处理成本可能会增加,但是从整体来看,网站的平均成本和边际成本还是随着信息产品的产量增加呈现逐渐递减趋势的,而网站用户的增加却能使网站的经济效益不断增长,网站的价值自然也就越来越大。

(4) 知识经济效应

1996年经济合作与发展组织在年度报告《以知识为基础的经济》中提到,知识经济是以知识为基础的经济,直接依赖于知识和信息的生产、传播和应用。[1] 互联网技术的发展,使网站作为智力成果参与到经济效益的创造中来,而不仅仅是作为传统商品的附属。网站集开发者的创意、技术、团队文化等为一体,作为独立的商品出现在公众视野中,使网站本身对用户而言具有使用价值,进而产生经济效应,同时也作为一种无形资产存在于互联网公司。

(5) 消费者中心效应

在传统的市场交易中,交易双方对信息的知悉度是不同的,正是由于这种信息不对称,卖方往往在交易中处于优势地位,制约着消费者。而互联网的大范围应用,使得产品质量、价格等诸多信息透明度大大提高,消费者可以通过网络获取自己所需消费品的有效信息,最终以最优价格得到产品。正如《网络价值评估与上市》一书中提到的,我们需要特别注意这两个经济现象,一是"规模个性化",即消费群体之大,已使得任何个性消费都可以获得批量生产的规模效益;二是价格紧缩机制,互联网真正产生了一套不同的定价机制,能够让顾客比较价格和产品,提供多种拍卖和交易选择。[2] 因此在考虑网站商业价值

---

[1] 《以知识为基础的经济——经济合作与发展组织1996年度报告》,《中国工商管理研究》,1998年第7期。

[2] 王巍,吕发钦.《网络价值评估与上市》[M]. 经济科学出版社,2000.

的时候,必然要从消费者的角度进行考量。

3.2.4 网站商业价值增值规律

网站的建设依赖于互联网技术,这就要求在网站前期搭建过程中投入大量的研发费用,保证优秀的研发团队和先进的硬件设施,实现网站的不断升级、优化。就网站而言,由于其产品形式大都体现为信息或技术服务,因此,作为研发费用的成本支出通常情况下与其产品数量没有太大关系,也就是说这部分研发费用是相对固定不变的。然而网站所提供的信息或技术服务却是可以无限复制,能够满足众多用户无限使用的,正如前文所说的,在互联网经济中,收益递增效益很明显,随着产品数量的不断增加,其平均成本和边际成本会减少,最终趋近于零。

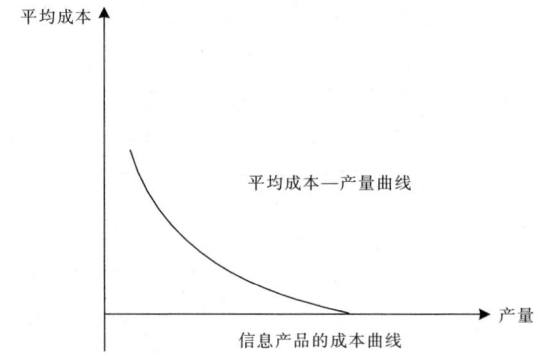

图 3-1 信息产品的成本曲线图

正如3Com公司的创始人,计算机网络先驱罗伯特·梅特卡夫提出的梅特卡夫定律所说的,网络的价值等于网络节点数的平方,网络的价值与互联网的用户数的平方成正比。用公式表示就是:

$V = N^2$（V 代表网络商业价值,N 代表网络节点数）

$V = K * N^2$（V 代表网络商业价值,N 代表用户数量,K 为价值系数）

这个规律体现在网站商业价值上,就是说网站的价值创造依赖于用户数量的不断增长,网站要想不断实现利润的增长及商业价值的提升,就需要扩大用户群体。通常情况下,网站会热衷于挖掘用户需求,以更好地实现点对点服务,提高提供的信息或服务的有用性,因为一旦用户对网站产生很大的粘性,就容易带动更多的用户,当然也就会催生更多的价值增长。

综上所述,可以看出网站商业价值的增值规律是这样的:网站信息或技术服务的性能是网站商业价值的基础,也就是产品的有用性越大,则网站的商业价值潜能越大。同时,网站的用户数量是网站商业价值的增长点,网站的用户规模越大,用户对网站的依赖性越大,则收益增速越快,网站商业价值自然越大。

3.2.5 网站商业价值实现路径——商业模式

一个网站的商业模式决定了其以何种方式实现网站商业价值的创造,这是网站获取收益,并最终实现盈利的根本方法和路径。所以,在分析网站商业价值之前,必须要了解网站的商业模式,寻找网站商业价值的影响变量。

随着互联网技术与应用不断高速发展,网站的表现形式及功能也在不断地发展变化,网站的商业模式可以简单概括为:依托互联网技术,以用户需求为基础,提供信息或技术服务,创造使用价值,通过向用户让渡使用价值而获取商业价值,实现收益的增长。就目前来看,大多数网站的商业模式有以下几种:免费+增值服务模式、广告模式、电子商务模式。

(1)免费+增值服务模式

网站商业模式的发展是一个逐渐深入和丰富的过程,早期的网站多由机构或个人建立,功能上较为简单,以信息展示、文件下载为主,其内容是完全免费的。站主的回报更多来自建站后的个人成就感,以及用户认可带来的满足。互联网平等、开放、分享的属性,早期建设者们的贡献,商业模式的欠缺,产品的经济学属性,这些元素共同决定了早期的免费模式。但这种情况其实限制了企业和资本开发利用网站的愿望。

表3-3 第一代互联网大商业模式一览表

模式类型	定义	应用范围
垂直搜索	针对特定领域的特定目标群体提供专业性的信息搜索服务	应用范围较为广泛,可以适用于各行业
垂直门户网站	专注某一行业或领域,提供的内容往往具有一定深度及专业性	行业细分领域
信息推送	通过一定技术向特定用户发送信息	信息采集、信息传播
知识重组	对知识按照相关性重新排列组合	文献资料
智能代理	利用人工智能技术过滤、采集收集信息	信息管理

就现在的网站免费模式来说,它与传统行业将免费使用作为一种推广手段不同,网站提供的免费服务基于其产品的边际成本趋近于零,因此新用户的加入成本基本为零,所以对于网站而言,免费是其商业模式的一种,而非单纯的推广模式。网站的产品与传统产业不同,其产品是信息或者技术服务,网站对信息本身并不拥有所有权,它只是通过网站的技术支持,使用户更加便捷高效地获取信息。因此,边际成本、产品复制成本低;同时客户在搜寻信息的时候也投入了时间和精力,这些因素是很多互联网产品价格为零的经济基础。

互联网信息产品的免费使用也是商家优化选择的结果。网站作为互联网这个新兴、竞争激烈的产业的产物,在网站运营中有一个与其他产业不同的特征,即存在反进入壁垒。通过对网站运营的成本分析可以发现,由于网站运营的固定成本很大一部分是硬件基础,而通过摩尔定律,我们可以得到微处理器的性能每隔18个月提高一倍,而价格下降一半。这就使新运营网站的成本更加低,因此,进入壁垒低,可称为"反进入壁垒"或"后发优势"。在这种激烈的竞争环境下,一旦某个网站宣布收费,则其用户会很快地就会转到不收费但具有相同功能的网站上去,可以说在零值这个临界点上,网站的需求价格弹性为"负无穷大"。

随着互联网不断深入网民的生活,网络社交平台在网民生活中扮演着越来越重要的角色,而用户在通过社交平台进行沟通和互动过程中,对自我表现以及娱乐的需求不断增大,网站运营者及时抓住商机,针对用户的个性化需求,提供多样化的产品,而这类产品都是要用户付费才能使用的,主要表现为个性化针对单个个体用户的具有的增值服务以及面向普遍群体用户的大众虚拟物品的消费服务,具体说来,主要包含会员特权服务、个人虚拟形象设置、道具使用等。这些增值服务在交互性网站上尤为明显,如QQ空间装饰、QQ秀、游戏道具等。

图3-2 腾讯增值服务付费商业模式

(2)广告模式

Yahoo!开创了通过"广告"的盈利模式,推动了大量的商业网站出现,使互联网逐步产业化。广告模式是传统广告模式在网站的延伸,本质是通过网站这个平台将用户的注意力卖给广告主,作为展示平台的网站参与分成。这种模式形成了多赢的局面,广告主得以跟随媒介发展的步伐接触用户群,而用户则能"免费"地使用更多的网络资源,网站也有了支付运营成本和获得利润的来源。

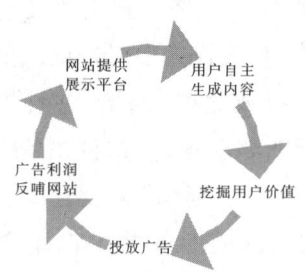

图 3-3　Yahoo 的广告盈利模式

广告模式在形式、展示、定价等方面也经历了一系列演化。追本溯源,1994 年美国一家著名的杂志——Wired 杂志的网络版 Hotwired 问世,在那一年的 10 月 14 日,网络版 Hotwired 在它的主页上发布了 AT&T 等 14 家客户的广告 Banner,这一举动在整个广告史上极具标志性意义。

三年之后的 1997 年,当年 3 月份中国的第一个具有商业性质的网络广告出现在 Chinabyte.com,此次广告发布通过 468×60 像素的动画 Banner 广告形式展现给公众,广告主是 IBM。Intel 和 IBM 是国内最早在互联网上投放广告的广告主。①

我国互联网广告市场始于 1998 年,据统计,当年世界杯期间,相关网站广告收入达 200 万元。越来越多的广告主开始关注网站这一新兴的媒体,广告主投放广告通常需要由第三方机构对网站的排名进行客观评估,从而保证广告投放的效果。这样,网站与广告主之外的第三方评估机构应运而生,第三方一般利用数据统计在测量网站是否值得广告主投放。8 月,CNNIC 与 Sohu.com 举办"Sohu 站点访问统计新闻发布会"并颁发访客流量认证证书。

1999 年 1 月,IBM 在新浪投放了价值 30 万美金的广告,这是互联网广告规模化发展的重要标志。年底,CNNIC 联合国内 17 家网站,共同推出了《网站

---

① 刘双舟.《关于完善互联网广告法律制度的思考》[J].《新闻春秋》,2015 年第 3 期,p59-p64.

访问统计术语和度量办法》，并在北京举行"携手共推网站流量认证新标准"新闻发布会，这在网站访客流量度量标准化之路上具有里程碑式的意义，意味着我国网络在与国际标准接轨上又迈进了一步。

早期互联网广告被称为"站牌式"广告，通常被放置于网站的 Banner 等地方，它和电视广告、公路上的大站牌广告等无本质意义上的区别，只是展示平台不同，并未完全发挥出互联网的优势。真正意义上的互联网广告模式，始于广告的"精准投放"，这种广告投放模式使广告推送更具针对性，大大提高了互联网广告投放效果。在广告投放之前，网站会"计算"用户特征，比如用户性别、年龄、职业、地理位置、近期需求等，但这种"精准投放"经常会遭遇侵犯用户隐私的批判。目前利用"搜索关键词"来设置"精准投放"是网站广告投放中收益最高的也是广告主最青睐的。众所周知，用户通过搜索引擎进行"关键词搜索"时，关键词最能体现用户需求，因而，根据"关键词搜索"投放的广告也最能贴近用户的需求，从而促成交易的达成。在这方面取得显著成功的当属 Google，它充分利用自身先进的搜索引擎技术，大大提高了交易的达成率。而近几年被广泛提及的"大数据时代"概念。其本质就是通过对海量数据的收集和挖掘，更精准地描绘用户行为，做好用户画像，细分市场群体，从而为广告发布方提供更加准确的投放参考。

对于广告模式下的定价形式，主要有 CPM、CPC、CPA 等，广告发布方根据自身的需要进行选择。其中 CPM（Cost Per Mille，或者 Cost Per Thousand；Cost Per Impressions）即每千人成本，在这种定价形式下，成本以广告送达千人或"家庭"为单位进行计算；CPC（Cost Per Click 的英文缩写）即每点击一次计费一次，主要利用网民的点击率为广告发布方带来流量或者潜在消费者，这种定价形式一般多见于网络成熟度较高的国家；CPA（Cost Per Action）定价形式则是依据注册、咨询、加入购物车、完成购买等行为指标来计算费用，这种形式由于能够直接测量广告投放效果，无疑会受到众多广告发布方的喜爱。

(3) 电子商务

电子商务的形式主要有 B2B（Business 2 Business）、B2C（Business 2 Consumer）、C2C（Consumer 2 Consumer）、O2O（Online 2 Offline）等。其中 B2B 是最为活跃的一种形式，阿里巴巴就是为我们所熟知的 B2B 典型代表。具体来说，B2B 电商模式主要依赖于互联网技术搭建网络商务交易服务平台，通过平台将产业链上的企业相连接，将不同企业的产品、技术、服务等信息放在平台上进行交换，并通过网银进行电子支付和结算，整个交易过程都在线上完成。

说到 B2C(Business 2 Consumer)模式,就不得不提美国亚马逊,这家网站将企业与消费者的距离大大拉近,双方通过网络"面对面交易",甚至可以说是人们生活方式的一种变革。一般来说,B2C 多为网络零售业所采用,这种网站的运营主要是把自己或者企业的产品或服务集中提供给用户,所以产品来源也分为直供和他供。此类网站完全依靠在线经营,消费者利用网络在线下单购买,通过支付工具进行支付。

C2C(Consumer 2 Consumer)模式顾名思义就是用户对用户,这种模式存在于个人之间,类似于传统二手物品买卖市场在线上的延伸,但又不局限于二手物品交易。1988 年成立的易趣(ebay)是 C2C 模式出现的标志,C2C 网站与 B2C 的交易方式并没有什么大的区别,通常包括搜索、浏览宝贝;联系咨询卖家;出价,下单,付款;收到货物,给出评价。

O2O 即 Online 2 Offline(在线离线/线上到线下),这种模式最早可以追溯至美国,通过互联网搭建的网上平台,将线下的购买需求与线上的产品/服务供给连接起来,很好地实现了供求的对接。这种模式下的运营依旧依赖于网站搭建的网上商城,通过国家级的权威认证之后,通过线上的广告推广,利用社交平台实现与客户的交流,形成一个完整的营销体系。这类网站的核心价值在于用户通过网站在线购买商品,这种商品多侧重于服务性消费,网站的用户最终需要到线下去享受线上购买的服务,近几年兴起的团购网站即是这种模式的典型。

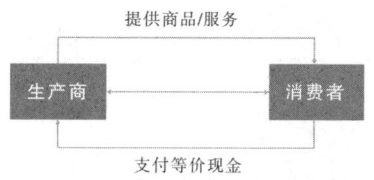

图 3-4 自建平台 B2C 商业模式

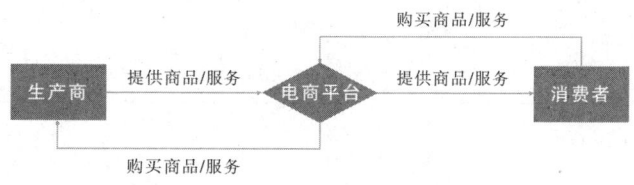

图 3-5 中间商平台 B2C 商业模式

除了上述几种常见的商业模式之外,还包括企业对政府(Business 2 Government)、消费者对政府(Customer 2 Government)、政府对政府(Government 2 Government)等。

3.3 网站商业价值评估内容、方法及适用性分析

3.3.1 网站价值评估内容

网站的性质不同决定了不同的网站具有不同的商业模式、产品/服务,这也必然导致其收入构成的不一样。因此,在评估一个网站的商业价值的时候,除了要考虑其一般的成本,通常包括运营网站所需要的技术、人力、基础设施等成本,还要结合网站自身的特殊性综合考察网站的发展前景和潜力。一般情况下,网站商业价值的评估主要考量资产、访问量、商业模式、利润与现金流等几个指标。[①] 但由于评估的目的不同,在具体操作的时候,会有不同的侧重。

对网站利润和现金流的考查,主要立足于网站的收入构成,或者说是收入来源,网站的收入来源主要有:(1)网站出售的产品或服务会员;(2)会员费等佣金;(3)合作协议收入;(4)广告收入。

网站的资产包括网站硬件设施等固定资产,同时也包括知识产权、品牌、网站内容、数据库等无形资产。如下表所示:

表3-4 网站资产的构成

技术	硬件
	软件
	网站包括的知识产权
内容	网站页数
	原创页的数量
	网站上图的总数
	连向其他相关网站的链接数量

---

① 杨子江.《网络价值评估》[M].中国人民大学出版社,2002.

(续表)

品牌	域名价值
	存在时间
	商誉
数据库	以往访客姓名和电子邮箱数据库
	以往顾客数据库

网站的访问量是网站产生价值的最重要的源泉,访问量的多少在很大程度上反映了一个网站目前或者未来可能产生的价值。考察访问量主要重点考虑这几部分:

①每日点击数(网页浏览次数、来自搜索引擎的访问量、来自缓存的访问量、无形访问量、从其他源头来的访问量);

②访客与浏览网页数量的比率;

③从其他网站指到本站的链接数、链接价值;

④不同来源的访问量比值(主要考察来自搜索引擎的及来自外链接的)等。

鉴于本研究在评估网站商业价值时,将网站访问量作为重要的参考指标,因此后文还会对网站访问量有更为详细的论述。商业模式主要回答了网站通过何种方式来为用户提供何种服务,并最终获取收益的问题。在第3章第2节对网站商业模式这一概念的阐述已经较为详尽,这里就不再赘述。

3.3.2 网站价值评估基本方法

网站作为新兴的互联网经济的重要组成部分,对其商业价值的评估不能完全依赖于传统的价值评估方式。不切实际地一味照搬原来的价值评估方法,常常会低估网站的真正价值。比率法和现金流法是各种重要网络价值评估方法的基础。

(1) 比率估价法

比率估价法是以某一变量为基础,如收益、现金流、账面价值或销售额等,考察同类"可比"网络资产的价值,借以对一项新网络资产进行估价的新兴的网络评估方法。[1] 以下为比率估价法的主要指标:

---

[1] 杨子江.《网络价值评估》[M].中国人民大学出版社,2002.

① 市值/用户数：网站的市值与网站用户数量的比值可以达到网站每一个用户在资本市场上体现的价值，这是同类型的网站在进行价值对比时通常会选取的一个指标。

② 市值/页面浏览量：该比率可以体现用户在使用一个网站时的深入程度，或者说是依赖程度，是考查用户黏性的指标。

③ 市值/广告浏览量：对于收入构成中，广告收入占有绝对比重的网站来讲，这个比率具有很重要的参考价值，通过这个比率可以看出用户每浏览一次广告页面的价值。

④ 市值/总收入：这个指标主要用来衡量上市网络公司，因为大部分的网络公司没有盈利，或者是负收益。

⑤ 现金流的倍数：以网站的现金流的一定倍数作为其价值表现，这种方法一般只应用于那些已经相对成熟的网站。

⑥ 销售收入倍数：对于那些尚且没有盈利的网站而言，通常会用网站销售收入的一定倍数来评估其价值。

⑦ 总收入/注册用户数：网站都会有固定的注册用户数，通过计算每个用户给网站带来的收入，也可以在一定程度上反映用户及网站的价值。

⑧ 收入/网上市场推广的费用：计算用于市场推广的投入每一单位费用给网站带来的收入，可以考察市场推广策略的有效性。

⑨ 销售收入/雇员数量：每个员工为网站产生的收入可以衡量员工工作的效率。

⑩ 广告可用页面使用比率：广告收入是构成现在大多数网站的主要收入，这一比率可以检验网站上广告页面的利用情况，从而考察网站收入情况。

⑪ 广告量点击比率：网站广告的次数反映了对用户的吸引力，而这种吸引力正是给网站创造价值的潜在因子。

⑫ 收入/带宽：宽带作为网站运营的重要接入设备是不可缺少的，这一比率反映了网站的一定的宽带基础上获得收入的能力。

⑬ 用户/modem 或局域网比率：通过计算网站用户在所有计算机拥有者中的比例，可以看出网站的用户市场潜力。

⑭ 链接失败比率：链接是否顺利影响网站用户体验因素，在很大程度上决定用户是否继续选择使用网站，这是网站运营支撑提供的重要体现。

⑮ 高峰期用户上网比率：这是考察上网浏览用户数在总体中的比例，从而了解网站用户在整体网民中的占比情况。

比率分析法具有很强的灵活性和适用性，可以用于评估不同商业模式下的网站。门户网站最看重的是用户点击量，因为这是影响其广告收入的重要因素。然而对于电子商务网站而言，其主要目的是促成交易，将网站的商品售出从而获得收益，单纯考查点击量不足以全面反映其商业价值，此时，实际的用户数量、达成交易的用户数量变成了重要的参考指标。所以，无论以何种商业模式运营的网站，比率估价法都可以对其进行有效的评价。

此外，比率估价法还可以用来评估不同发展阶段的网站。对于那些刚起步的，尚处于发展阶段的网站，通常收入不足，甚至有的网站还没有开始创收，一直在"烧钱"，但其商业模式或许又被众人看好，仅仅依靠财务指标对其商业价值进行评估是不切实际的。比率估价法将传统的财务指标与网站实际相结合的现实指标统一起来，很好地解决了对这种网站进行评估所面临的困境。

（2）收益/现金流贴现估价法

收益/现金流贴现估价法是指一项资产的价值应等于该资产预期在未来所产生的全部收益（现金流）的现值总和。[①]

由于网站各发展阶段的业务活动具有不同的特点，这使得在不同发展阶段的网站拥有不同的现金流量，现金流量贴现模型是在网站价值评估过程中应用现金流量法的重要体现。

所谓现金流量贴现模型，就是认同一个公司的价值，等于其在预测持续经营期内，所需付出的所有现金流出与预期获得的所有现金流入的当前值的总和。[②]

现金流贴现方法用数学模型表示为：

公式4　现金流贴现法计算公式

$$V = \frac{C_1}{(1+R)} + \frac{C_2}{(1+R)^2} + \frac{C_3 2}{(1+R)^3} + \cdots + \frac{C_n}{(1+R)^n}$$

式中：C_n——第 n 年公司的自由现金流量；

　　　R——贴现率。

自由现金流（Free Cash Flow）是网站在满足其后续发展投资需求之后，从现金流量总额中可以提取的用于分配给网站资本供应者的最大剩余现金流量。这部分资金进行提取分配的前提必须保证不影响网站的后续发展，这是

[①] 杨子江.《网络价值评估》[M].中国人民大学出版社,2002.

[②] 杨子江.《网络价值评估》[M].中国人民大学出版社,2002.

网站真正能够为其资本供应者(债权人和股东)提供的经营性现金流量。计算自由现金流量的公司如下:

自由现金流量 = (净利润 + 折旧 + 利息费用 + 商誉等无形资产摊销 + 其他非现金费用支出) - 净投资

在现金流贴现估价法中引入贴现率是为了说明投资机会成本的存在以及投资者承担风险的大小。对于预测价值是非常重要的,因为在预测企业未来的收入或现金流量时通常是以现有的市场情况作为基础进行推导的,但实际运行中由于宏观或微观因素的变化使得实际的市场状况与作为预测基础的现有的市场情况之间会有一定的差异。为了最大限度地降低这种差异性,提高价值预测的准确性,我们通常会对现有情况的预测进行折算,也就是经济学上所说的贴现。

因而,从收益的角度对网络价值进行评估关键是要解决两个难点:预测现金流量和折现率的选取。

3.3.3 网站价值评估常见模型

据国际通用方法,对网站的量化价值评估可以从客户访问数据的分析入手。主要包括:页面访问次数、停留时间、回访率、支付额度。[①]

(1) Steve Harmon 模型

Steve Harmon 模型又叫做市值访问量模型,最早提出这个模型的是高盛公司,此模型的提出一开始用来评价门户网站的价值,通过比较网站市值和用户访问量将网站的价值量化,使抽象的网站价值变得具体可衡量。

公式 5　市值比访问量模型

网站价值 = 网站市值 / 用户访问量

在这个模型中,评价一个网站商业价值高低的主要影响因素包括:

①页面访问次数(PV)——点击率;

②停留时间——粘度;

③回访率——忠诚度。

通过这个模型我们可以看出,用户访问量在网站价值评估中的重要性。可以说,用户访问量是网站持续运营的源动力。衡量网站的用户访问量通常

[①] 潘海江,韩东方.《商业网站价值评估理论方法探讨》,《中国资产评估》,2007 年第 5 期,p20 - p22.

以 IP 和 PV 为依据,以每日作为衡量时间,即日独立 IP 和 PV。

访问数(IP):Internet Protocol,即独立 IP 数。00:00 - 24:00 内相同 IP 地址只被计算一次。使用 IP 统计可以了解单位时间内有多少个访问者到达相应的页面。IP 反映网站的认知度。

综合浏览量(PV):PageView,即页面浏览量或点击量。一个独立 IP 可以产生多个 PV,所以 PV 数≥IP 数。PV 是反映网站对用户吸引力及用户对网站忠诚度的重要指标,高吸引力、高忠诚度必然带来高回访率,同时也说明用户对网站的黏性很大,这是众多网站梦寐以求的。

这个模型的局限性在于,评估对象必须是已经上市的网站,这样它的价值才能通过市值与用户访问量的比值来计算。利用这个模型可以估计出网站单个用户的价值,从而根据用户的增速来衡量网站目前的价值或者预测网站未来的价值。

(2) 访问量及时间价值模型

随着互联网技术的不断发展,对其应用的不断深化,用户已经从最初利用网络搜索信息扩展到更加多样的生活服务,在这种情况下,网站对用户的吸引力便成为衡量网站价值的又一重要指标。以网站用户黏性度作为参数评价网站价值的模型可以表示为:

公式 6　访问量及时间价值模型

网站价值 = 页面访问量 × 页面平均停留时间

通过这个模型,我们可以发现,同样用户访问量的网站,其用户在网页停留的事件越长,则网站的价值越高。

(3) 市值及注册客户价值模型

电子商务网站的快速发展使网站的注册用户数不断攀升,网站的注册用户数也逐渐成为价值组成的重要因素。以 Yahoo! 为例,由于改变了经营模式,从门户网站逐渐改造为能提供大量个性化服务的商业化网站,注册客户大幅度增长,从而获得了巨额的中介收入。Yahoo! 的成功转型证明:注册客户是更具有价值的群体。因此第一种评估模型可被改进为:

网站价值 = 市场价值/注册客户价值

即可先根据式 5 大致估算出每个注册用户的价值,再根据式 7 计算出网站的价值。通过分析注册用户增长率推算出网站将来的价值。

网站的价值评估还有一个重要的内容就是基于网站历史和现在的运营情况对网站的未来做出预测、判断。一个好的网站必须要给投资者以良好的心理预期。包含要素如下：

①客户群不断扩大；

②可持续发展；

③可快速容纳各类商业模式；

④有明显增长的现金流和利润指标预期。

3.3.4 目前网站价值评估方法比较

(1) 网站流量指标排名模式[①]

目前采用独立用户访问量指标来确定网站流量，并以此作为网站排名依据的机构有许多，如国外的著名咨询调查机构 Media Metrix、PC Data、Online 等，国内的中国互联网络信息中心的第三方网站流量认证系统等。这种评估方法的优势在于评估数据量大，但是缺陷也很明显。由于不同机构对网站流量指标的认识不同，对其量化的标准不一样，这就容易发生不同机构对同一网站的排名不一样，严重影响了结果的一致性，使结果的权威性大打折扣，公众难免对结果的真实性和全面性产生质疑。

(2) 专家评比模式

由于参与评比的都是业内认可度高的专家，权威性明显提升，多位专家共同评比，方便对网站进行全面、综合的评价。但这种评价方式也有自身的局限性，比如，人为评价不可避免地会带入主观因素，专家个人的情感倾向可能会使评价结果有失公允，从而影响结果的客观公正性。

(3) 问卷调查模式

问卷调查是一种常用的调查方式，通常有抽样调查和在线调查等形式。通过调查问卷可以从用户那里获得第一手资料，了解用户对网站的使用情况。但由于问卷调查结果的信度与效度和问卷的抽样方法、样本数量、样本分布、系统误差、调查费用等多种因素有关，问卷调查的结果也并不能十分全面地反映网站的真实情况。

---

① 徐英(2002).《网站排行榜评价模式及其评价方法研究》,《情报学报》,2002 年第 2 期.

表3-5 几种评估模式的比较

	优点	缺点	实例
网站流量指标排名模式	数据量大	关于网站流量指标的定义不一致,对独立用户的认识也不同,影响了排名的权威性和一致性。是否参与排名、排名结果是否公开完全出于自愿,无法保证真实性、全面性。	MediaMetrix/PC Data/Online/Nielse/Netrating/CNNIC
专家评比模式	具有一定权威性	代表性不足,具有专家倾向性	*PC Magazine* 前100位的全美知名网站
问卷调查模式	能够反映用户对网站的认知和态度	问卷调查结果的可信水平与问卷的设计、抽样方法、样本数量、样本分布、系统误差、调查费用等多种因素有关	CNNIC历次举办的"中国十大网站评比"活动

目前来看,对网站的评估缺乏统一和科学的指标,是造成网站评比结果不一的原因。由于缺乏科学的技术指标,网站排行的结果会出现人为因素占主导地位的现象。网站商业价值的评估应该逐渐把对网站的主观认识转化成可以衡量的客观因素,搭建相对科学的指标体系,进而改善国内对网站评估的精确度。

3.3.5 网站商业价值评估影响因子

(1) 共性因素

早期的研究者从实践中直接概括出一些具有共性的影响因素,如2000年王巍在《网络价值评估与上市》一书中提出,网络的用户群价值应当包括页面点击率、注册用户、广告数、广告点击率、上网注册用户、用户月收入、网站连接数等。

陈太洋(2007)在《中外企业网站的链接分析与网络影响力评价》中运用了链接分析法,从《(2006)中国企业500强名单》和《(财富)2006年度世界五百强公司排行榜》中选取了34家中外信息技术企业与消费类电子企业作为样本进行研究分析,选取了7个链接分析指标。①①网页数。②总链接数。③内链接数④外链接数。⑤网络影响因子=总链接数/网页数。⑥外部网络影响因子=外链接数/网页数。⑦内部网络影响因子=内链接数/N页数。

---

① 陈太洋,任全娥.《中外企业网站的链接分析与网络影响力评价》,《情报理论与实践》,2008.

表 3-6 网络影响因子的 7 个指标

检索指标	检索表达方式
总网页数 T	site：www.haier.com
总链接数 L	"www.www.haier.com"
内链接数 S	"www.www.haier.com" site：www.haier.com
外链接数 E	"www.haier.com" – site：www.haier.com
总网络影响因子 WIF	L/T
外部网络影响因子 WIFe	E/T
内部网络影响因子 WIFs	S/T

部分数据展示如下表：

表 3-7 陈太洋(2007)在《中外企业网站的链接分析与网络影响力评价》评估结果

企业名称	指标 T	指标 L	指标 S	指标 E	指标 WIF	指标 WIFe	指标 WIFs
微软公司	2870000	76500000	4260000	12300000	26.655	4.286	1.484
IBM 公司	138000	1150000	161000	1130000	8.333	8.188	1.167
DELL 公司	103000	2420000	94600	2190000	23.495	21.262	0.918
英特尔公司	133000	1220000	123000	1200000	9.173	9.023	0.925
Oracle 公司	117000	1020000	116000	993000	8.718	8.487	0.991
IBM 公司(中国)*	21	36100	9	36100	1719	1719	4.5
方正集团	1260	24800	1300	16400	19.683	13.016	1.032

类似的运用链接分析法进行研究的还有沙勇忠《中国省级政府网站的影响力评价》、赵发珍《基于链接分析法的网络社区影响力研究》、王晓红《省级政府旅游网站建设现状研究》等。赵宇翔《链接分析视角下国内 NGO 网站综合影响力评价研究》将 7 个因素扩充到 10 个因素，增加了链接效率、被链接网站数或反向链接、PR 值。部分数据展示如下：

表3-8 网络影响因子的10个指标

名称	网页数	总链接数	外部链接数	内部链接数	网络影响因子	外部影响因子	内部影响因子	链接效率	反链数	PR值
北京百度公益基金会	2880	3E+05	3E+05	20500	104.9	97.22	7.118	0.927	87	7
腾讯公益慈善基金	47600	6E+05	4E+05	2E+05	11.7	7.353	4.244	0.628	375	7
科学松鼠会	46500	1E+06	2E+06	4E+05	26.88	49.46	9.312	1.84	2019	7
淡蓝	4E+05	3E+06	3E+05	3E+06	8.503	0.706	7.64	0.083	281	4
南充仁爱公益	386	2820	1880	320	7.306	4.87	0.829	0.667	2275	4
颖上县公益志愿者联盟协会	3750	33100	9	1	8.827	0.002	3E+04	3E+04	645	3

武汉大学信息管理学院副教授、武汉大学中国科学评价研究中心副主任赵蓉英设计的指标体系主要包括了8个指标,即入链网页数、入链网站数、访问人数、网站访问量、人均访问页面数、平均加载时间、网络可见度和市场份额占有率等。这一指标体系中每个指标的权重主要利用层次分析法进行确定,同时利用多家网站及演技机构的报告来获取研究数据。姚红在《灰色关联分析法在网站排行榜研究中的应用》中参考这一体系,利用灰色关联分析法,检验了三个C2C网站的指标数据。灰色关联分析用于评价和选优,包括了确定评价指标体系、对评价指标序列进行数据处理、构造理想对象、计算指标关联系数、确定各评价指标的权重值以及计算加权关联度等六大步骤。①

表3-9 三个C2C网站的指标数据

网站名称	入链网页数	入链网站数	访问人数	网站访问量	人均访问页面数	平均加载时间	网络可见度	市场份额占有率
淘宝网	19.200	103.00	15.755	258.027	16.430	10.400	48074.94	65.5%
易趣网	103.000	9.983	7.091	20.318	6.670	4.620	19.067	26.1%
拍拍网	48.900	1.505	3.325	44.414	6.860	4.200	44.790	3.5%

(2)个性因素

随着研究的深入,更多学者从竞争及情报学视角,全方位考虑网站的商业价值,建立科学动态指标体系来全面分析各类型网站的竞争力。如吕红(2011)在《C2C电子商务网站竞争力评价》中,通过构建C2C电子商务网站竞争力动态模糊综合评价模型,从网站竞争力角度进行动态评价。各层指标权重通过德尔菲法进行专家评分。但可以看到,指标体系中抽象指标较多,需要通过专家打分而非定量方法进行研究。

---

① 姚红.《灰色关联分析法在网站排行榜研究中的应用》,《新校园》,2015年第9期.

表3-10　吕红(2011)在《C2C电子商务网站竞争力评价》中的电子商务评价模型

目标层	准则层	指标层	底层指标解释
C2C电子商务网站竞争力 A	安全 B1(0.42)	隐私保密 C1(0.35)	能否保证用户信息不受侵犯
		网络安全 C2(0.35)	电子商务网站是否有网络安全保障体系
		网络认证 C3(0.30)	是否对用户进行实名认证
	服务 B2(0.26)	服务交流 C4(0.15)	买卖及用户之间交流服务
		支付平台 C5(0.25)	能否保证交易支付安全性
		物流体系 C6(0.20)	有无良好的物流体系支持
		退换货服务 C7(0.15)	退换货服务是否有保障
		信用评价体系 C8(0.25)	买卖双方信用评价体系是否合理
	信息 B3(0.01)	实用性 C9(0.30)	信息是否符合客户的实际需求
		全面性 C10(0.20)	网站收录的商品信息是否全面
		准确性 C11(0.25)	商品信息是否正确
		新颖性 C12(0.25)	信息是否能够保持更新
	技术 B4(0.16)	网站响应速度 C13(0.25)	C2C电子商务网站的请求反应速度
		用户界面 C14(0.30)	用户界面设计是否友好
		检索途径 C15(0.15)	检索途径是否多样
		检索结果 C16(0.30)	对检索结果是否满意
	品牌 B5(0.06)	网络可见度 C17(0.20)	C2C电子商务网站的外部链接数多少
		网络影响力 C18(0.30)	网站的网络知名度、影响力
		市场占有率 C19(0.50)	所占市场份额、成交量

康博宇(2011)在《团购网站竞争力的影响因素评价研究》中,运用层次分析法将团购网站竞争力分为一个不完全的递阶层次结构,第一层次是目标层,即团购网站的竞争力评价;第二层次是中间要素层,包括四个部分;第三层次为因素层,一共18项评价指标。①

表3-11　康博宇(2011)在《团购网站竞争力的影响因素评价研究》的模型

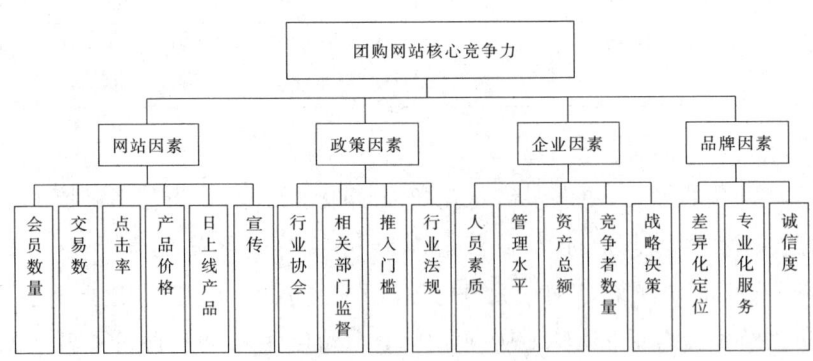

---

①　康博宇.《团购网站竞争力的影响因素评价研究》,《中国商贸》,2011年第36期,p23-26.

研究人员接着根据专家意见运用1-9比率标度法构造打分,形成网站竞争力判断矩阵。在对矩阵进行一致性检验并通过后,计算各指标特征向量,得出各指标权重一览表。最终得出结论,诚信度、折扣力度和会员数是影响团购网站竞争力最大的三个指标。也就是说:团购网站的诚信度直接影响团购企业的发展。

《网络银行竞争力评价指标》确定了五个网站竞争力一级指标,即网络银行的有用性、易用性、安全性、知名性及服务质量用于评价网络银行竞争力。同时,每个一级指标下又设计了相应的二级指标。同样采用层次分析法,首先邀请专家对各评价指标的相对重要性进行评分,评分依据采用Saafy标度(1—9);然后综合各专家的评分并利用matlab编程计算各指标在整个指标体系中的权重。①

表3-12 《网络银行竞争力评价指标》的评价指标体系

一级指标	二级指标	指标权重	指标取值
有用性(W_1)	产品和服务数量(W_{11})	0.7	取值为整数,每增加一种业务,指标值增1
	产品和服务收费(W_{12})	0.3	从各银行网站获得
易用性(W_2)	站内搜索引擎(W_{21})	0.5	取值为整数,每增加一个搜索分类,指标值增1
	网站链接速度(W_{22})	0.5	使用引擎(Alexa)获取
安全性(W_3)	客户端认证(W_{31})	0.4792	取值为整数,提供静态密码2分,动态密码得2分,USB Key 3分
	第三方认证(W_{32})	0.252	取值为整数,提供第三方认证为1,否认则取0
	客户隐私保护(W_{33})	0.194	采用评分制,非常满意3分,比较满意2分,一般满意1分,不满-1分,非常不满意-2分
	安全成本(W_{34})	0.084	从各银行网站获得

---

① 王小燕,周建波.《网络银行竞争力—评价指标的设计与实证——基于客户的视角》,《开发研究》,2010年第5期.

(续表)

一级指标	二级指标	指标权重	指标取值
知名性（W_4）	外部网络影响因子（W_{41}）	0.45	使用引擎（Alltheweb）获得
	网站流量排名（W_{42}）	0.55	使用排名引擎（Alexa）获取最近三个月平均流量
服务质量（W_5）	联系方式多样性（W_{51}）	0.081	取值为整数,每多增加一种联系方式,指标值增1
	联系方式有效性（W_{52}）	0.378	取值为整数,若联系方式有效加1分,无效则扣2分
	服务的及时性（W_{53}）	0.203	采用评分制,非常及时3分,比较及时2分,一般及时1分,不及时-1分,非常不及时-2分
	信息反馈相关性（W_{54}）	0.329	采用评分制,高度相关3分,比较相关2分,一般相关1分,不太相关-1分,完全不相关-2分

确定指标后,研究人员采取了三种方式获取公开数据,第一是直接登陆各银行网站;第二是使用专业搜索工具;第三是通过调查问卷向网络银行客户获取数据。

综合上述内容可以看出,对于网站价值的评价,由于评价对象的不同,存在以网站影响因子为主的共性指标和以商业模式及竞争力为主的个性指标。如果评价对象为全体网站,不对网站类型进行区分,则以共性指标进行评价;如果评价对象为某一类网站,则采取个性指标进行评价。共性指标即基于网络链接结构特性,计算网站被其他站点引用的情况、资源被访问的次数,分析网站在整个网络中居于中心还是边缘位置,从而确定网站价值。个性指标则考虑到网站不同的业务类型,如电子商务、门户、机构网站或是电子邮箱,同时纳入用户对服务质量的评价,从而综合体现网站商业价值。

表 3-12　网站价值评价的共性指标与个性指标

类别	指标
共性指标	总网页数
	总链接数
	内部链接数
	外部链接数
	网络影响因子
	内部影响因子
	外部影响因子
	平均加载时间
	页面浏览量
	独立 IP 数
	PageRank
	反向链接数
	搜索引擎收录量
个性指标	信息质量
	安全
	网站技术
	企业品牌
	服务
	政策

3.3.6　网站商业价值评估的难点

首先是网站的成长性评估具有一定的困难，原因在于互联网行业的发展日新月异，技术的升级更迭周期日益缩短，而用户对网站内容、功能、服务的需求也越来越多样化、个性化。所以，不管对于哪一类型的网站来说，对其今后五到十年，甚至二十年的成长变化进行预测颇具难度。

其次是网站商业价值评估存在很多软性指标，即非收益性价值指标，而这些指标具有很强的抽象性，如网站的品牌文化价值、管理制度、客户黏性等。这些软性指标的衡量难以形成确定、统一的标准，使评估过程很容易出现不一致。

最后，与传统行业相比，互联网行业具有高风险性和很强的不确定性，网站运营所需的资本、技术以及所处的政策环境等都处在不断的变化之中，这使得网站商业价值的评估在一定程度上也具有不确定性。

第4章 网站商业价值评估体系设计

网站商业价值评估体系的构建,是一个由多种相互联系、相互作用的要素构成的有机整体,是一个复杂的系统。应当遵循一定的设计原则,首先确定研究对象,采集研究对象即商业网站的列表并进行科学合理的分类;其次确定研究方法,理清德尔菲法与层次分析法的适用范围与方法要点;再次,建立和调整评价层次结构模型,将模型中各指标进行操作化,明确各指标的数据来源及获取方式,确定指标权重;最后,通过抽取样本进行商业价值评估和排名的计算,来检验评价体系的合理性,最终确认评价体系的内容及操作方式。

4.1 网站商业价值评估体系的设计原则

我国网站商业价值评估应通过科学设计评价指标体系,利用评价指标间的关系,以使评价结果能够有效、真实、全面地反映我国网站商业价值。从不同的利益相关者角度出发,对评价结果进行综合,考核评价我国网站商业价值。我国网站商业价值是一个由多种相互联系、相互作用的要素构成的有机整体,是一个复杂的系统,因而建立一个科学的、系统化的、逻辑清晰合理、结构完整严谨的指标体系对于网站商业价值的评价非常重要。

由于我国网站商业价值反映的是我国网站多方面的综合能力,指标选取要符合我国网站商业价值的构成,这样才能提高评价体系的准确性。因此设计我国网站商业价值的评价指标体系,应遵循以下原则:

4.1.1 科学性原则

网站商业价值评估体系首先要满足科学性原则,也就是其指标的筛选、指标权重的确认、指标数据的来源选择都要遵循科学的方法。要在吸取其他研究者经验弥补不足的前提下,谨慎地选取能客观反映网站商业价值某一方面特性的指标,并且邀请长期从事网站研究方面的专家学者、有经验的互联网从业人员等,通过科学的方法层层筛选指标并确认指标权重。

影响我国网站商业价值的因素有很多,如何对其进行高度概括、提炼,把握最为本质、重要、有代表性的成分,是设置指标体系的关键与难点。

4.1.2 整体性原则

网站商业价值评估的整体性原则体现在两个方面,首先是要把我国商业网站整体囊括进评价体系中,而不应只单一地着眼于某一类型、某一区域的网站,以力求评价全面详实地反映我国网站发展的现状。其次是指标选取的整体性,要综合考虑我国网站商业价值的各方面元素,力求不遗漏任何一项重大指标,同时系统地进行评价设计,在数据上尽可能保证来源的统一,以保证指标体系能够较为全面地反映各个网站的商业价值现状。

4.1.3 可操作性原则

网站商业价值评估的可操作性原则是指在尽可能确保科学性、整体性的前提下,要保证评估体系中的各个指标具有长期的可操作性,即有可靠的、可持续获得的数据来源。从这一原则来看,许多定性指标虽然符合科学性、整体性的原则,但因为不满足可操作性原则,很难对大量的网站进行长期持续的评估,因而会影响评估体系的稳定性。这种指标在设计评估体系时需要尽可能以定量指标进行代测量,或者剔除。

4.1.4 时效性原则

网站商业价值评估的时效性原则是指,由于网站数量不断增长,新的商业模式和网站类型不断产生,因此评估体系应该在网站分类、网站数据等方面具有可扩展性,能够及时监测到网站发生的最新变化,以人工或者机器自动化的方式对系统做出调整,使得评估结果具有时效性,能够反映当下的网站发展现状。

4.2 网站商业价值评估的研究对象

本研究的研究对象是中国商业网站,具体来说是指,使用 http 协议(HyperText Transport Protocol,超文本传输协议)通信,由一级域名和二级域名指向的 Web 网站。网站域名注册者要在中国境内,并已在工信部备案。

4.2.1 商业网站的规模和身份标识

根据 CNNIC、中国互联网协会等机构的统计,截至 2015 年 12 月底,中国网站总量达到 426.7 万余个,同比年度净增长 62 万余个,超过前五年中国网站净增量总和,中国网站所使用的独立域名共计 561.7 万余个,网站主办者达到 327.3 万余个。全国提供教育、医疗保健、药品和医疗器械、新闻等专业互联网信息服务的网站 2.3 万余个。

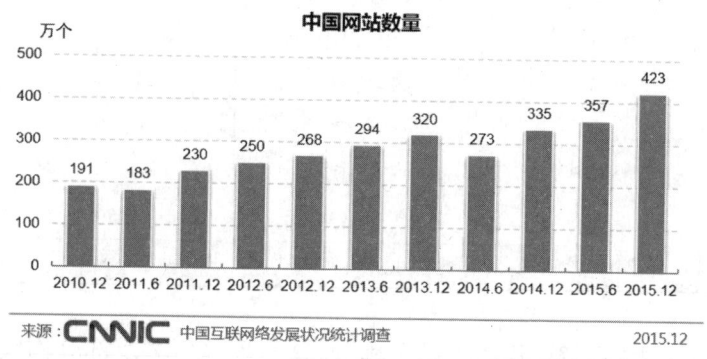

图 4-1 CNNIC 统计的 2015 年年底中国网站数量

研究中使用网站域名来指代某一网站和构建网站数据库。域名是网站在互联网上的唯一身份标识,ISP/IDC/ICP/企事业单位或个人如果想在互联网上有一个确定的名称或位置,都需要进行域名登记。当我们谈及某一网站时,通常以网站名称及域名作为指代,如百度网(www.baidu.com);而由于网站名称可以修改、可以重复,但网站域名无法修改、不能重复,因此网站域名可以准确地代表一个网站。

本次研究统计的网站域名,包括网站的一级域名和二级域名。下面从域名的概念和构成角度,简要说明一级域名和二级域名的范围。

域名(Domain Name),是由一串用点分隔的字母组成的 Internet 上某一台计算机或计算机组的名称,用于在数据传输时标识计算机的电子方位(有时也指地理位置),域名已经成为互联网的品牌、网上商标保护必备的产品之一。

由于域名的数量巨大,因此本研究采取抽样的方式,选取了约 9000 个网站作为具体的研究对象。根据 Webhosting.info 的统计,截至 2016 年 5 月 29

日,全球域名总数达到了160,207,777个。根据CNNIC的统计,截至2015年12月,我国域名总数增至3102万个,其中,CN域名约为1600万个,占域名总数的52.8%。这两项统计的域名都包含了一级域名、二级域名、三级域名及多级域名。

表4-1 中国分类域名数

	数量(个)	占域名总数比例
CN	16,363,594	52.8%
COM	10,997,941	35.5%
NET	1,415,001	4.6%
ORG	397,970	1.3%
中国	352,785	1.1%
BIZ	70,770	0.2%
INFO	26,107	0.1%
其他	1,396,346	4.5%
总和	31,020,514	100.0%

域名通常由标识符、代表网站名称的编码、顶级域名及部分构成。域名中的标号都由英文字母和数字组成。每一个标号不超过63个字符,也不区分大小写字母。标号中除连字符(-)外不能使用其他的标点符号。级别最低的域名写在最左边,而级别最高的域名写在最右边。下面以新浪网(www.sina.com.cn)为例,简要说明域名各部分的构成和意义。

表4-2 域名的构成

类别	标识符	网站名称	国际顶级域名	国家代码顶级域名
域名	www	.sina	.com	.cn
解释	Web页面	新浪网	商业机构	中国

顶级域名分为国际顶级域名和国家顶级域名两种。常见的国际顶级域名包括.com、.net、.org等等。由两个字母的国家代码组成的顶级域名如".cn"、".uk",称为国家代码顶级域名(ccTLDs)。中国在国际互联网络信息中心(Inter NIC)正式注册并运行的顶级域名是CN,其管理由CNNIC负责。

本研究中所称的二级域名,是指在一个完整的一级域名下的分域名,如blog.sina.com.cn就是一级域名sina.com.cn下的一个二级域名。其结构相对独立且内容完整,相当于一个独立的网站。由于网站常包含多个板块及多级内容,一级域名下包含的多个二级域名,使得不同主题的内容或服务管理一目了然,这种结构在门户网站中尤为明显,下表仍以新浪网的部分二级域名为例。

表4-3 一级域名与二级域名

类别	名称	简介
一级域名	www.sina.com.cn	新浪首页
二级域名	Blog.sina.com.cn	新浪博客
	News.sina.com.cn	新浪新闻
	Mail.sina.com.cn	新浪邮箱
	Sports.sina.com.cn	新浪体育
	Ent.sina.com.cn	新浪娱乐

对于既有Web端也有wap端的网站,以Web端网站为研究对象。一些网站基于同样的内容,针对PC和移动设备的特性和浏览方式开发不同的版本,如为移动端开发wap网站。随着移动互联网基础设施建设的发展及移动电子设备的普及,针对移动互联网的WAP(无线通讯协议)应运而生。这是在数字移动电话、互联网或其他个人数字助理机(PDA)、计算机应用乃至未来的信息家电之间进行通讯的全球性开放标准。Wap网站通常对多媒体内容进行压缩处理,以便传输;同时放大各个元素,以便用户进行浏览和点击操作。许多网站已经能够识别用户的访问设备,从而将用户的访问重定向到适宜其设备浏览的http或wap页面。两种页面所使用的开发语言、传输协议不同,网站流量也分别独立计算。

4.2.2 商业网站列表的采集

本次研究的对象为商业网站,由于商业网站总数众多,因此需要建立一个科学合理并具有代表性的网站样本库。

有几种获取网站样本库的方案可以选择。方案一是利用搜索引擎的检索功能,根据网站分类的情况,以各个分类的关键词为检索词在搜索引擎中进行检索,记录搜索引擎返回的网站。这种方法的缺点在于效率较低,难以在较短时间获得大量网站信息。方案二是利用各种导航网站,抓取其中所有的网站链接。这种方法的缺点在于获得的网站数量较少。方案三是利用站长之家等第三方网站统计工具,直接抓取其中的网站库。

本次研究采取方案三,利用站长之家的中文网站排行榜页面(top.chinaz.com/alltop/index.html),直接抓取其中列出的网址共 10312 个。页面中列出的网站总数达到 51000 个,基本涵盖了各类型主流的商业网站。抓取的字段包括网站中文名称、网址、网站分类。需要指出的是站长之家提出的分类与本研究采取的分类不完全相同,此处抓取网站分类是为后期的人工分类提供参考。

对网页信息的抓取使用 python 语言编写动态脚本,工作原理是以目标页面为起点,使用脚本程序依次点击页面链接,提取和保存指定位置的信息,以结构化的方式存储在数据库中。对网站列表的抓取经过了一天左右的时间。

从站长之家抓取的网站列表需要进行初步的清理,将不符合商业网站标准的网站剔除,经过初步整理后剩余 9060 个网站。初步清理的目标主要包括政府网站、教育网站、外国网站以及多级域名。列表中以.org.edu.cn 结尾的政府网站以及教育网站被直接删除。网站名称为纯英文的网站,经过人工分类,将注册地在境外、主要语言为英语的外国网站删除。域名中含有超过三个分隔号".."的,除以".com.cn"结尾的外,视为三级域名及以上,予以删除。

4.3 商业网站的分类

网站分类是研究的基础。首先,合理的网站分类能够为收录网站的选取提供参考。根据 CNNIC 的统计,截至 2015 年 12 月,中国网站数量已超过 423 万,年增长率为 26.3%。如果将所有的网站的数据全部纳入评估系统,在操作上具有极大难度,也是对研究成本的浪费。同时,研究的目的在于找到价值排名前列的网站,因而无须评估所有网站。

其次,合理的网站分类可以使研究结果更有解释力及针对性,网站的类型及业务千差万别,商业模式的区别造成了不同类别网站的盈利能力存在较大差异,因而单一的排行榜只会导致某类网站排名整体靠前或靠后,研究结果中的网站商业价值排行榜就将包含总榜及分类榜,分类榜单能够清晰反映出某一类别网站内部的竞争态势。

网站分类尚无被各研究者认可的标准,维基百科、各大导航网站、各类网站排名、第三方研究机构、专家学者对网站的分类五花八门。这一方面是因为网站的类型及内容经历着不断发展变化的过程,需要不断增加新的类别来将其囊括进分类体系。另一方面是因为分类的角度和标准没有统一,分类粒度也不尽相同。因此,各方很难就网站分类这一问题形成共识。

本研究采取的思路是:通过分类理论形成初步的分类框架;培训一批编码员,使其对网站分类标准具有较为一致的看法;最后在对全部网站进行编码的过程中,通过编码员内部的讨论增删网站分类,调整分类粒度;根据编码后各分类网站的频数分布情况,拆分频数过高的分类,合并频数过低的分类,使各类别网站的频数分布区域均匀,保证分类粒度的一致。

4.3.1 分类的理论框架

网站是形式和内容的结合,形式是网站的业务类型,内容是网站的用户细分。根据网站类型和网站内容两个维度,就能够编写理论上的网站分类编码表。

网站的本质功能是满足信息的交互需求,具体的业务类型根据 CNNIC 等机构的划分,可以分为信息、社交、服务、电子商务四个大类。

其中,信息类型的网站可以进一步拆分出新闻、知识、索引等业务,分别对应门户网站/新闻网站、百科网站/问答网站、搜索引擎/分类导航等网站类型。信息类型的网站为了吸引不同用户群体,其信息具体内容可以分为综合类、经济类、科技类、军事类、社会类、文化类、体育类、兴趣爱好类、生活类、健康类、亲子类、时尚类等等。

社交类型的网站,可以进一步细分出论坛、博客/微博、SNS 等具体类型。

服务类的网站可以进一步分为信息服务、生活服务、娱乐服务等。

具体的网站分类,较为详细和全面的是《互联网周刊》在其连续多年的网站排行榜中使用的分类方法,列出如下表:

表4-4 《互联网周刊》排名的网站分类表

一级分类	二级分类	示例网站
综合零售	电子商务	淘宝,天猫,京东,当当,一号店
	B2B	阿里巴巴,中国制造网,中国供应商
	在线支付	支付宝,财付通,银联在线
	团购	百度糯米,美团网,拉手网,窝窝团
	个护化妆	聚美优品,乐蜂网
	服饰鞋包	梦芭莎,好乐买,麦包包,韩都衣舍
	数码家电	万维家电网,中国家电网,智能电视网
	比价购物	一淘网,返利网,易购网
	跨境海淘	蜜芽宝贝,小红书,洋码头,嗨淘网
	生鲜电商	我买网,本来生活网,顺丰优选
网络视频	视频网站	优酷,搜狐视频,腾讯视频,土豆网,爱奇艺
	网络电视	PPTV,风行网,中国网络电视台
	视频工具	迅雷看看,快播,暴风影音,QQ影音
门户网站	综合门户	腾讯,搜狐,新浪,网易
	区域门户	浙江在线,千龙网,北方网,东方网,华商网
	新闻门户	新华网,新浪新闻,腾讯新闻,网易新闻
	财经门户	东方财富网,和讯财经,新浪财经,网易财经
	汽车门户	汽车之家,易车网,太平洋汽车网,新浪汽车
	房产门户	新浪安居,安居客,搜房网,凤凰房产
	IT门户	中关村在线,太平洋电脑网,IT之家
	教育门户	新东方在线,搜狐教育,沪江英语,新浪教育
	手机门户	手机中国,威锋网,机锋网,安卓网,手机之家
	数码门户	腾讯数码,新浪数码,搜狐数码
网络游戏	网络游戏	太平洋游戏网,多玩游戏,17173游戏,新浪游戏

(续表)

一级分类	二级分类	示例网站
社区网站	交友社区	朋友社区,QQ空间,人人网,搜狐白社会
	婚恋网站	世纪佳缘,百合网,珍爱网,中国结婚网
	综合社区	天涯社区,豆瓣,猫扑,奇虎,铁血网,知乎
	博客	新浪博客,搜狐博客,腾讯博客,博客大巴
	轻博客	新浪轻博客,点点轻博客,推他网
	亲子社区	宝宝树,摇篮网,育儿网,太平洋亲子网
	商务社区	人和网,天际网,若邻网,畅享网
	军事社区	铁血网,中华网军事,凤凰网军事,新浪军事
	摄影社区	色影无忌,蜂鸟,POCO摄影网
	留学社区	中国留学网,艾迪国际,伯乐留学,威久留学
	户外社区	磨房,绿野,在路上,中国户外网
	科技博客	创业邦,虎嗅网,钛媒体,36氪,i黑马,雷锋网
	知识获取	百度知道,爱问知识人,天涯问答,维基百科
网络工具	搜索引擎	百度,谷歌,搜狗,360综合搜索
	分类信息	58同城,赶集网,百姓网,城市吧
	杀毒软件	360安全卫士,卡巴斯基,诺顿,Mcafee
	下载站点	2345(多特)软件大全,华军软件园,天空软件
	即时通讯	QQ,MSN,阿里旺旺,翼聊
	网盘-云存储	青云、ucloud、阿里云、腾讯云、金山快盘,华为网盘,115网盘
	域名服务	中国万网,新网,域名城,阿里云,中国数据
	设计素材	昵图网,我图网,站长素材,红动中国,站酷

(续表)

一级分类	二级分类	示例网站
生活服务	美食网站	大众点评网,美食杰,好豆网,心食谱
	家居网站	搜房,新浪家居,365地产家居
	保险网站	中国平安,中国人寿,中国人保,中国太平
	理财网站	蚂蚁金服、陆金所、理财通、人人贷
	旅游网站	去哪儿,携程,酷讯旅游网,艺龙
	招聘网站	智联招聘,前程无忧,应届毕业生求职网
	健康网站	39健康网,寻医问药网,好大夫在线
	问答网站	百度知道,天涯问答,搜狗知识,搜搜问问
	威客	猪八戒威客,Admin5任务网,任务中国
	票务网站	中国票务网,中票在线,首都票务网
	地图服务	百度地图,谷歌地图,高德导航,丁丁网
娱乐休闲	音乐网站	百度音乐,一听音乐网,音悦台,酷我音乐
	体育网站	新浪竞技风暴,搜狐体育,网易体育,虎扑体育
	女性网站	腾讯女性,新浪女性,爱丽网,爱美网
	时尚网站	时尚网,腾讯时尚,猫扑时尚,凤凰时尚
	小说网站	起点中文网,新浪读书,小说阅读网,晋江文学
	宠物网站	POCO宠物网,宠物之家,123宠物网
行业网站	行业网站	食品商务网,中国广告网,中国服装网

4.3.2 编码员对网站进行分类

在编码员人工对网站全体进行分类编码的阶段,共有十位编码员进行编码工作。编码开始前,研究人员首先对全体编码员进行培训。培训内容包括网站分类的理论基础,编码表的形成过程,每个网站类别的操作化定义,每个网站类别的代表性网站,缺失值的处理方法,分类不确定网站的处理方法等。无法打开或不符合研究要求的网站,统一以缺失值999进行标记。对不确定的网站,统一提到讨论组中进行讨论。

培训完成后,抽取50个网站由全体编码员进行试编码,分析不同编码员编码的结果后看出,对门户类网站的分类具有较高的一致性,而对像大众点评网(dianping.com)这样主营业务复杂的网站分类分歧较大。全体编码员就这一情况进行讨论,最终对网站分类标准形成较为一致的看法,并约定有难以分类的网站时在讨论组中继续讨论,直至形成统一意见。编码员在分类编码过程中,如果遇到某一类网站并不存在于原编码表但数量较多,可以新建一个分类编码。该编码是否保留,由小组最后讨论决定。

正式编码阶段,编码员通过依次打开网站列表中的各网站,观察其类型和内容更加符合哪一分类,同时参考网站名称、站长之家对此网站的分类来提升分类编码的效率和准确性。

4.3.3 依据结果对原分类编码表的修正

首次分类结束后,数量最多的网站类型是地区门户网站、旅游网站、游戏网站和行业网站,数量均远超其他类型。数量最少的网站类型分别是 SNS、婚恋网站和轻博客,数量均不足 20 个。经过讨论,对原分类表做出如下调整:

将分类数码门户与手机门户、SNS 婚恋网站、博客与轻博客、女性网站与时尚网站分别合并。

原健康网站分类中,网站业务模式差异较大,进一步细分出健康网站、寻医挂号两个分类。

在电子商务分类下,新增在线药店、鲜花礼品、租车打车、二手交易 4 个二级分类。

生活服务分类下新增快递网站。

对于业务模式繁杂的网站,分类原则是将其与有直接竞争关系的网站分在一个类别之下,以达到进行比较的目的。

其他分类中的网站不符合本次研究商业网站的对象要求,在之后的研究中不予考虑。

4.3.4 确定分类编码表

总结分类过程,首先参考《互联网周刊》、站长之家、hao123 等导航网站现有的分类情况整理初步的分类表,再由编码员将全体网站进行人工分类,根据网站标题、描述及主要内容将网站分到已有类别,或新增类别。分类完成后,根据各类别频数情况进行合并或拆分,形成最终的网站分类编码表。经过调整,最终确定的网站分类编码表如下。

表 4-5 网站分类及释义

一级分类	二级分类	类型说明
电子商务	综合零售	向直接消费者出售综合多品类商品的电子商务网站
	B2B	供需双方都是商家(或企业、公司)的电子商务网站
	二手交易	销售已交易或使用过的商品的电子商务网站
	团购网站	消费者组为一个团队,以低折扣向商家采购的电子商务网站
	租车打车	提供线下租车或打车服务的电子商务网站
	个护化妆	销售个人护理、化妆品等日用品的电子商务网站
	服饰鞋包	销售服装饰品、鞋具箱包等商品的电子商务网站
	数码家电	销售3C(电脑、通信、消费类电子产品的合称)产品的电子商务网站
	比价导购	汇聚电子商务网站中产品参数、报价、经销商、折扣信息的网站
	跨境海淘	销售海外/境外物品的电子商务网站
	食品酒水	销售食品酒水等商品的电子商务网站
	在线药店	销售药品、医疗器械的电子商务网站
	鲜花礼品	销售鲜花、礼品等商品的电子商务网站
	折扣返利	通过商家的合作伙伴,前往商家购物,并从合作伙伴那里获得返利的网站
信息门户	综合门户	以搜索引擎为核心,在网站引申出各式各样的服务,由这些服务构成的完整的服务网络
	区域门户	以地方/区域信息为主要内容的门户网站
	新闻门户	以新闻信息为主要内容的门户网站
	财经门户	以财经信息为主要内容的门户网站
	汽车门户	以汽车新闻、产品库为主要内容的门户网站
	房产门户	以房产新闻、楼盘信息、价格趋势为主要内容的门户网站
	IT电子门户	以网络科技、电脑、通信、电子产品信息为主要内容的门户网站
	教育门户	以教育新闻、招考信息、技能培训为主要内容的门户网站
	历史文化	以历史文化为主要内容的门户网站
	娱乐门户	以娱乐八卦为主要内容的门户网站
	军事门户	以军事新闻为主要内容的门户网站
	电子报刊	平面媒体电子化的在线网站

(续表)

一级分类	二级分类	类型说明
社交平台	社交网站	促进人际关系与社会关系的网络服务平台
	综合论坛	讨论综合话题的电子公告栏,用户都可以在上面发表内容或回复他人
	博客微博	由个人管理、不定期张贴新的文章、图片、视频的网站。如新浪博客、新浪微博
	亲子社区	主要讨论母婴话题的社区
	留学社区	主要讨论留学话题的社区
	科技社区	主要讨论科技话题的社区
信息服务	知识获取	包括维基、翻译、词典等多种提供知识的网站
	搜索引擎	指根据一定的策略、运用特定的计算机程序从互联网上搜集信息,在对信息进行组织和处理后,为用户提供检索服务,将用户检索相关的信息展示给用户的系统。
	分类导航	集合较多网址,并按照一定条件进行分类的一种网站。
	下载站点	直接提供文字、音视频、应用程序下载资源的网站
	资源分享	用户上传、分享、下载资源的网站
	站长工具	提供网站统计、域名注册、服务器租用等建站基础服务的网站
	设计素材	提供各类网站、程序设计素材的网站
	电子邮件	提供电子邮件服务的网站
	信息查询	提供天气、公共服务信息查询的网站
生活服务	家居生活	提供家居、装修、缴费等生活服务的网站
	在线金融	提供网上银行、支付、保险、证券、基金、理财等金融服务的网站
	旅游网站	提供旅游信息、旅游攻略、户外活动等服务的网站
	招聘网站	提供招聘服务的网站
	健康网站	提供健康、中医养生相关信息服务的网站
	挂号问诊	提供挂号、在线问诊、疾病查询、用药指导、医院信息等服务的网站
	问答网站	用户在线提问和回答他人提问的网站
	快递网站	提供快递查询、寄件等服务的网站
	票务网站	在线查询票务信息、预定及购买车票、演出票等的网站
	酒店预订	提供在线预订酒店服务的网站
	法律网站	提供法律条文、法理知识、法律在线咨询的网站
	地图服务	提供在线地图服务的网站

(续表)

一级分类	二级分类	类型说明
娱乐服务	音乐网站	提供在线音乐试听、下载服务的网站
	体育网站	提供体育赛事信息、新闻等服务的网站
	时尚女性网站	提供时尚资讯、女性身心健康、美容化妆等信息的网站
	阅读网站	提供小说、散文等文学作品在线阅读或下载服务的网站
	视频网站	提供在线视频服务的网站
	在线直播	允许用户开设直播间并公开直播视频内容的网站
	网络游戏	提供电子游戏资讯、下载的网站
	动漫网站	提供动画漫画在线观看及下载的网站
	电影网站	提供电影资讯、简介、评论及下载的网站
	图书音像	提供论文图书音像出版物资讯的网站
	博彩网站	在线查看彩票信息的网站
	星座命理	提供星座命理、宗教内容和服务的网站
	幽默笑话	提供幽默笑话内容的网站
	摄影网站	提供摄影器材、经验、成片分享相关内容的网站
	艺术古玩	提供古玩艺术品收藏信息、拍卖服务的网站
其他网站	行业网站	提供某一行业资讯、信息、资料的网站
	广告推广	提供在线广告推广服务的网站

4.4 网站商业价值评估方法的选择

本研究所持研究方法以定量研究为主。其中资料收集方法包括问卷法、直接网络采集、权威机构数据引用及文献引用,数据处理方法包括层次分析法(AHP)和德尔菲法。

研究采用层次分析法(AHP法)、德尔菲法以构建网站商业价值评估指标体系,以网络大数据抓取和第三方引用的方法来获取数据资料,将数据代入评价指标体系以计算出各网站的商业价值指数,及各网站分类的商业价值排名榜单。本研究还构建了半自动化、可持续抓取数据、计算指数与排名并进行可视化展示的商业价值评估系统。

4.4.1 层次分析法

层次分析法由美国运筹学家 Saaty 于 20 世纪 70 年代初提出,是一种将定性与定量分析方法相结合的多目标决策分析方法。层次分析法的主要思想是通过将复杂问题分解为若干层次和若干因素,对两两指标之间的重要程度作出比较判断,建立判断矩阵,通过计算判断矩阵的最大特征值以及对应特征向量,就可得出不同方案重要性程度的权重,为最佳方案的选择提供依据。

运用层次分析法建模,大体上可按下面六个步骤进行:(1)明确评估问题,确定待评估方案(待评项),评估目标;(2)深入分析待评估问题的各个因素,建立系统层次结构模型;(3)给出同层因素相对上一层次的有连接的因素的相对重要性(两两比较),从而构造出各层次中的所有判断矩阵;(4)检验各个判断矩阵的一致性;(5)计算层次单排序,得到同层因素相对上一层次因素的权重,即计算各个判断矩阵的特征向量;(6)检验总体的一致性并计算层次总排序,即计算待评估方案相对评估目标的权重。

层次分析法能够帮助我们将复杂的研究问题(网站商业价值)逐步分解为若干层次和若干因素,并最终分解为可以测量和操作的变量,通过合理的方法获取可信的数据,使得网站商业价值这一定性研究问题转变为定量研究问题。

4.4.2 德尔菲法

德尔菲(Delphi)法是美国兰德公司于 1964 年发明并首先将其应用于预测分析的,是以古希腊城市德尔菲命名的规定程序专家评估方法。德尔菲法是一种群体决策行为,具有匿名性、反馈性和统计性的特点,本质上是建立在众多专家的专业知识、经验和主观判断能力基础上的,因此,特别适用于缺少信息资料和历史数据,而又较多地受到其他因素影响的信息分析与预测。德尔菲法通过一个多次与专家交互的循环过程,使分散的意见逐次收敛在协调一致的结果上,充分发挥了信息反馈和信息控制的作用。

德尔菲法的流程为:(1)明确评估目标。明确进行效能评估的目标,借助人的逻辑思维和经验能对目标的评价收到很好的效果;(2)选聘专家的权威程度要高,有独到的见解,有丰富的经验和较高的理论水平,这样才能提供正确的意见和有价值的判断;(3)发布需要专家评估的问题,分几轮进行评估,直到达到预期的收敛效果;(4)专家对问题进行评估。专家采用匿名或"背靠背"

的形式进行评估,专家根据评估规则回答问题,并说明回答问题的依据,按照该程序完成对所有问题的回答;(5)对获取的专家知识进行处理。以专家的原始意见为基础,建立专家意见集成的优化模型,综合考虑一致性和协调性因素,同时满足整体意见收敛性的要求,找到群体决策的最优解或满意解,获得具有可信度指标的结论,达到专家意见集成的目的。

本研究中运用德尔菲法主要解决网站商业价值评估体系建立和指标选择的问题。通过文献综述可以看到,网站商业价值评估既是学术界具有争议的学术问题,也是在实践中对可操作性及数据的完整度具有较高要求的现实问题。因此,在最关键的网站商业价值评估体系建立问题上,需要综合学界及业界多方专家的意见,以保证评估体系的科学性、完备性和可操作性。

4.4.3 研究步骤概述

确定了德尔菲法和层次分析法作为核心研究方法后,具体而言,研究由如下几部分构成:

核心概念和研究对象的界定。通过对网站商业价值评估相关理论及研究成果的梳理,对题目中若干核心概念进行解释和界定,包括商业价值、网站商业价值、商业价值评估等。

网站分类。对研究对象——商业网站——依据研究目的进行科学合理的分类,尽量保证分类完备且无交叉。

指标体系建立。对核心问题——商业价值——进行概念操作化,形成至少两层级的操作化指标,将定性指标转化为定类或定序变量,确认各指标的数据获取方式,运用德尔菲法征集专家对于本研究指标体系构成和各指标的重要程度的意见和看法,作为指标筛选和赋权参考。最后运用改进的层次分析法确定各指标权重,形成初步的指标体系,即关于网站商业价值的函数模型。

指标体系的验证与修正。通过可信的来源搜集少量案例数据导入模型,进行加权计算,得出各商业网站商业价值指数。将评估结果与其他咨询研究机构结果进行对比,讨论模型合理性,并对参数及各指标做出调整,使输出结果趋于合理,模型基本完备。

网站商业价值评估结果输出。收集和导入完整数据,根据输出结果形成中国网站商业价值排行总榜单及各行业分类榜单,在榜单基础上进行解释和分析形成报告。

网站商业价值评估系统建立。建立可主动持续抓取数据、实时计算结果并输出报表的自动化/半自动化评估系统。

4.5 网站商业价值层次结构模型的初步建立

在构建网站商业价值评估指标体系的过程中,核心的研究方法和思路是层次分析法(AHP 法,Analytic Hierarchy Process)。

我们在应用 AHP 分析决策评估问题时,把问题系统化,研究出影响问题的因素,把因素层次化,最终搭建出一个因素递阶层次结构模型。也就是一个决策评估问题模型包含有许多影响因素,各个因素之间是有一定的关系的,这些因素按照某种关系形成了多个层次,从而构成了递阶层次模型。下一层次有关因素被上一层次的因素作为准则所支配,也就是下层因素属于上层因素的细化。

递阶层次模型中的层次结构可以分为以下三种:

(1)目标层:目标层的特点是有且只有一个因素,这个因素代表了决策评估问题的最高评价标准或是评价决策目标。目标层在层次模型中应属于最高的一层。

(2)准则层:这一层次中包含了影响决策目标的众多影响因素,也称为准则,各个准则之间往往有两种关系,一种是同层互不影响,一种是支配,即下层因素隶属于上层相关因素,构成了所谓的准则、子准则。准则层处于层次模型中间,一般具有多层结构。

(3)方案层:方案层较为简单且易于分析,它的因素都是为了达到目标层因素而提出的各种措施、决策方案。方案层只有一层,在层次模型中应属于最低的一层。

构造决策问题层次模型是层次分析法的基础,也是我们决策的基础,层次模型体现了决策者对决策问题的理解程度,对问题的各个方面的研究程度。一个准确反映决策问题的层次模型能够让我们获得准确的决策结果。因此我们需要对决策评估问题做出严谨而又深入的分析、找出其中蕴含的关键影响因素,还有重要的一点就是因素之间的相互关系,我们需要依靠这些关系对因素进行分层,做到以下的要点才能准确构造递阶层次结构模型:

(1)准确找出影响决策评估问题的因素。当我们对问题研究完成后,层次结构中的目标层因素和方案层因素一般都可以确定了。较难分析的是准则层因素,因为它的因素数目较多,而且具有两种关系,同组关系和隶属关系(上下层关系)。因此如果在先期研究时没有对问题真正、深入的认识,那么我们难以准确分析出准则层因素及其相互关系。这时我们应该重新分析问题,如此循环迭代,直至找到符合要求的影响因素。

(2)根据准则层因素之间的相互关系合理分组。当评估决策问题的影响因素数目较多时,我们应当进行分组,这样能够让我们在评估决策时更加清晰明确地做出判断。在这里我们有一个原则:单个因素所支配的下层因素数目不应超过9个。虽然在层次分析法的数学理论中并没有此限制,但根据心理学研究:普通人对判别9个以内的事物的属性时有较好的辨别能力,因此我们做出这样的限制。根据此限制,我们将所有准则层因素进行分组,减少每组因素个数,增加层数。

4.5.1 目的层分解:网站商业价值

在本研究中,最高层(目的层)是网站商业价值,其内涵通过对过往文献的综述可以总结为:网站商业价值是网站通过一定的商业模式,如出售用户注意力获得广告收入或直接向用户收取产品或服务费用,获得持续的商业利润的能力。也就是说,网站的商业价值与用户规模、用户忠诚度、网站广告收入、用户付费情况这几个因素相关,用公式表示如下。

$$Y(网站商业价值) = f(用户规模、用户忠诚度、网站广告收入、用户付费情况)$$

基于对国内外学者及机构的相关研究的梳理,本次"网站商业价值"的研究从网站用户群价值及网站财务指标两方面综合构建。

网站信息与服务最直接的消费者是用户,"网站—用户"的盈利模式可以简要划分为两大类,即网站直接向用户收取服务费用,或将用户的注意力出售给广告主或第三方机构。

根据以上分析,本次研究使用如下四个一级指标:网站用户规模体现网站用户群的大小,网站用户忠诚度指标体现用户的使用行为及态度,用户付费指标体现用户为网站带来的直接商业价值,网站广告指标体现用户为网站带来的间接商业价值。

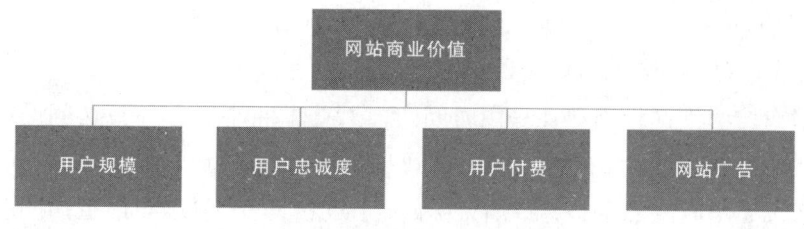

图 4-2 网站商业价值分解

根据这一定义,可以继续细分出中间层(准则层)的内容。

4.5.2 中间层指标分解:用户规模

用户规模是指使用网站的人数的多少,用户规模和网站商业价值成正比。常用的度量用户规模的网站指标包括许多网站运营相关的指标,如网站的页面浏览量(Page View)、网站的独立 IP 访问数、网站的注册用户数。此外,网站的用户规模受网站在搜索引擎中的优化情况影响,同一类型的网站往往使用相似的关键字,用户在搜索引擎中搜索关键字时,排在前列的网站会获得更多的用户点击。因此,用户规模还应包括网站的搜索引擎优化指标,如百度收录页面数、反向链接数、百度 PR 等。

4.5.3 中间层指标分解:用户忠诚度

用户忠诚度(Users' Loyalty),指的是用户出于对企业或品牌的偏好而经常性重复购买的程度。对于网站来说,用户忠诚度则是用户出于对网站的功能或品牌偏好而经常访问该网站的行为。根据客户忠诚理论,忠诚度可以由以下 3 个指标来度量:重复购买意向(Repurchase Intention):购买以前购买过的类型产品的意愿,即多次访问网站的意愿;交叉购买意向(Cross-buying Intention):购买以前未购买的产品类型或扩展服务的意愿,即访问网站各个板块或购买增值服务的意愿;客户推荐意向(Customer Reference Intention):向其他潜在客户推荐传递品牌口碑的意愿,即向他人推荐网站的意愿。

以上的 3 个指标对于电子商务网站而言,可能还有适用性,但对于大多数网站是不合适的,所以为了让分析具有普遍的适用性,同时为了满足所有的指标都可以量化(上面的客户推荐意向比较难以量化),以便进行定量分析的要求,这里可以选取 Google Analytics 中对用户忠诚度的 4 个度量指标:Repeated

Times、Recency、Length of Visit、Depth of Visit,即用户访问频率、最近访问时间、平均停留时间、平均访问页面数。

用户访问频率指用户在一段时间内(通常为 24 小时,下同)访问网站的次数,即每个用户 Visits 的个数;最近访问时间指用户最近访问网站的时间,因为这个指标是个时间点的概念,所以为了便于度量,一般取用户最近访问时间距当前的天数。平均停留时间指用户一段时间内每次访问的平均停留时间,即每个用户的 Time on Site;平均访问页面数指用户一段时间内每次访问的平均浏览页面数,即每个用户的 Page Views。

4 个指标中,最近访问时间对网站全体用户来说没有统计意义,平均停留时间没有公开的数据源,难以对全体网站进行采集。用户访问频率及平均访问页面数这两个指标,测量角度相似,选取平均访问页面数作为代表。此外,本研究还选取了网站平均加载时间这一指标来测量网站质量,网站质量与用户忠诚度呈正相关。

4.5.4 中间层指标分解:网站广告收入

网站广告收入指网站通过网络广告投放平台来利用网页上的广告横幅、文本链接、多媒体的方法发布广告获得的收入。网站广告收入的计算方式与网站广告出售的方式有关,一些网站的广告资源打包出售给代理公司,出售的价格就是网站广告收入;一些网站加入了广告联盟,广告资源以 CPM(Cost - per - mille/Cost - per - Thousand Impressions 每千次显示的费用)、CPC(Cost - per - click 每次点击的费用)、CPA(Cost - per - Action 每次行动的费用)等模式进行出售。总体而言,网站广告收入取决于广告位数量、广告展示次数以及广告位的单价。

4.5.5 中间层指标分解:用户付费情况

用户付费情况指在电子商务、增值服务等商业模式中,用户直接向网站为产品或服务付费的情况。在电子商务的 B2C 模式中,用户也就是最终消费者,向网站支付商品价格,成本价格差及服务费是网站获得的收益;在 O2O 模式中,用户在线支付服务价格,在线下完成消费,中介费是网站获得的收益。在增值服务模式中,用户根据自己的需求付费购买免费服务外特定的权益。由于网站具体的商业模式千差万别,在制定指标时需要摒弃这些差异,取其共性特征,如付费用户数、付费用户占全体用户的比例、平均每用户付费值(ARPU, Average Revenue Per – User)、平均每用户获得成本等。

4.5.6 初步的层次结构模型

根据以上分析,可以整理出如下的三层的层次结构模型。

表 4 – 6　网站商业价值评估的层次结构模型

目的层	准则层	方案层
网站商业价值	用户规模	网站页面浏览量
		网站独立 IP 访问数
		网站注册用户数
		百度收录页面数
		反向链接数
		百度 PR
	用户忠诚度	用户访问频率
		最近访问时间
		平均停留时间
		平均访问页面数
	网站广告收入	广告位数量
		广告展示次数
		平均广告单价
	用户付费情况	付费用户数
		付费用户占比
		平均每用户付费值
		平均每用户获得成本

4.6　网站商业价值层次结构模型的调整

层次结构模型初步建立后,还要通过专家评估,以保证模型中的操作层各指标具有测量的信度和效度,能够实现评价目的,同时有切实可用的数据来源。

层次结构模型的调整通过德尔菲法进行,由 30 名专家组成的专家团队通过填写匿名问卷的形式分别与研究人员进行沟通,经过多轮问卷后形成较为一致的看法。德尔菲法(Delphi method)是采用背对背的通信方式征询专家小组成员的预测意见,经过几轮征询,使专家小组的预测意见趋于集中,最后做出符合市场未来发展趋势的预测结论。30 名专家中包含 10 名北京大学新媒体研究院的网络传播领域的专家,5 名博士研究生以及 15 名有丰富互联网行业经验的企业管理人员。

研究人员通过问卷的形式,调查 30 名专家对于所有二级指标信度和效度的看法,以及收集有无更好的替代性指标的建议,问卷由专家独立完成,不经过讨论。经过两轮问卷的收集与分析,指标调整情况及专家意见整理见下表。

这样一来,通过层次分析法的方式,将网站商业价值评估这一问题形成了一个二级的指标评价体系。

表 4-7　调整后的网站商业价值评估模型

目标层	准则层	操作层	专家意见
网站商业价值	用户规模	网站页面浏览量	保留
		网站独立 IP 访问数	保留
		网站注册用户数	建议删除,并非所有网站都有注册用户
		百度收录页面数	保留
		反向链接数	保留
		百度 PR	保留
	用户忠诚度	用户访问频率	建议删除,数据难以收集
		最近访问时间	建议删除,数据难以收集
		平均停留时间	建议删除,数据难以收集
		平均访问页面数	保留
		平均页面加载时间	新增,作为网站使用体验的指标
	网站广告收入	广告位数量	建议删除,数据难以收集
		广告展示次数	保留
		平均广告单价	保留
		广告请求次数	新增,作为广告展示次数的补充
		广告竞价次数	新增,作为广告展示次数的补充
		月均广告总收入	新增,作为平均广告单价的补充

(续表)

目标层	准则层	操作层	专家意见
网站商业价值	用户付费情况	付费用户数	建议删除,数据难以收集
		付费用户占比	建议删除,数据难以收集
		平均每用户付费值	建议删除,数据难以收集
		平均每用户获得成本	建议删除,数据难以收集

4.7 操作层各指标的释义及操作化

网站商业价值评估各指标确定后,需要对操作层的各指标做出释义,并做出操作化的解释,探寻可信及可持续获取的数据源。

4.7.1 操作层指标:百度收录页面数

百度收录页面数量是指网站被百度搜索到并收录在索引库中的页面的数量。百度收录页面数量这一指标直接反映了网站在百度这一搜索引擎中的重要程度,以及普通用户通过百度搜索到网站的难易程度。

互联网的本质是信息,几乎所有互联网行为都离不开搜索,所以其技术扩散范围遍及整个网络、甚至正在向传统社会经济领域渗透,且随着互联网生态体系的建立,作为核心技术和基础服务提供者的搜索引擎对流量价值的挖掘也在进一步加深。

作为基础应用,搜索引擎在人们的互联网生活中一直占据着重要地位,用

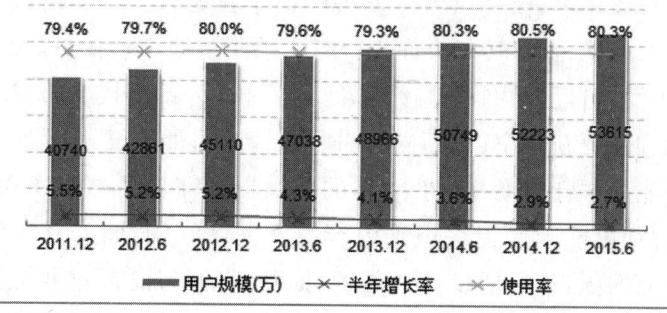

图4-3 CNNIC统计的历年搜索引擎使用情况

户规模稳定增长、使用率保持高位。根据中国互联网络信息中心 CNNIC 最新发布的《第 37 次中国互联网络发展状况统计报告》数据，截至 2015 年 6 月，我国搜索引擎用户规模达 5.36 亿，使用率为 80.3%，是网络第三大应用。

百度网（www.baidu.com）是国内目前市场份额最高，对中文网站收录最全面的综合性搜索引擎。中华人民网络安全协会对中国网民大数据调查结果显示，2016 年第一季度中国网络搜索引擎中百度排行第一，市场份额达到 69%。

网站被百度收录，主要通过两种方式，一种是通过百度的提交平台主动向百度提交网站的首页域名，百度收到首页域名后，会使用一种特定规律的软件跟踪网页的链接，也就是爬虫工具，分层逐级点击和遍历网站中的所有页面链接，并生成网页索引，将网页的 URL 地址和索引信息保存在数据库中，并且定期查看链接的变化，增加新的链接，删除无效的链接。另一种方式是网站通过与其他网站交换友情链接等途径，被百度的网络爬虫发现首页域名，然后重复爬虫获取链接—生成页面索引并保存链接地址–定期更新链接地址的过程。

网站百度收录页面数的多少，受到如下一些因素的影响：

网站页面数量及连通率，网站页面数量及网站本身所包含的独立页面数的多少，是百度收录页面数的上限。网站页面连通率是指页面与页面之间通过超级链接互相链接的情况，最理想的方式是每一个页面都包含其他所有页面的链接，但这会造成页面内容的臃肿和重复，给用户浏览带来困难，因此网站通常会采取折中的办法，在每个页面保留重要的链接，即网站内部的导航，既方便用户一目了然地了解网站结构，又增加了网站的连通率。

外部链接的情况，即其他网站和网页中出现网站首页或子页面链接的多少。因为搜索引擎的爬虫软件会自发在网络中寻找新的链接地址，所以网站链接出现的次数越多，被爬虫软件发现的概率就越大。许多站长会与其他人主动交换友情链接，要求转载页面内容时必须附上原文链接，以及主动在一些论坛、维基中发布自己的网站链接，都是出于增加外部链接数的需求。

页面内容及更新频率，页面内容对收录情况的影响很大，例如爬虫软件对文字的处理能力强于图像，如果网站的首页以整张图片或者 flash 的形式展现，爬虫软件很可能因为无法识别内容以及网站结构，而选择不收录这个网站。网站页面的更新，包括设计改版、页面数量的增加等，这些数据变化都会被爬虫软件感知到，从而提升网站的收录情况。

百度网站收录页面数的多少可以通过两种方式查询，第一种也是最直接的办法,在百度搜索框中输入"site:网站域名",例如"site:sina.com.cn"。

图 4-4　使用 site 命令查看百度收录页面数

第二种办法是通过各种站长工具查找,如站长之家的网站收录工具(http://tool.chinaz.com/Seos/Sites.aspx),其数据源仍然来自百度,原理与方法相同。

4.7.2　操作层指标:反向链接数

反向链接数是指其他网站中指向某一网站的主页、二级页面、内容页的链接的数量。反向链接数对网站有两方面的意义,其一是反向链接数越多,用户通过其他网站点击链接进入某一网站的可能性就越大,客观上能带来更多的用户浏览与点击,其二是反向链接数越多,网站被搜索引擎爬虫软件发现的可能性越大,越有利于网站被搜索引擎收录。

网站增加反向链接数的途径包括交换友情链接、发布原创内容、主动发布网站链接。交换友情链接是自互联网兴起后一直流行的增加反向链接数的方式,方式是在同主题、同类型、同行业的网站首页底部留下自己的网站首页链接,这样用户在浏览时就可能出于查看更多内容的需求点击网站链接,从而达到推广的目的。发布原创内容的目的是在于提升网站内容的转载量,出于版权保护的目的,其他网站在转载时必须在页面上留出原页面的链接,因而可以增加网站反向链接数。主动发布网站链接是指站长在论坛、博客评论区、维基、问答类网站等允许用户生成内容的网站中,以发帖或评论的形式留下网站链接,链接内容同样能吸引用户的点击或被爬虫软件发现。

网站反向链接数的查找,可以通过各种站长工具查找,如站长之家的网站收录工具(http://tool.chinaz.com/Seos/Sites.aspx)。

4.7.3 操作层指标:百度 PR

百度 PR(Page Rank)是用于衡量特定网页相对于搜索引擎索引中的其他网页而言的重要程度的指数,从 0-10,数字越大则网站越重要。相关的指数有 Google Page Rank 和 Google Trust Rank。由于研究对象与研究方法的限制,本研究最终选用数据公开的百度 PR。

Page Rank 这一概念最早由 Google 公司的两位创始人 Larry Page 和 Sergey Brin 在 1998 年于斯坦福大学就读时在研究生论文中提出,是一种由根据网页之间相互的超链接计算的技术,而作为 Google 对网页进行排名的重要要素。

Page Rank 的核心思想包括以下两点:(1)由于一个网页的超链接指向的主要是与其内容相关的网页,那么如果有许多网页都同时指向某一个网页,这个网页就一定非常重要;(2)如果一个 Page Rank 值很高的网页链接到一个其他的网页,那么被链接到的网页的 Page Rank 值会相应地因此而提高。

Google 的 Page Rank 算法也为百度等其他搜索引擎网站所广泛采用。但百度曾发表声明,表示并不存在百度 Page Rank 这一指数,百度对网站的评价有一套衡量网站价值的打分体系,由近百种策略组成,但分值是动态的,即同一网站在不同场景、不同需求下获得的分值不尽相同,而且这套系统和数值不公开。

因此,本研究选取了折中的办法,使用第三方数据百度权重来预估百度对网站的评价。百度权重是第三方网站站长之家(http://rank.chinaz.com)推出的针对网站优化关键词排名,能够预计百度给网站带来的流量,并依据流量多少划分出 0-9 十个等级的第三方网站欢迎度评估数据。

百度权重的计算依据是网站的关键词个数,及百度官方公开的竞价推广用户提供 0-10 不同分值关键词质量度的评级。权重数值越大,说明网站自然流量越大,自然流量大,那么相应的关键词排名就相对靠前,权重、流量、关键词排名三者之间是相辅相成的。关键词的数量越多,积累的权重也会越高,不过,这还要看关键词的流量,如果关键词的流量非常低,即便排名很靠前,权重也不会积累到很多,不过可以积少成多。

下表能看到这些指数的比较。由于研究对象与研究方法的限制,本研究最终选用公开的百度 PR。

表 4-8 几种综合指数的比较

	定义	算法	公开性
百度 PR	根据关键词情况计算网页重要度	通过关键词数及百度关键词评级自动计算	公开
Google PR	根据链接情况计算网页重要度	通过链接矩阵计算	不公开
Google TR	根据网站信任度和权威性计算网页重要度	通过专家打分、链接情况半自动计算	不公开

4.7.4 操作层指标：网站 PV、独立访问 IP 数、人均页面浏览量

网站 PV、独立访问 IP 数和人均页面浏览量是度量网站流量及内容质量的三个重要指标，分别从整体流量、访问人数、内容质量三个角度刻画了一个网站的整体运营情况。这三个指标都能够在 Alexa 网站（www.alexa.cn）查询到公开数据，便于本次研究通过机器抓取大数据的方法进行。

PV（Page View）即页面浏览量或点击量，用以衡量一个网站或网页的用户访问量。具体而言，PV 值就是所有访问者在 24 小时（0 点到 24 点）内看了某个网站多少个页面或某个网页多少次。PV 是指页面刷新的次数，每一次页面访问或刷新，就算做一次 PV 流量。

PV 的度量方法是从浏览器发出一个对网络服务器的请求（Request），网络服务器接到这个请求后，会将该请求对应的一个网页（Page）发送给浏览器，从而产生了一个 PV。只要是这个请求发送给了浏览器，无论这个页面是否完全打开（下载完成），都应当计为 1 个 PV。

如果单纯通过 PV 来衡量网站的访问量，很可能受到作弊工具的影响，因为实现对网站或网页的持续刷新成本非常低。因此，网站独立访问 IP 数的概念被引入了。独立访问 IP 数，指 24 小时（0 点到 24 点）内使用不同 IP 地址的用户访问网站的数量，同一 IP 无论访问了几个页面，独立 IP 数均计为 1。

除此之外，还有独立访客数（UV，Unique Visitor），独立访客是指某站点被多少台电脑访问过，以用户电脑的 Cookie 作为统计依据。24 小时（0 点到 24 点）内相同的客户端只被计算 1 次。通常独立 IP 数与独立访客数相差不大，但如果有多个用户通过局域网登入互联网，则 IP 数计为 1 而访客数与人数相同。

网站 PV 数及独立 IP 数可以在 Alexa 网站查询到，下图是新浪网在 2016 年 6 月 4 日查询到的数据。本次研究采用的是网站的 3 月平均 PV 数及独立

IP 数,以尽量消除由于节假日、重大事件等给网站流量带来的波动。

网站 sina.com.cn IP & PV 值,以下数据为估算值,非精确统计,仅供参考					
日均 IP [周平均]	日均 PV [周平均]	日均 IP [月平均]	日均 PV [月平均]	日均 IP [三月平均]	日均 PV [三月平均]
110700000	332100000	111960000	335880000	124620000	373860000

图 4-5　Alexa 网站查看网站 PV 及独立 IP 数

网站二级域名的 PV 和独立 IP 数,可以通过一级域名数据乘以二级域名访问比例来计算,二级域名访问比可以在 Alexa 网站查到。如新浪博客(blog.sina.com.cn)的 PV 和独立 IP 数,可以用新浪网的数据 22.69% 来进行计算。一些二级域名在 Alexa 网站查找不到访问比例,可以假设访问比例低于列表中最低的一项,从而可以通过最低比例进行估算。

被访问网址	近月网站访问比例	近月页面访问比例
blog.sina.com.cn	24.68%	22.69%

图 4-6　二级域名独立 IP 数的计算

人均页面浏览量是指在统计周期内,平均每个独立访问者所主动浏览的页面量。非用户主动行为浏览(如蜘蛛程序、机器人程序抓取网页等)不计为页面浏览量。人均页面浏览量能够反应网站的内容质量。通常来说,网站原创内容越多、网站内容与用户兴趣的关联度越高、网站内部导航越完善,人均页面浏览量越高。人均页面浏览量也与网站类型有关,电子商务类网站一般人均页面浏览量高,服务类网站一般人均页面浏览量低。

网站的人均页面浏览量可以在 Alexa 网站查询到,以新浪网为例,如下图所示。

站点 sina.com.cn 的下属子站点的访问比例、页面访问比例、人均页面浏览量			
被访问网址	近月网站访问比例	近月页面访问比例	人均页面浏览量
blog.sina.com.cn	24.68%	22.69%	3.46
news.sina.com.cn	16.14%	15.67%	3.65
sports.sina.com.cn	13.94%	14.38%	3.88
house.sina.com.cn	26.28%	8.58%	1.23
book.sina.com.cn	5.66%	7.12%	4.72
login.sina.com.cn	13.01%	4.91%	1.42
sina.com.cn	13.70%	3.76%	1.03

图 4-7　网站的人均页面浏览量

4.7.5 操作层指标：平均页面加载时间

网站的平均页面加载时间是衡量网站用户体验的一项重要指标，网站的平均页面加载时间越短，用户体验越好。因此，网站的平均页面加载时间也是评价网站质量的必要指标。

页面加载时间受网络状况、浏览器性能、机器性能等多种因素的影响。网站的加载分为几个步骤：向服务器发起请求 – 下载网页内容 – 浏览器渲染页面。其中网络状况影响信息传输速度与效率，浏览器及机器性能影响信息处理与页面渲染的时间。因此，只有使用标准化的机器与浏览器进行多次测量，才能得到某一网站或网页的平均页面加载时间。

网站的平均页面加载时间的检测方法分两种，一种是被动检测，是在被检测的页面植入脚本或探针，当用户访问网页时，探针自动采集数据并回传数据库进行分析，另一种主动的检测方式，即主动的搭建分布式受控环境，模拟用户发起页面访问请求，主动采集性能数据并分析。

网站的平均页面加载时间可以在站长之家 – SEO 综合查询中查找到，具体如下图所示：

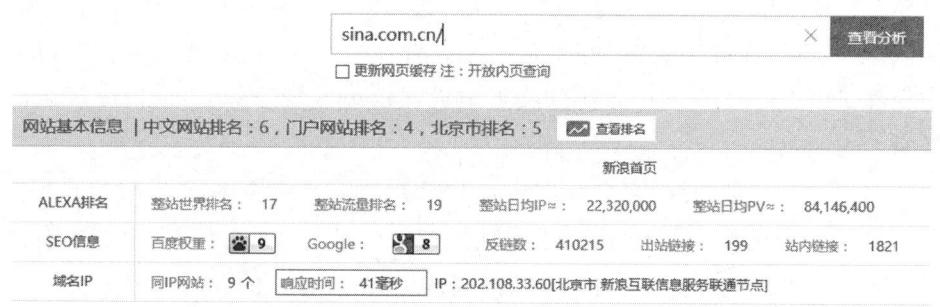

图 4 – 8　站长之家网站查看网站平均加载时间

4.7.6 操作层指标：网站广告数据指标

网站广告数据指标，包括广告请求次数、广告竞价次数、广告展示次数、广告均价和月均广告总收入几个二级指标。这几个指标是现代网站广告交易过程中，基于 DSP（Demand Side Platform）交易平台的几个关键数据，能够反映出网站广告位的访问量、广告位的稀缺程度以及广告位为网站带来的收益。广告是所有商业网站都可以采用的商业模式，因此网站广告数据指标是衡量网站商业价值大小的重要指标。

DSP交易平台的出现是为了更高效地匹配广告主(需求方,Demand Side)和网站(供给方,Supply Side)对用户注意力这一稀缺资源的供需关系。

互联网发展的早期,网站的数量稀少,类型相对单一,传统广告主和广告代理公司也并没有意识到网络用户和网络广告的价值所在。因此,需求方和供给方的供需能够直接匹配,少量的投放行为直接发生在少数广告主和网站之间。

随着互联网基础资源的普及,越来越多的用户触网,网络广告成为广告主和广告代理公司聚焦的新兴注意力阵地。而网络多媒体技术的发展也极大地拓展了网络广告的表现形式,banner广告、gif动画广告、视频贴片广告等新的广告形式蓬勃发展,为广告主与目标用户之间的沟通提供了新的渠道。基于以上两点原因,大量的广告主及广告代理公司开始寻找符合自身需求的投放媒体或渠道,但网站的数量与类型众多,不同的网站资源又被代理公司分割占有,如何高效精准地完成广告投放成为广告主和广告代理公司面临的难题,DSP平台此时应运而生。

DSP即需求方平台。这个系统可以让那些数字广告的买家仅使用一个用户界面管理多个广告交易以及数据交易。许多需要在互联网上投放广告的需求方,要找寻"性价比最高"的平台——既有优质媒介,还要能精准针对目标客户群。而DSP平台就可以让这些需求方在这里设置目标受众、投放区域以及对广告明码标价。

当用户打开某个网站(有合作布置DSP广告交易平台的网页)时,页面就会向DSP系统发出访问请求,请求次数是指单位时间内,该网页发出的所有请求次数。请求次数越高,证明网站的访问量越大,广告位的数量越多。

DSP收到访问请求后,由多家广告代理方对该次访问进行实时竞价,出价最高的代理商获得页面的展示权。广告竞价次数是指单位时间内,该网站的所有竞价次数。广告竞价次数越多,证明网站广告位需求量越大,稀缺程度更高,更受广告主的欢迎。

广告展示次数指单位时间内,竞价成功的广告代理方提供的广告内容展示的总次数。广告展示次数一定程度上反映了广告的投放效果。

广告均价指该网站广告每展示1000次的费用。广告均价越高,说明广告位更为稀缺,能够为网站带来更多收益。

月均广告总收入指单位时间内,一个网站在DSP投放上平均每个月得到的广告总收入。月均广告总收入是直观反映网站广告位带来收益大小的指标。

广告请求次数、广告竞价次数、广告展示次数、广告均价和月均广告总收入这五个指标均可以通过 DSP 交易平台的后台查看到,并以标准化的数据格式进行下载。网站广告数据与其他数据的统计时段一致,均为一个月。

4.6 数据来源及获取方式

本研究对于网站基本运营数据的抓取,主要以 Alexa 和站长之家为数据源。

Alexa 是一家专门发布网站世界排名的网站。以搜索引擎起家的 Alexa 创建于 1996 年 4 月(美国),目的是让互联网网友在分享虚拟世界资源的同时,更多地参与互联网资源的组织。Alexa 每天在网上搜集超过 1,000GB 的信息,不仅给出多达几十亿的网址链接,而且为其中的每一个网站进行了排名。可以说,Alexa 是当前拥有 URL 数量最庞大、排名信息发布最详尽的网站。

站长之家(中国站长站)创建于 2002 年 3 月,是一家专门针对中文站点提供资讯、技术、资源、服务的网站,网站现有上百万用户,拥有最专业的行业资讯频道、国内最大的建站源码下载中心、站长聚集的交流社区、最大的建站素材库、最实用的站长工具。

在多个指标的测量上,本研究采用百度提供的相关数据。百度(www.baidu.com)是国内市场占有率最高、收录网页数最多的搜索引擎,也是用户浏览国内网站的重要入口。同时百度为开发者提供了多种统计工具和报告,帮助开发者了解网站运行状况,为网站优化提供指导。因此在多个指标的测量上,本研究采用百度提供的相关数据。

在广告指标的测量方面,本研究采用 AnG 公司提供的相关数据。AnG 是国内一家专注搜索营销(SEM)、展示广告(DSP)、大数据分析业务的数据营销公司,是百度、中国电信、360 搜索的合作伙伴,同时也是淘宝广告、新浪广告、谷歌实时竞价等分发平台的认证接入商。

数据的抓取时间为 2016 年 6 月,选取的数据时间范围为 2016 年 3 月—6 月。

表 4-9 数据来源表

一级指标	二级指标	数据来源
用户规模	百度收录页面数量	从站长之家及百度抓取
	反向链接数	从站长之家及百度抓取
	百度权重	从站长之家抓取
	日均访问量（PV）	从 Alexa 抓取
	日均独立 IP 数	从 Alexa 抓取
用户忠诚度	人均页面浏览量	从 Alexa 抓取
	平均加载时间	从站长之家抓取
网站广告指标	请求次数	AnG 提供
	竞价次数	AnG 提供
	展示次数	AnG 提供
	月均广告总收入	AnG 提供
	广告均价	AnG 提供

4.7　网站商业价值指标权重的确定

层次分析法在构造和修改层次结构模型后，做出对指标的释义和操作化后，需要进一步确定各指标在目标衡量中所占的比重大小。具体分为三个步骤，首先将同层的指标进行两两配对的重要度比较来构造判断矩阵，并对建立的判断矩阵进行一致性检验，如果一致性检验通过，则运用特征根法计算各指标的权重系数。

二级指标的操作化定义确认后，以专家问卷的形式收集专家对于各具体指标在评价体系中的权重的看法。根据层次分析法的要求，问卷将一级指标、每个一级指标下的所有二级指标进行两两配对，由专家判断每组中的两个指标 A 和 B 哪一个更为重要。重要程度的判断为对称式的，分别为 A 绝对重要、A 比较重要、AB 同样重要、B 比较重要、B 绝对重要五度。问卷示例题目展示如下：

表4-10 指标权重问卷题目展示

指标 A	绝对重要	比较重要	同样重要	比较重要	绝对重要	指标 B
百度收录页面数						反向链接数
百度收录页面数						百度权重
反向链接数						百度权重

问卷以电子版的形式向30位专家发放。30位专家中,10名为网络传播领域的专家学者,15名为互联网企业管理人员,5名为网络传播方向的博士研究生。问卷的平均作答时间为357秒,问卷有效率为100%。

获取问卷数据后,使用 yaahp(Yet Another AHP)软件计算数据一致性及具体的指标权重。yaahp 是一个层次分析法软件,提供方便的层次模型构造、判断矩阵数据录入、排序权重计算以及计算数据导出等功能。在软件中录入层次模型结构,并依次录入专家作答的判断矩阵后,软件会自动计算出矩阵数据的一致性。如一致性达不到计算要求,软件提供了不一致判断矩阵自动修正功能。该功能考虑人们决策时的心理因素,在最大程度保留专家决策数据的前提下修正判断矩阵使之满足一致性比例。标记需要修正的判断矩阵,整个修正过程自动完成。

经过计算和调整后的指标权重表如下:

表4-11 网站商业价值评估指标权重表

一级指标	二级指标	权重
用户规模	百度收录页面数量	0.051767
	反向链接数	0.059367
	百度权重	0.108967
	日均访问量 PV	0.092067
	日均独立 IP 数	0.105467
用户忠诚度	人均页面浏览量	0.154467
	平均响应时间	0.107367

(续表)

一级指标	二级指标	权重
网站广告指标	广告请求次数	0.056467
	广告竞价次数	0.049567
	广告展示次数	0.052367
	月均广告总收入	0.093067
	广告均价	0.068967

4.8 指标体系的验证：样本排名

为了测试网站分类的信度，同时检验现有指标体系是否合理，在网站总体中选择了500个网站作为样本。通过计算样本网站的商业价值指数，将指数按从高至低排名，并将排名结果与其他类似榜单结果进行比对，查看其差异是否在常识范围内。

4.8.1 样本的选取

为了达到检验指标体系的目的，需要保证样本网站既涵盖各个分类，且从各分类中抽取的网站在体量上差异不大，这样才能检验出现有指标体系是否能评价出这些网站之间的差异。样本抽取使用了分层抽样法，按照原站长之家分类中各个分类网站数量的比例，抽取各分类在站长之家排行榜上位于前列的网站。具体数量见下表：

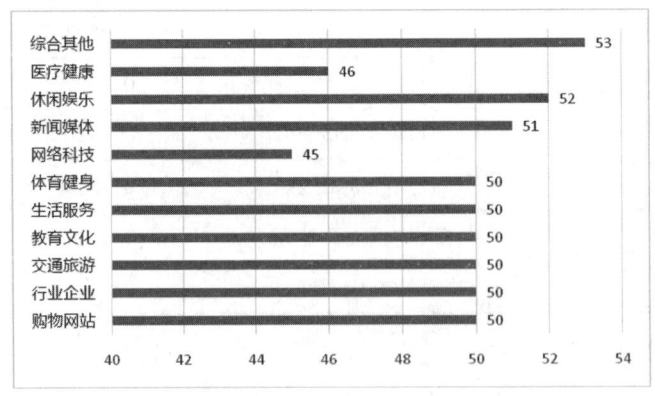

图4-9 样本网站分类频数

4.8.2 样本数据的抓取

确定样本后,需要实施对样本网站各项数据的抓取。数据抓取的时间安排在 2016 年 3 月 29 日至 31 日之间,抓取内容包括样本网站的指标中各项数据。由于数据源网站的问题,少部分数据如页面载入时间需要进行多次抓取。同时,二级域名的 PV 与独立访问 IP 数需要在抓取一级域名数据和二级域名访问比后进行计算得出。

4.8.3 数据存在的问题及解决办法

500 个样本网站的数据返回后,存在如下一些问题:

有 37% 的网站没有在 DSP 广告交易平台中查找到数据。考虑到这些网站只是在各类型中本身体量较大的网站,因此在网站总体中,数据缺失的情况可能更加严重。

研究人员对缺失情况进行了进一步分析。结果发现,在这 37% 的网站中,有 21% 的网站是企业或产品的官方网站,本身不存在与第三方广告主发生广告交易的行为。因此,在此后的分析中,将企业官网这一分类排除出研究对象。

经过以上处理,还有约 12% 的样本网站的广告数据缺失。为了补全缺失数据,研究人员尝试用多元回归的方式对缺失数据做出估算。估算的基本假设是,网站广告数据是基于用户的浏览产生的,同时与网站质量有关,因此网站广告数据应当与 PV 数、独立访问 IP 数、百度 PR 等数据相关。因此,如果对现有的数据构建模型并通过检验,理论上来讲就能实现对缺失数据的估算。这种算法用公式表示就是:

y(网站广告数据) = f(PV 数、独立访问 IP 数、百度 PR 值)

研究人员使用 SPSS 统计分析软件,以 PV 数、独立访问 IP 数、百度 PR 等变量为自变量,以广告请求次数、广告竞价次数、广告展示次数、广告均价和月均广告总收入等为因变量,构造多元回归方程。经过多次尝试,能够实现的拟合度最高的方程,解释力 R square 也只能达到 20%,方程所估算的网站广告数据和原网站广告数据差异较大,因此研究人员放弃了这种估算方法。

研究人员经过讨论,接着采用了均值估算法,即假设同一类别的网站,其网站广告数据存在相关。在这一假设下,在缺失网站数量不多的前提下,可以对每一类别的网站采用同类网站的广告数据均值进行估算。如某一类别的网站数据全部缺失，则选择与其业务类型或内容相近的网站进行估算。这种均值估算法较为有效和可靠地解决了数据缺失的问题。

表 4-12 两种数据补全方式的比较

	效度	信度	是否采用
多元回归估算法	高	低	否
均值估算法	中	高	是

有 9% 的网站在站长之家中查询不到百度收录页面数和反向链接数，其中百度网的一些二级域名，如百度贴吧、百度百科等在搜索时会直接提示域名被屏蔽。

在这种情况下，这些网站的百度收录页面数可以通过 site 指令在百度中直接查看。具体操作方法是，在百度搜索框中输入"site:域名"，百度返回的结果框中，就会出现网站百度收录页面数的信息。以百度贴吧（tieba.baidu.com）为例，通过 site 命令可以查看到其百度收录页面数为 25.8327 亿个。

图 4-10 网站百度收录页面数的补全

网站的反向链接数可以通过 domain 查看，具体操作方法是，在百度搜索框中输入域名然后搜索。此时搜索代表的含义为查找带有域名作为关键词的网页，百度返回的相关结果数即可作为反向链接数。

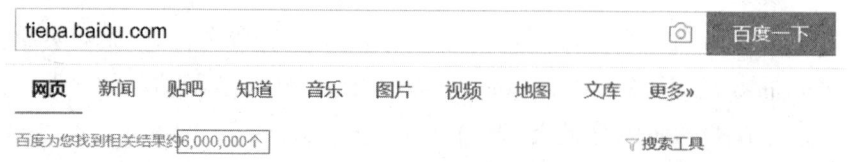

图 4-11 网站反向链接数的补全

部分网站的平均页面加载时间为 0,这显然是不合理的。经过多次抓取这些网站的数据后,仍然为 0 的网站,则以全部网站的平均值代替。

4.8.4 数据的标准化

由于各指标作为不同变量具有不同的量级,因此有必要进行数据的标准化(normalization)。数据标准化是指将数据按比例缩放,使之落入一个小的特定区间。这样去除数据的单位限制,将其转化为无量纲的纯数值,便于不同单位或量级的指标能够进行比较和加权。

对数据进行标准化的方法,需要根据数据特性来决定,如数据集中或分散,是否存在对数据影响很大的极大极小值等。常用的数据标准化方法有最小－最大标准化、Z－score 标准化和按小数定标标准化等。

(1) Min – Max 标准化

min – max 标准化方法是对原始数据进行线性变换。设 minA 和 maxA 分别为变量 A 的最小值和最大值,将 A 的一个原始值 x 通过 min – max 标准化映射成在区间[0,1]中的值,其公式为:

公式 7　Min – Max 标准化公式

新数据 =(原数据 – 极小值)/(极大值 – 极小值)

这种方法适用于原始数据的取值范围已经确定的情况。

(2) z – score 标准化

这种方法是基于原始数据的均值(mean)和标准差(standard deviation)进行数据的标准化。将属性 A 的原始值 v 使用 z – score 标准化到 v 的计算方法是:

公式 8　z – score 标准化公式

新数据 =(原数据 – 均值)/标准差

z – score 标准化方法适用于变量的最大值和最小值未知的情况,或有超出取值范围的离群数据的情况。

spss 的默认的标准化方法就是 z – score 标准化。

用 Excel 进行 z – score 标准化的方法:在 Excel 中没有现成的函数,需要自己分步计算,具体计算过程如下:

①求出各变量(指标)的算术平均值(数学期望)X_i 和标准差 S_i。

②进行标准化处理:$Z_{ij} = (X_{ij} - X_i)/S_i$。其中:$Z_{ij}$ 为标准化后的变量值;

Xij 为实际变量值。

③将逆指标前的正负号对调。标准化后的变量值围绕 0 上下波动,大于 0 说明高于平均水平,小于 0 说明低于平均水平。

(3) Decimalscaling(小数定标标准化)

这种方法通过移动数据的小数点位置来进行标准化。小数点移动多少位取决于变量 A 的取值中的最大绝对值。将变量 A 的原始值 x 使用 decimalscaling 标准化到 y 的计算方法是:

公式 9　小数定标标准化公式

$$y = x/(10 \times j)$$

其中,j 是满足条件的最小整数。

除此之外,还可以对变量直接进行对数函数转换: $y = \text{Log}_{10}(x)$ 或反余切函数转换 $y = \text{atan}(x) \times 2/\text{PI}$,也能得到标准化后的结果。

样本数据中,各变量的情况比较复杂,部分变量如百度收录页面数、网站 PV、独立访问 IP 数等量级较大,简单地运用某种标准化方法不能达到使数据相对均匀分布,保证计算结果合理的效果。因此,需要综合性地运用标准化方法,使标准化后的数据满足计算需求。

4.8.5　样本排名的计算及讨论

经过数据收集与初步清洗,结合网站商业价值评估指标权重,就可以计算出加权后的样本网站商业价值得分及排名了。计算后的排名结果如下。

表 4 - 13　样本网站商业价值排名

网站类别	网站域名	网站名称
搜索引擎	baidu.com	百度
综合门户	qq.com	腾讯网
综合门户	163.com	网易
分类信息	ganji.com	赶集网
设计素材	58pic.com	千图网
体育门户	hupu.com	虎扑体育
视频网站	tudou.com	土豆网
分类信息	58.com	58同城

（续表）

网站类别	网站域名	网站名称
综合零售	jd.com	京东商城
交友社区	qzone.qq.com	QQ空间
轻博客	weibo.com	新浪微博
网络电视	cntv.cn	央视网
视频网站	bilibili.com	哔哩哔哩弹幕视频网
综合门户	ifeng.com	凤凰网
财经门户	eastmoney.com	东方财富网
新闻门户	news.ifeng.com	凤凰资讯
综合门户	sohu.com	搜狐
综合零售	taobao.com	淘宝网
视频网站	iqiyi.com	爱奇艺
新闻门户	news.163.com	网易新闻

可以看到，在样本网站排名中，排名较高的类别是信息门户类，电子商务类网站上榜数量较少，名次不高。

分析其原因，是因为目前的评价体系中，由于数据源和方法的限制，重点考虑了网站运营数据与网站广告数据两大块，而对电子商务网站来说，更为重要的网站用户数、付费用户数与网站销售额没有纳入评价体系。电子商务网站的广告收入也不是其主要盈利来源。因此，为了保证评价结果的相对客观性，需要对指标体系权重做出修正，具体的方法是对电子商务类网站，降低网站广告数据的权重，相对地提高网站运营数据的权重。

第 5 章　网站商业价值评估结果

基于前期的理论梳理和方法总结，根据经过样本数据验证的评价指标体系模型，将全体网站数据进行计算，得出了本次研究最重要的结果——网站商业价值得分及排名。

下文将从整体排名及数据分析开始，按照 6 个网站一级分类，逐次展示每类别网站排名情况及数据分析。在一级类别之下，将选取 2-3 个较有代表性的网站二级类别，对其盈利模式、SWOT 竞争战略、代表性网站、问题及趋势进行进一步详细梳理，以得出有针对性的结论。

5.1　网站总体概况

本次研究最终共选取了 6244 个网站作为整体网站的样本，基本涵盖了目前我国主流网站类型中最有代表性的网站。每个网站以域名作为其标识，原则上选取一级域名，但门户网站中二级域名同样有相对独立的经营业务，因此也作为独立网站纳入研究对象。

网站依据主营业务划分为 6 个一级类别、71 个二级类别。一级类别包括电子商务、信息门户、社交平台、信息服务、生活服务和娱乐服务。

电子商务分类下的二级类别包括：综合零售、B2B、二手交易、团购网站、租车打车、个护化妆、服饰鞋包、数码家电、比价导购、跨境海淘、食品酒水、在线药店、鲜花礼品、折扣返利。

信息门户分类下的二级类别包括：综合门户、区域门户、新闻门户、财经门户、汽车门户、房产门户、IT 电子门户、教育门户、历史文化、娱乐门户、军事门户、电子报刊。

社交平台分类下的二级类别包括：社交网站、综合论坛、博客微博、亲子社区、留学社区、科技社区。

信息服务分类下的二级类别包括：知识获取、搜索引擎、分类导航、下载站点、资源分享、站长工具、设计素材、电子邮件、信息查询。

生活服务分类下的二级类别包括：家居生活、在线金融、旅游网站、招聘网站、健康网站、挂号问诊、问答网站、快递网站、票务网站、酒店预订、法律网站、地图服务。

娱乐服务分类下的二级类别包括：音乐网站、体育网站、时尚女性网站、阅读网站、视频网站、在线直播、网络游戏、动漫网站、电影网站、图书音像、博彩网站、星座命理、幽默笑话、摄影网站、艺术古玩。

各分类下的网站数量，具体如下表所示：

表 5-1 网站各分类频数表

一级分类	二级分类	频数	一级分类	二级分类	频数
电子商务	综合零售	93	信息门户	历史文化	30
	B2B	274		娱乐门户	61
	二手交易	15		军事门户	40
	团购网站	57		电子报刊	112
	租车打车	19	社交平台	社交网站	34
	个护化妆	39		综合论坛	201
	服饰鞋包	134		博客微博	38
	数码家电	74		亲子社区	37
	比价导购	43		留学社区	30
	跨境海淘	31		科技社区	27
	食品酒水	32	信息服务	知识获取	114
	在线药店	29		搜索引擎	21
	鲜花礼品	10		分类导航	52
	折扣返利	38		下载站点	182
信息门户	综合门户	24		资源分享	51
	区域门户	447		站长工具	46
	新闻门户	211		设计素材	132
	财经门户	104		电子邮件	27
	汽车门户	59		信息查询	43
	房产门户	55	生活服务	家居生活	64
	IT电子门户	188		在线金融	75
	教育门户	315		旅游网站	338

生活服务	招聘网站	68	娱乐服务	在线直播	37
	健康网站	141		网络游戏	271
	挂号问诊	82		动漫网站	39
	问答网站	25		电影网站	36
	快递网站	15		图书音像	21
	票务网站	118		博彩网站	142
	酒店预订	71		星座命理	27
	法律网站	8		幽默笑话	18
	地图服务	58		摄影网站	15
娱乐服务	音乐网站	44		艺术古玩	35
	体育网站	173			
	时尚女性网站	95			
	阅读网站	91			
	视频网站	86			

在二级分类中，数量最多的分类依次是行业网站、区域门户、旅游网站、教育门户、B2B 网站、网络游戏、新闻门户、综合论坛、IT 电子门户和下载站点。

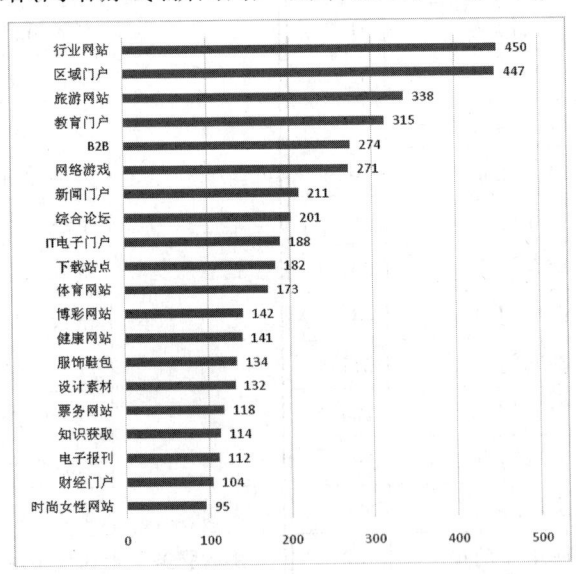

图 5-1 网站数量排名前 20 的二级分类

基于对商业价值这一概念的操作化,以及对类似研究方法的参考,评估选取了用户规模、用户忠诚度、网站广告指标3个一级指标,百度收录页面数量、反向链接数、百度权重、日均访问量PV、日均独立IP数、人均页面浏览量、平均响应时间、广告请求次数、广告竞价次数、广告展示次数、月均广告总收入、广告均价12个二级指标作为对网站商业价值的评价指标,并以德尔菲法和层次分析法计算出各具体指标的权重。具体如下表所示:

表5-2 网站商业价值评估指标体系及权重

一级指标	二级指标	权重
用户规模	百度收录页面数量	0.051767
	反向链接数	0.059367
	百度权重	0.108967
	日均访问量PV	0.092067
	日均独立IP数	0.105467
用户忠诚度	人均页面浏览量	0.154467
	平均响应时间	0.107367
网站广告指标	广告请求次数	0.056467
	广告竞价次数	0.049567
	广告展示次数	0.052367
	月均广告总收入	0.093067
	广告均价	0.068967

5.2 商业价值TOP100网站列表

抓取Alexa、站长之家、第三方广告平台的数据后,即根据权重计算出网站的商业价值得分,按从高至低排序后,前100名的网站列表如下。

表5-3 商业价值TOP100网站及分类

排名	网站名称	一级分类	二级分类
1	淘宝网	电子商务	综合零售
2	百度	信息服务	搜索引擎
3	阿里巴巴1688	电子商务	B2B

(续表)

排名	网站名称	一级分类	二级分类
4	天猫网	电子商务	综合零售
5	爱奇艺	娱乐服务	视频网站
6	京东	电子商务	综合零售
7	58同城	信息服务	分类导航
8	央视网	娱乐服务	视频网站
9	网易	信息门户	综合门户
10	腾讯网	信息门户	综合门户
11	赶集网	信息服务	分类导航
12	优酷网	娱乐服务	视频网站
13	360搜索	信息服务	搜索引擎
14	凤凰网	信息门户	综合门户
15	亚马逊中国官网	电子商务	综合零售
16	土豆网	娱乐服务	视频网站
17	搜狐	信息门户	综合门户
18	虎扑体育	娱乐服务	体育网站
19	搜狗	信息服务	搜索引擎
20	新浪网	信息门户	综合门户
21	大众点评网	电子商务	团购网站
22	4399小游戏	娱乐服务	网络游戏
23	新浪微博	社交平台	博客微博
24	当当网	电子商务	综合零售
25	天涯社区	社交平台	综合论坛
26	中国网	信息门户	新闻门户
27	网易新闻	信息门户	新闻门户
28	北青网	信息门户	新闻门户
29	acfun弹幕视频网	娱乐服务	视频网站
30	游民星空	娱乐服务	网络游戏
31	中关村在线	信息门户	IT电子门户

(续表)

排名	网站名称	一级分类	二级分类
32	互动百科	信息服务	知识获取
33	唯品会	电子商务	综合零售
34	晋江文学城	娱乐服务	阅读网站
35	新华网	信息门户	新闻门户
36	酷6网	娱乐服务	视频网站
37	百姓网	信息服务	分类导航
38	昵图网	信息服务	设计素材
39	Q友乐园	信息服务	资源分享
40	滴滴打车官网	电子商务	租车打车
41	凤凰资讯	信息门户	新闻门户
42	百度知道	生活服务	问答网站
43	百度贴吧	社交平台	综合论坛
44	什么值得买	电子商务	比价导购
45	中国日报网	信息门户	新闻门户
46	53货源网	电子商务	B2B
47	折800网	电子商务	综合零售
48	搜狐视频	娱乐服务	视频网站
49	中华网	信息门户	综合门户
50	一淘网	电子商务	比价导购
51	苹果官方网站	电子商务	数码家电
52	1号店	电子商务	综合零售
53	贝贝网	电子商务	综合零售
54	全球加盟网	电子商务	B2B
55	商国互联	电子商务	B2B
56	寻医问药	生活服务	挂号问诊
57	苏宁易购	电子商务	综合零售
58	CSDN	信息服务	站长工具
59	中华网社区	社交平台	综合论坛

（续表）

排名	网站名称	一级分类	二级分类
60	腾讯新闻	信息门户	新闻门户
61	一呼百应	电子商务	B2B
62	39健康网	生活服务	健康网站
63	美团	电子商务	团购网站
64	豆瓣电影	娱乐服务	电影网站
65	海外网	信息门户	新闻门户
66	凤凰视频	娱乐服务	视频网站
67	世界工厂网	电子商务	B2B
68	蘑菇街	电子商务	综合零售
69	2345网址导航	信息服务	分类导航
70	H&M官方网上商城	电子商务	服饰鞋包
71	东方网	信息门户	新闻门户
72	糯米网	电子商务	团购网站
73	360影视	娱乐服务	视频网站
74	百度文库	信息服务	知识获取
75	战旗TV	娱乐服务	视频网站
76	28商机网	电子商务	B2B
77	Hao123	信息服务	分类导航
78	优购网	电子商务	服饰鞋包
79	电影网	娱乐服务	电影网站
80	财经网	信息门户	财经门户
81	小米网	电子商务	数码家电
82	AK军事网	信息门户	军事门户
83	游侠网	娱乐服务	网络游戏
84	机电之家	电子商务	B2B
85	中国二手设备网	电子商务	B2B
86	豆瓣	社交平台	综合论坛
87	网易体育	娱乐服务	体育网站

（续表）

排名	网站名称	一级分类	二级分类
88	新军事网	信息门户	军事门户
89	百贸网	电子商务	B2B
90	和讯网	信息门户	财经门户
91	99健康网	生活服务	健康网站
92	三九养生堂	生活服务	健康网站
93	中国青年网	信息门户	新闻门户
94	哔哩哔哩弹幕视频网	娱乐服务	视频网站
95	站酷	信息服务	设计素材
96	慧聪网	电子商务	B2B
97	维库电子市场网	电子商务	B2B
98	网易娱乐	信息门户	娱乐门户
99	一起做网店	电子商务	B2B
100	《参考消息》官方网站	信息门户	新闻门户

5.3 商业价值TOP100网站分析

排名前100的网站中，电子商务类网站占比最高，达到34%；信息门户类网站排名第2，占比23%；再次是娱乐服务类网站，占总体的19%。

下图是排名前100的网站分类与整体网站分类的比较，可以看到，电子商

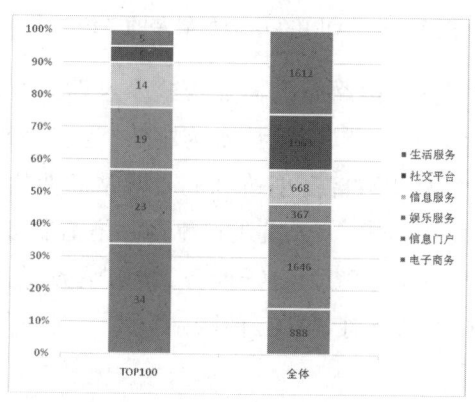

图5-2 TOP100网站分类与整体分类比较

务、娱乐服务、信息服务三类网站在前 100 名中的比例高于这三类网站在整体网站中的各自比例,而社交平台、生活服务和信息门户三类网站在前 100 名中的比例低于在整体网站中的比例。这反映了在商业价值的比较中,电子商务、娱乐服务、信息服务三类网站相对更有竞争优势。

具体到二级分类,排名前 100 的网站中,B2B 网站数量最多,共有 13 个,其次是视频网站和新闻门户,分别有 11 个,再次是综合零售,共有 10 个。综合门户、分类导航、综合论坛等类别也有部分网站进入排名前 100。

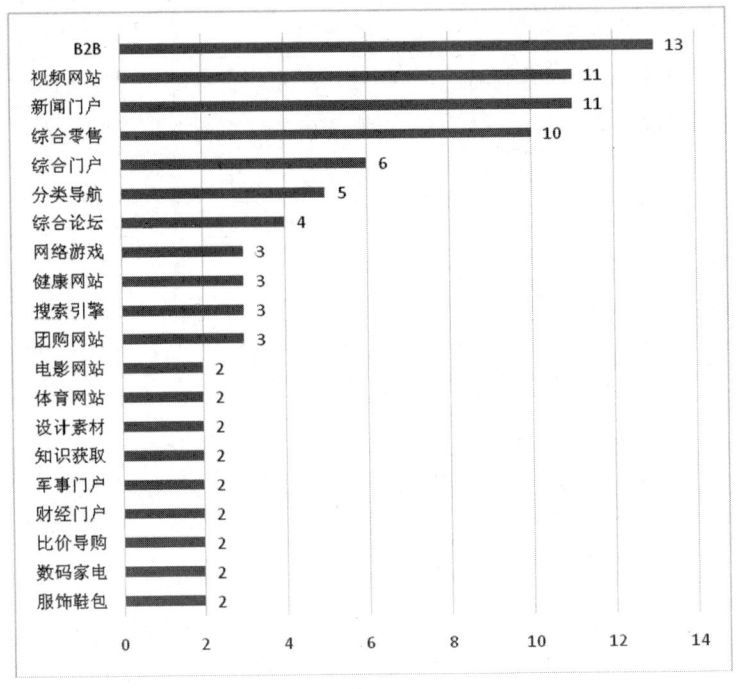

图 5-3　TOP100 中数量最多的二级分类

网站商业价值的高低,由网站的商业模式及经营状况的优劣决定。网站的商业模式可以简单概括为:以网络技术为中心,为广大网民提供更大便利,为用户创造价值,从而为网站自身创造利润。网站商业模式概括起来大致可分为以下几种:电子商务模式、广告模式和免费+增值服务模式。这三类模式反映到本次研究的结果中,表现为电子商务、娱乐服务、信息服务三类网站相对更有竞争优势。下面将分别对这三种网站类型及对应的商业模式,以及具体经营情况进行分析。

5.3.1 电子商务领跑,阿里集团一马当先

电子商务网站是整体上商业价值最高的网站类别。在 TOP100 中占据 33 个席位,在前 10 名中占据四位,淘宝网与阿里巴巴 1688 网更占据排名第 1 与第 3 的位置。这与电子商务近几年在产业规模和用户数量的快速增长是密切相关的。

电子商务特别是网络零售类网站,在 2000 年前后萌芽,2007 年起进入高速发展阶段,年均增长率达到 30% 左右,至今已成为互联网产业中最具商业实力与潜力的类别之一。中国国际电子商务中心研究院发布的《中国电子商务报告(2015)》数据显示,2015 年,中国电子商务继续保持快速发展的势头,交易额达到 20.8 万亿元人民币。

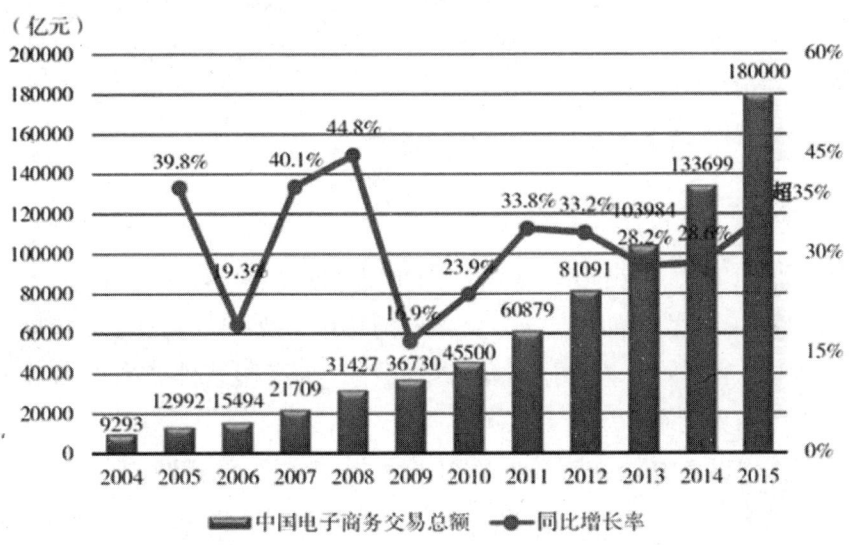

图 5-4 2004-2015 电子商务交易总额及增长率

网络零售是电子商务网站中发展最快、份额最大的子类别之一。根据国家统计局发布的数据,2015 年网上零售额达到 38773 亿元,比上年增长 33.3%,已经占到全年总体零售额的 10%,成为拉动消费增长的新一极。在商务部研究制定的《"互联网+流通"行动计划》中,力争到 2016 年底,我国电子商务交易额达到 22 万亿元,网上零售额达到 5.5 万亿元。

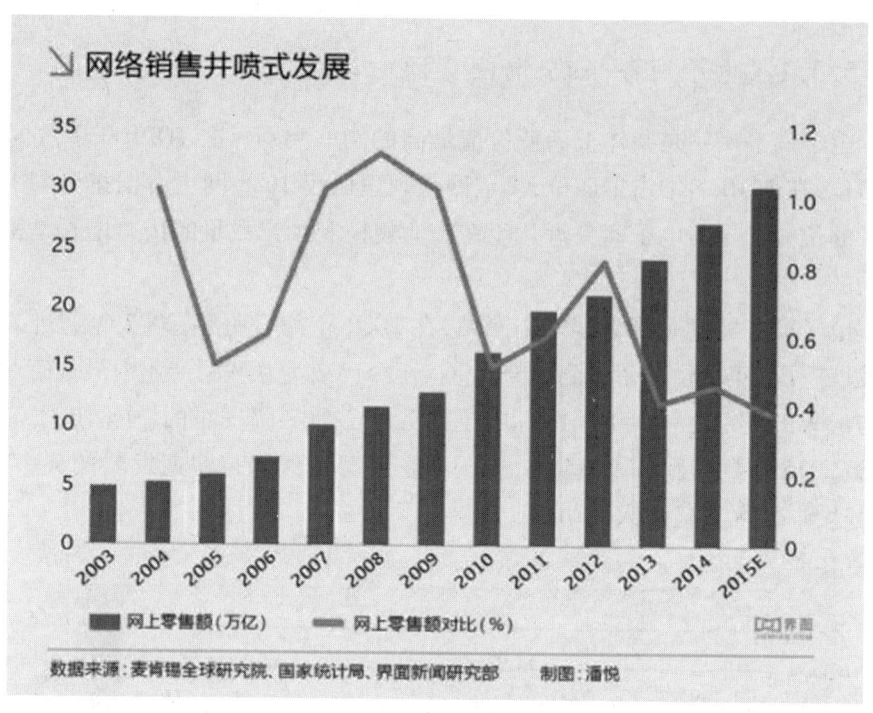

图 5-5　2003-2015 网络零售额及增长率

阿里集团旗下三大电子商务网站,不仅占据总排名前四位中的三席,也成为 B2B、B2C、C2C 类别的领头羊。淘宝网为总排名及 C2C 类电子商务网站排名第 1,阿里巴巴 1688 为总排名及 B2B 类电子商务网站排名第 3,天猫网为 B2C 类电子商务网站排名第 1、总排名第 4。

从阿里巴巴 2016 年 3 月发布的财报来看,淘宝网、天猫网、阿里巴巴 1688 网总成交额突破 3 万亿,达到 3.092 万亿元人民币,同比增长 27%,其规模不亚于欧美主要发达国家全年的 GDP,为阿里带来的年收入超过 700 亿,净利润超过 300 亿。淘宝网和天猫网分别是各自类别中市场占有率最高的网站,其中淘宝网占 C2C 网购市场 95.1% 的份额,天猫网占 B2C 网购市场 65.2% 的份额。阿里巴巴 1688 网是 B2B 类网站中商家数量最多、交易额最大的网站,在 2013 年的交易日中,单日交易额突破 40 亿元。

京东网(JD.com)是中国最大的自营式 B2C 综合零售平台,2015 年,在 B2C 类网站中市场份额约为 23.2%,在自营式 B2C 电商市场的占有率约为 56.3%。尽管销售额巨大,但因为自建物流体系及线下服务网点等成本巨大,京东整体仍处于亏损状态。根据京东公司财报,截至 2015 年底,京东网共有注册用户 1.55 亿,2015 全年交易总额达 4627 亿元,净收入达 1813 亿元,亏损 94 亿元。

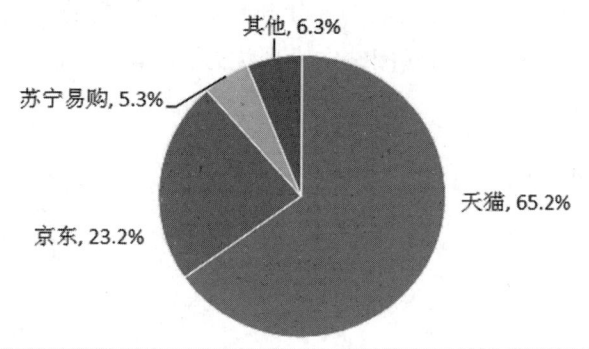

图 5-6　2015 年全国网络零售 B2C 交易渠道分布

尽管目前看来,电子商务特别是综合零售网站的寡头竞争格局已经初步确立,但对其他网站来说,未来仍有挖掘细分市场和发展新盈利模式的空间。

5.3.2　信息门户网站流量巨大,广告业绩突出

信息门户类网站在本次排名中整体名次较高,在排名前 100 中占有 23 个席位,其中综合门户网腾讯网、网易、新浪、搜狐、凤凰网等网站进入前 20 名。这得益于信息门户类网站流量巨大,广告业绩突出的特点。

在互联网的发展历程中,无论是在国外还是在国内的互联网市场,网络门户都曾是互联网发展的主导模式,在国外以 YAHOO,AOL 为代表,在国内则以新浪、搜狐、网易、凤凰为代表。继综合性门户之后,更多新闻门户、区域门户、专业门户网站诞生壮大,以满足用户细分的信息需求。

信息门户网站,顾名思义就是用户在登录互联网时首先打开的页面,是各种新闻、信息、服务、工具的索引。以网易(163.com)为例,其首页醒目位置有多个栏目的导航,包括新闻、财经、科技、汽车、博客、教育、体育、视频、手机、旅游、游戏、亲子、娱乐、女性、数码、房产、论坛、邮箱、游戏、购物等二级栏目,能够满足不同用户的信息和其他需求。二级栏目中有价值的内容,则会被专业的编辑将标题或图片标题发布到首页,吸引用户点击。

由于这种流量入口的特性,信息门户网站拥有比其他网站更高的页面数量和网站访问数。从下图中可以看出,总体排名靠前的网易、腾讯、凤凰、搜

狐、新浪等综合性门户网站,其网站页面数、平均点击量和平均访问用户数都显著高于整体平均水平。其中腾讯网凭借社交优势,在平均点击量方面一枝独秀,而新浪网凭借在新闻领域的多年耕耘,也有很高的点击量,网易与搜狐旗鼓相当,凤凰网尽管在后起网站中表现优秀,整体仍落后于前几个网站。

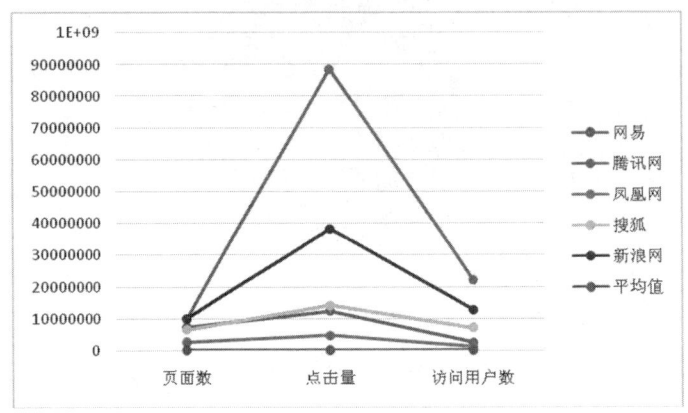

图5-7 几大门户网站页面数、点击量与访问用户数对比

巨大的流量使得门户网站成为重要的广告资源提供方,广告也成为这些网站最主要的营收模式。根据艾瑞咨询发布的2016年网络广告行业报告,2015年门户网站广告市场规模达293.4亿元,同比增长51.2%。

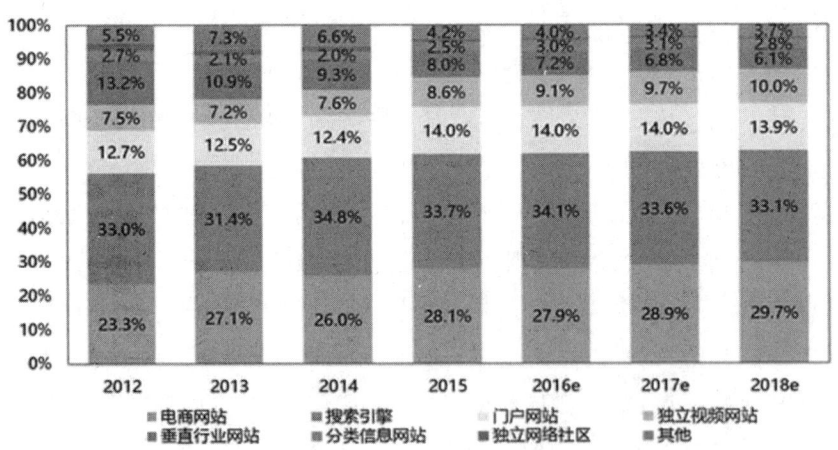

图5-8 2012-2018不同类型网络媒体市场份额及预测

根据腾讯、网易、新浪、搜狐等公司发布的财报可以计算出,新浪网2015年一季度财报显示门户网站广告收入为8829.7万美元,其中PC端占比83%,

可以估算出新浪网全年门户网站广告收入约为3亿美元合人民币20亿元,腾讯财报显示腾讯2015年广告收入为175亿人民币,超过65%的收入来自移动平台,根据以上数据可以估算出腾讯网2015年广告收入约为60亿元。网易公布的财报显示,2015年三季度的广告收入为4.55亿元,全年广告总收入约为18.2亿元。搜狐公布的财报显示,2015年全年搜狐网的广告营收为1.98亿美元,折合人民币13.2亿元。

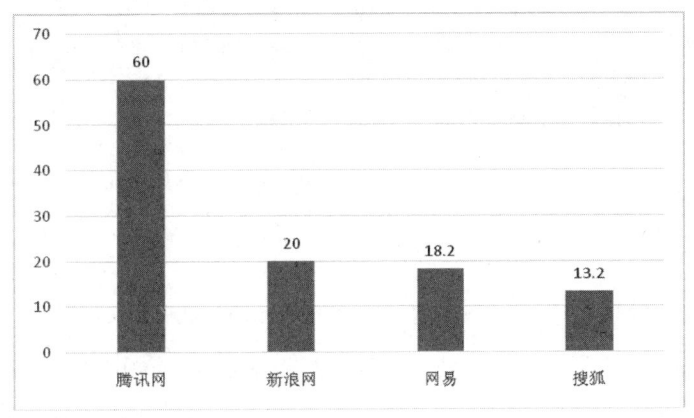

图5-9 几大门户网站2015年广告收入对比

门户网站广告经过近20年的发展,已经步入稳定期,由于移动广告、视频贴片广告、搜索引擎广告等的快速发展,门户网站广告相较之下发展遇到瓶颈。在以后的发展中,门户网站广告需要在基于大数据的精准营销投放,广告效果分析总结,以及广告形式创新方面增加投入,才能获得持续的增长及发展。

5.3.3 视频网站成功拓展免费+增值业务模式

视频网站在本次排名中成绩亮眼,在排名前20中占据4席,分别为爱奇艺、优酷网、央视网、土豆网四个综合类视频网站。值得注意的是近两年兴起的以二次元内容为主的弹幕视频网站acfun、bilibili同样进入了排行榜前100位,这说明瞄准青年人、二次元人群的细分市场充满商业潜力。

根据中国网络视听节目服务协会发布的《2015年中国网络视听发展研究报告》,中国视频市场集中度进一步提高,会员付费业务增长迅速,同时行业格局迎来剧变,中国网络视频用户规模达4.61亿,手机网络视频用户规模达3.54亿,成为中国互联网第二大休闲娱乐类应用。爱奇艺在整体市场份额、移动端市场份额和付费用户比例上全面超越优酷土豆合并后成立的合一集团，冲击了合一集团近十年来在中国商业网络视频行业的霸主地位。

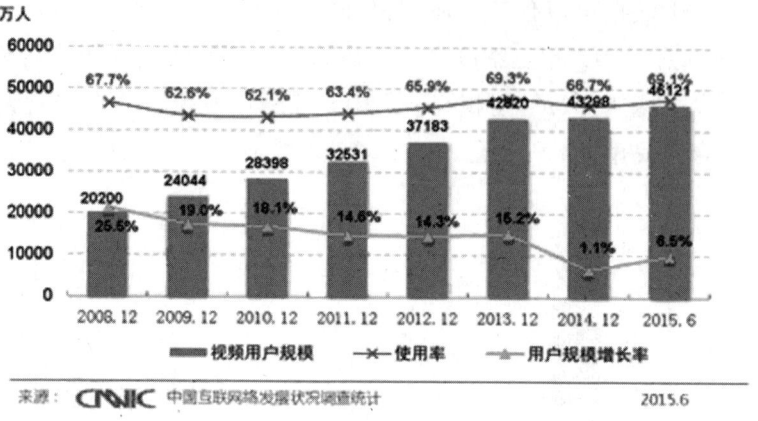

图 5-10　2008-2015 中国网络视频用户规模及使用率

根据这份报告，在整体市场份额方面，截至 2015 年 10 月，爱奇艺的份额为 56.4%、合一集团为 47%、腾讯视频为 38.9%。前三家组成的第一梯队对整体行业形成近乎垄断的局面，但爱奇艺、合一集团和腾讯视频之间也存在着显著的等差排列，视频行业集中度提升的同时，也开始显现出寡头趋势。

从报告中公布的数据来看，2015 年主要视频网站的付费用户数都有了较大规模的增长，截至 2015 年 10 月，中国网络视频用户中，17% 的用户曾经在使用网络视频服务时付费，比 2014 年增长了 5.3 个百分点，增长率为 45.3%。中国网络视频行业在经历了十年的发展之后，终于迎来了付费用户的快速增长。这也是互联网行业经历了多年免费模式后，首次迎来付费会员制的繁荣。

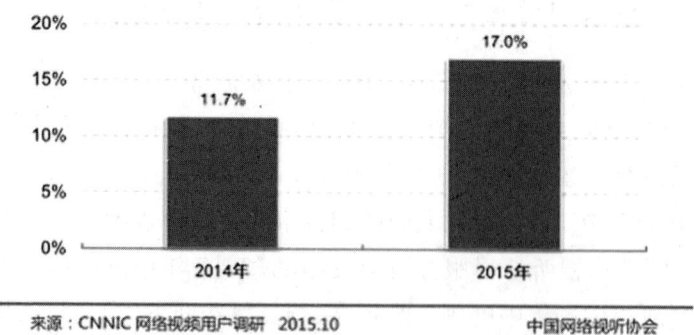

图 5-11　中国视频网民付费用户比例

网络视频用户的付费习惯正在形成。报告调查结果显示,视频网站的付费用户中,70.9%的人采用单次点播模式,包月、包年模式的使用率分别为16.5%、7.2%。2015年,包月模式的使用率上升了31.1个百分点,成为付费用户最常用的付费模式,单次点播模式的使用率则下降了30.6个百分点,排在第二位。这说明用户更青睐长期、持久的付费模式,并且对视频网站的内容及平台初步建立了信任与青睐。可以预见,在未来这一数字将继续上升。

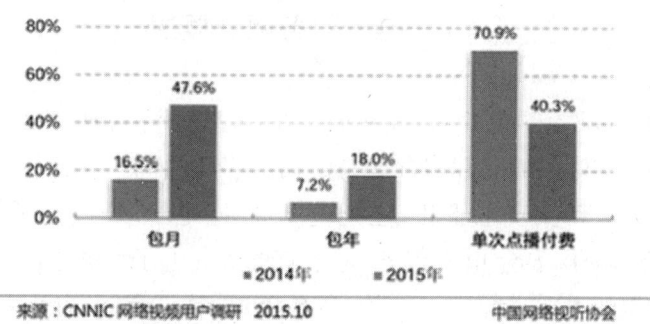

图 5-12 中国视频网民付费模式

第6章 电子商务网站商业价值分析

6.1 电子商务网站概述

电子商务(Electronic Commerce,EC)在《现代经济词典》中的定义为:利用电子信息网络实施的商品和服务交易活动。广义的电子商务是指利用信息技术对整个业务活动实现电子化,包括电子商务、电子政务、电子公务、电子军务、电子教务、电子医务、电子事务、电子家务等。电子商务中的交易各方通过交换电子数据的方式进行广告宣传、贸易洽谈、签订合同、办理各项商贸手续以及收付交易款额。①

《现代经济词典》中进一步解释,电子商务有三种经营组合模式:(1)B2B模式。B是商业性企业(Business)英文的第一个字母。B2B模式是指商业机构与商业机构之间的商务往来。这种电子商务主要进行企业间的产品批发业务,又称"批发电子商务",是一种将买方、卖方以及服务于它们的中间商(如金融机构)之间的信息和交易行为集成到一起的电子商务模式。B2B是电子商务中最重要的、大量采用的方式。(2)B2C模式。C是消费者(Customer)英文的第一个字母。B2C是零售企业通过网络直接向消费者销售产品的电子商务模式,又称"零售电子商务"。该模式是一种不需要零售商店场所,而依靠网络和送货实现顾客购买商品的电子商务模式。(3)C2C模式。这是消费者通过电子商务网络直接相互交易的电子商务模式。网上拍卖可以视为C2C模式的代表性例子。

本次研究所选取的电子商务网站样本总数为991个,包括综合零售、B2B、二手交易、团购网站、租车打车、个护化妆、服饰鞋包、数码家电、比价导购、跨境海淘、食品酒水、在线药店、鲜花礼品、折扣返利等14个二级分类,各分类频数如下表所示。

---

① 《现代经济词典》,中国社会科学院经济研究所主编,江苏人民出版社,2005.

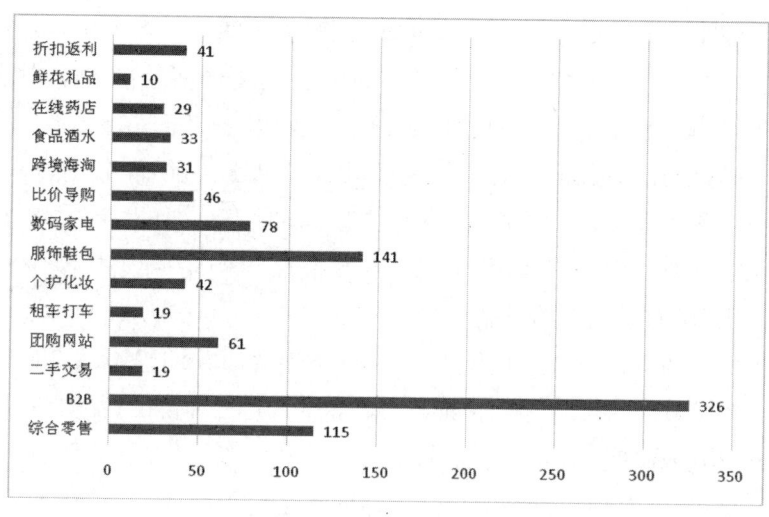

图 6-1 电子商务网站分类频数图

电子商务类网站中,商业价值排名最高的前十名网站依次为淘宝网、京东商城、阿里巴巴、天猫网、亚马逊中国、大众点评网、当当网、唯品会、滴滴打车官网、什么值得买。综合零售类电子商务网站整体排名领先,B2B 类网站数量最多,整体体量最大。

6.2 电子商务网站发展历程

从 20 世纪 80 年代至今,中国电子商务保持快速发展的势头,根据商务部统计的数据,2015 年全年交易额已达到 20.8 万亿元人民币,同比增长约 27%。

电子商务起源于 20 世纪 80 年代,家用电脑技术与互联网技术方兴未艾,人们有感于传统商务活动中纸质流程的浪费与低效,开始采用电子数据交换(EDI)方式,以标准格式电子商用文件在计算机网络上处理商务文件,取代了传统贸易中的书面文件递送环节,极大缩短了交易时间。1994 年,由硅谷多家公司建立的早期商业网站,既能够起到匹配企业与客户需求的作用,也能在交易达成后以通信的方式完成贸易需要的手续。

随着国际电子商务逐渐兴起,联合国国际贸易委员会于 1996 年通过并实施了《电子商务示范法》,这是电子商务领域的第一部国际性法律,为全球的电子商务活动提供了法律支持。而电子商务发展最快的美国,政府出台了一系列措施与法律保障行业发展。1997年,美国政府发布了"全球电子商务框架"文件,文件中提出希望各国对电子商务的管理上尽可能地减少限制,降低税率。1999年起,美国政府要求政府采购务必经由电子商务进行实施。

由于网络的使用成本相对于其他通讯方式更低,电子商务迅速获得了各类行业与企业的青睐。费用低廉、使用方便、省时省精力的电子商务,既可以在新公司或新业务中推广运用,也可以在现有公司的商务模式下加以调整和改进中运用,比如提供新的产品和服务等。

中国电子商务网站在经历了1995-2001年的萌芽期,2001-2007的发展早期,2007-2015年的高速成长期后,即将步入趋于成熟的发展阶段。2000年前后,网络的高速发展和普及给电子商务网站带来了发展的巨大机会;网民的日益增多,互联网使用行为的日渐成熟导致了电子商务规模的持续增长。

进入2016年,总体看来,电子商务市场运行平稳,麦肯锡研究显示,中国电子商务市场增长速度超过了世界上任何一个国家,名列世界第一;中美两国的电子商务交易额之间的差距正在迅速缩小。虽然美国的经济在缓慢复苏,欧洲的经济在延迟回暖,但是种种迹象表明:全球电子商务市场的重心将转移到以中国为代表的新兴经济体市场。①

6.2.1 萌芽期:1995-2001

在电子商务网站快速发展的这二十年中,1995年5月9日,马云建立了中国黄页,这是首家为中小型互联网公司提供主页服务的平台。1997年,首个垂直类B2B网站中国化工网成立。1999年一批具有代表性的电子商务网站相继成立,包括8848、携程网、易趣网、阿里巴巴、当当网等。至1999年底B2C网站的数量已超过370个,这个数字在2000年攀升至700。但2000年后,由于互联网泡沫破灭,众多网站在纳斯达克的股价暴跌,8848等一批电子商务网站在此时倒闭。在此之后,电子商务的发展进入了一段相对缓慢的时期。

6.2.2 成长期:2001-2007

2003年是电子商务发展历程中值得纪念的一年。2003年5月,淘宝网成立,阿里巴巴继B2B领域后向C2C进军,挑战当时在国内已小有所成的ebay

---

① 《迎合更有经验的数字消费者,引领电商的新增长》,麦肯锡公司,2016年4月.

网站。2003年12月,慧聪网在香港创业板上市,这是首家国内上市的电子商务公司。在此之后,2004年1月,京东由光磁销售转型电子商务网站。

这一阶段,国家也出台了一系列重大政策支持,为电子商务产业发展带来深远影响。2004年3月,国务院常务会议审议通过《中华人民共和国电子签名法(草案)》;2005年1月,国务院办公厅下发《关于加快电子商务发展的若干意见》(国办发〔2005〕2)(多称"二号文件")。

2007年6月,国家发改委、国务院信息化工作办公室联合发布我国首部电子商务发展规划——《电子商务发展"十一五"规划》,我国首次将发展电子商务服务业作为一项战略任务。同年,商务部先后发布了《关于网上交易的指导意见(暂行)》《商务部关于促进电子商务规范发展的意见》,进一步促进电子商务行业的规范有序发展。

2007年,网络购物市场真正迎来了一次爆发,市场规模达到了561亿,2008年这一数字又被改写,市场规模正式突破千亿。2007年出现了凡客诚品等专做某一品类商品的垂直B2C网站。

6.2.3 爆发期:2008-2015

2008年起,中国网民总数进入了高速增长期,伴随着人口红利带来的影响,电子商务成交额屡创新高,业务模式也更加丰富多样。团购网站、跨境贸易、O2O模式、众包网站等开启了电子商务新的增长点,越来越多的传统企业也通过互联网+的形式拓展自身的销售渠道与业务范围。随着电子商务进入快车道,其上下游的物流业务和在线支付等行业也得到了长足发展。

根据中国互联网信息中心(CNNIC)的统计,截至2008年6月底,我国网民数量达到2.53亿,首次超过美国跃居世界第一。截至2016年6月,我国网民规模已达7.10亿,互联网普及率达到51.7%,超过全球平均水平3.1个百分点。①

2010年两会期间,温家宝总理在2010年《政府工作报告》中,明确提出要加强商贸流通体系等基础设施建设,积极发展电子商务,这也是首次在全国两会的政府工作报告中明确提出大力扶持电子商务。

2010年前后,电子商务网站为了增强竞争力,在物流、仓储、客服等环节投

---

① http://www.cnnic.net.cn/hlwfzyj/hlwxzbg/hlwtjbg/201608/t20160803_54392.htm.

入更多成本,同时为吸引消费者大打价格战,市场竞争进入白热化阶段。同时,团购网站异军突起,经历了大量小公司诞生-被合并或破产的过程。

2010年10月,麦考林在纳斯达克上市,这是中国内地第一家B2C电子商务上市公司,同年12月,当当网也赴美上市。

2011年,模仿美国groupon模式的团购网站大量成立,"千团大战"打响,团购用户数在短短一年内超过4000万。综合零售市场逐步形成了淘宝、京东、亚马逊中国多家寡头竞争的格局。众多新兴的市场竞争者只得选择新的细分市场进行突破。

2012年,原淘宝商城更名为"天猫"后从淘宝网独立出来,成为阿里巴巴集团的B2C交易平台。2012年度,阿里巴巴集团宣布淘宝和天猫的交易额共计突破10000亿元,在当年的双十一购物节中,天猫交易额超过150亿元。[1]

2014年2月,阿里巴巴联合中国就业促进会发布的《网络创业就业统计和社保研究项目报告》显示,全国网店直接就业总计962万人,间接就业超120万,成为创业就业新的增长点。[2]

2014年,聚美优品在纽交所挂牌,京东集团在美国纳斯达克上市。2014年9月,阿里巴巴集团正式在纽交所挂牌交易,发行价每股68美元,总市值突破2383亿美元,成为美国历史上融资额最大规模的IPO。[3]

6.3 电子商务网站整体规模

市场调研公司eMarketer的研究数据显示,2015年全球电子商务市场的总销售额将达到16000亿美元,其中亚太地区将达到8776亿美元,同比增长35.7%。

报告指出,"亚太地区不仅首次占据了全球最大的数字化零售市场,且首次占据了全球网络零售额的半壁江山——其比例高达52.5%"。[4]

亚太地区电子商务增长速率高于全球平均水平10个百分点,其迅猛发展

---

[1] http://tech.ifeng.com/internet/detail_2012_12/03/19779906_0.shtml.
[2] 阿里研究院网页 http://www.aliresearch.com/blog/article/detail/id/18912.html.
[3] 首次公开募股(Initial Public Offerings,简称IPO):是指一家企业或公司(股份有限公司)第一次将它的股份向公众出售(首次公开发行,指股份公司首次向社会公众公开招股的发行方式)。
[4] emarketer官网报告,http://www.emarketer.com/articles/results.aspx?t=1047.

一方面是由中国、印度和印度尼西亚日益崛起的中产阶级所推动,而另一方面移动设备的日益普及也使越来越多的人开始选择网上购物。跨境电子商务方面,在亚太地区排名前三的分别是中国香港、中国大陆和日本。尤其要提到中国大陆,77%的中国购物者选择用智能手机浏览网购信息,使用手机购买商品的比率达到68%,仅中国一国的电子商务销售额就占据了全球总额的40%以上,年增幅约达5%,且预计将持续占有市场份额,并于2018年超过50%,及至2019年,将达到55.1%。而电子商务也将成为中国销售增长的主要动力。

由此可见,在全球电子商务的快速发展热潮中,亚太地区的市场地位是首屈一指的。据测,亚太地区的零售销售额或将继续增长,至2019年,线上和线下销售额或将达到11.46万亿美元,约占全球零售销售总额的20.4%。

纵向来看,我国电子商务市场用户规模巨大,增长速度快,其中综合零售与B2C领域发展最为迅速。中国互联网络信息中心(CNNIC)发布《2015年中国网络购物市场研究报告》,报告显示,截至2015年12月,我国网络购物用户规模达4.13亿,同比增加5183万,增长率为14.3%,高于6.1%的网民数量增长率。与此同时,我国手机网络购物用户规模达3.40亿,同比增长率为43.9%,手机网络购物的使用比例由42.4%提升至54.8%。2015年中国网络购物市场继续保持快速发展。当年年度全国网络零售交易额达3.88万亿元,同比增长33.3%。其中,B2C交易额2.02万亿元,同比增长53.7%。当年年度中国网络购物市场交易总次数达256亿次,年度人均交易次数62次。[1]

中国国际电子商务中心研究院在《中国电子商务报告(2015)》中数据也显示,2015年,中国电子商务继续保持快速发展的势头,交易额达到20.8万亿元人民币,同比增长约27%;网络零售额达3.88万亿元,同比增长33.3%,其中实物商品网络零售额占社会消费品零售总额的10.8%。[2]

另有一个重要趋势是传统零售企业开始纷纷"触网",在已步入"红海"的市场中攻城略地。2015年,零售企业拓展网络销售渠道、抢占网上市场的力度进一步加大,网络零售B2C模式的市场份额快速上升,占比达到51.9%,首次超过C2C模式的市场份额;同时,线上线下互动创新激发了实体商业发展活力,有效拓展了消费新领域,餐饮、家政、租车、医疗等生活服务类行业应用移动电子商务创新发展成效突出,成为便利居民消费的新方式。

---

[1] http://www.cnnic.cn/gywm/xwzx/rdxw/2016/201606/t20160622_54247.htm.

[2] http://b2b.toocle.com/detail--6297170.html.

随着城市市场被几大电商巨头抢滩占领，更多的新兴电商将目光瞄准了潜力巨大、尚是"蓝海"的农村市场。2015年，农村电子商务服务站点已覆盖1000多个县近25万个村点，农村网购交易额达3530亿元，同比增长96%，农产品网络零售额1505亿元，同比增长超过50%，有效促进农村产品和日用消费品等的双向流通。推动这一领域发展的包括一些有巨大线下渠道优势的传统国企，如中国邮政集团。

在 toc 市场之外，传统的企业间交易也经由互联网的催化焕发新活力。2015年，中国制造业领域电子商务采购和销售普及率进一步提升，平均达到37.24%，部分行业接近60%。制造业企业通过建立集采集销平台，实现了上下游信息的高效整合以及对中小企业的辐射引领；综合型电子商务平台逐步从单纯提供信息发布向交易服务、供应链金融等方向转型；行业性电子商务服务平台的业务范围已开始向网上交易、物流配送、信用支付等服务领域延伸。

电子商务市场的繁荣也创造了巨大的社会效益，在创造就业岗位、开拓新兴市场方面发挥着重要的作用，成为拉动经济增长的新一极。2015年，电子商务已经成为大众创业、万众创新的新引擎。截至2015年底，全国通过开设网店直接创业就业的人员已超过1100万人。

6.4 电子商务网站分类

电子商务网站的分类有多重维度。按照交易双方的角色来分类，可分为B2B、B2C、C2C、O2O等。按照交易内容来分，可以分为综合零售、个护化妆、服饰鞋包、食品酒水、鲜花礼品、数码家电等。按照交易物品的属性来分，可以分为二手交易、跨境海淘等。

B2B（Business 2 Business）是商家对商家的电子商务，即企业与企业之间通过互联网进行产品、服务及信息的交换。通俗的说法是指进行电子商务交易的供需双方都是商家（或企业、公司），它们使用了 Internet 的技术或各种商务网络平台，完成商务交易的过程。这些过程包括：发布供求信息，订货及确认订货，支付过程及票据的签发、传送和接收等。

B2C（Business 2 Customer）是我国最早产生的电子商务模式，如今的B2C电子商务网站非常的多，比较大型的有京东商城、天猫、亚马逊中国、一号店等。

C2C（Consumer 2 Consumer）是用户对用户的模式，C2C电子商务平台是通过为买卖双方提供一个在线交易平台，使卖方可以主动提供商品上网拍卖，而买方可以自行选择商品进行竞价。

O2O(Online 2 Offline)是近年来新兴起的一种新的电子商务商业模式,即将线下商务的机会与互联网结合在了一起,让互联网成为线下交易的前台。这样线下服务就可以在线上来揽客,消费者可以在线上来筛选服务,成交和在线结算,很快达到规模。其中具有代表性的是团购网站、租车网站等。

综合零售、服饰鞋包等电子商务网站是 B2C、C2C 网站按照主要交易的商品的种类进一步划分出的类别,综合零售类的代表性网站包括淘宝网、天猫网、京东网、1号店、亚马逊中国等。

二手交易网站,是指将已经交易过的物品进行二次交易的网站,交易的双方可以是企业也可以是用户,交易的方式可以是一口价也可以是拍卖。目前以二手交易为主要业务的网站包括闲鱼网、孔夫子旧书网、人人车等。

6.5 电子商务网站商业价值排名

6.5.1 电子商务网站商业价值 TOP50

电子商务网站的价值核心仍然是交易,网站的主要收入来源是销售收入(B2C)或向交易双方收取佣金即交易金额的一部分(C2C,B2B,O2O),因此对电子商务网站来说,网站的销售收入直接决定了网站的商业价值。除此之外,网站的用户数及活跃用户数、品牌等无形资产、仓储物流客服等上下游资产也是决定网站商业价值的重要因素。而对其他类型网站来说十分重要的广告收入,对电子商务网站而言无足轻重,相反的是,电子商务网站是互联网最重要的广告主之一。

本次研究中的电子商务网站商业价值排名,在对原评价指标体系做出调整的基础上计算得出。调整包括降低广告指标的权重、增加网站销售收入、用户数、品牌形象、固定资产等要素的考量。最终得出的结果如下。

电子商务类网站中,排名前 10 位的网站依次是淘宝网、阿里巴巴 1688、天猫网、京东网、亚马逊中国、大众点评网、当当网、唯品会、滴滴打车官网、什么值得买。具体见下表。

表 6-1　电子商务网站商业价值 TOP50 排名

排名	网站名称	二级分类	排名	网站名称	二级分类
1	淘宝网	综合零售	26	28商机网	B2B
2	阿里巴巴1688	B2B	27	优购网	服饰鞋包
3	天猫	综合零售	28	小米网	数码家电
4	京东	综合零售	29	机电之家	B2B
5	亚马逊中国官网	综合零售	30	中国二手设备网	B2B
6	大众点评网	团购网站	31	百贸网	B2B
7	当当网	综合零售	32	慧聪网	B2B
8	唯品会	综合零售	33	维库电子市场网	B2B
9	滴滴打车官网	租车打车	34	一起做网店	B2B
10	什么值得买	比价导购	35	九正建材网	B2B
11	53货源网	B2B	36	美丽说	综合零售
12	折800网	综合零售	37	名品导购网	比价导购
13	一淘网	比价导购	38	卷皮网	综合零售
14	苹果官方网站	数码家电	39	中国二手车城	二手交易
15	1号店	综合零售	40	走秀网	综合零售
16	贝贝网	综合零售	41	中国工程机械商贸网	B2B
17	全球加盟网	B2B	42	众划算	团购网站
18	商国互联	B2B	43	寺库奢侈品	服饰鞋包
19	苏宁易购	综合零售	44	中国加盟网	B2B
20	一呼百应	B2B	45	国美网上商城	数码家电
21	美团	团购网站	46	返利网	折扣返利
22	世界工厂网	B2B	47	搜了网	B2B
23	蘑菇街	综合零售	48	邦购网	服饰鞋包
24	H&M官方商城	服饰鞋包	49	腕表之家	服饰鞋包
25	糯米网	团购网站	50	nike官网	服饰鞋包

在排名前 50 的网站中，数量最多、排名最高的网站类型是综合零售类和 B2B 类，其中综合零售类占比 28%，B2B 类占比 34%。综合零售类网站整体排名更高，在前 10 名中占到了 6 位，排名第 1 和第 3 的淘宝网及天猫都是综合

零售类网站。B2B 类网站进入前五十名的数量最多,在前 20 名中也有 5 个席位。

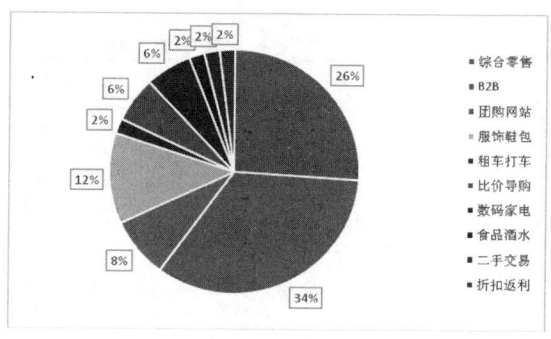

图 6-2 电子商务类网站 TOP50 的分类

6.5.2 综合零售网站商业价值 TOP20

综合零售类网站中,商业价值排名前 10 位的网站依次是淘宝网、天猫、京东网、亚马逊中国官网、当当网、唯品会、折 800 网、1 号店、贝贝网、苏宁易购。

表 6-2 综合零售类网站商业价值 TOP20

排名	网站名称	排名	网站名称
1	淘宝网	11	蘑菇街
2	天猫	12	美丽说
3	京东网	13	卷皮网
4	亚马逊中国官网	14	走秀网
5	当当网	15	好乐买
6	唯品会	16	易购网
7	折 800 网	17	银泰网
8	1 号店	18	7788 商城
9	贝贝网	19	微店
10	苏宁易购	20	分期乐

6.5.3 B2B 网站商业价值 TOP20

B2B 类网站中,商业价值排名前 10 位的网站依次是阿里巴巴 1688、53 货源网、全球加盟网、商国互联、一呼百应、世界工厂网、28 商机网、机电之家、中国二手设备网、百贸网。

表 6-3　B2B 类网站商业价值 TOP20

排名	网站名称	排名	网站名称
1	阿里巴巴 1688	11	慧聪网
2	53 货源网	12	维库电子市场网
3	全球加盟网	13	一起做网店
4	商国互联	14	九正建材网
5	一呼百应	15	中国工程机械商贸网
6	世界工厂网	16	中国加盟网
7	28 商机网	17	搜了网
8	机电之家	18	就要加盟网
9	中国二手设备网	19	地纬商机网
10	百贸网	20	勤加缘网

6.5.4　二手交易网站商业价值 TOP10

二手交易类网站中,商业价值排名前 10 位的网站依次是中国二手车城、273 中国二手车交易网、淘车网、二手车之家、瓜子二手车直卖网、优信二手车、闲鱼、人人车、易物天下、有路网。

表 6-4　二手交易类网站商业价值 TOP10

排名	网站名称
1	中国二手车城
2	273 中国二手车交易网
3	淘车网
4	二手车之家
5	瓜子二手车直卖网
6	优信二手车
7	闲鱼
8	人人车
9	易物天下
10	有路网

6.5.5 团购网站商业价值TOP20

团购网站中,商业价值排名前10位的网站依次是大众点评网、美团、糯米网、众划算、美团外卖、聚划算、大众点评团、团800、楚楚街、拉手网。

表6-5 团购类网站商业价值TOP20

排名	网站名称	排名	网站名称
1	大众点评网	11	哇靠团
2	美团	12	京东团购
3	糯米网	13	画皮网
4	众划算	14	1号店1号团
5	美团外卖	15	团高风客团购导航
6	聚划算	16	窝窝团购网
7	大众点评团	17	团800团购导航
8	团800	18	58团购
9	楚楚街	19	长沙团购导航
10	拉手网	20	高朋网

6.5.6 租车打车网站商业价值TOP10

租车打车类网站中,商业价值排名前10位的网站依次是滴滴打车官网、首汽租车、易到用车网、携程用车、神州租车、一嗨租车、优步、PP租车、一号专车、租租车。

表6-6 租车打车类网站商业价值TOP10

排名	网站名称
1	滴滴打车官网
2	首汽租车
3	易到用车网
4	携程用车
5	神州租车
6	一嗨租车

(续表)

排名	网站名称
7	优步
8	PP 租车
9	一号专车
10	租租车

6.5.7　个护化妆网站商业价值 TOP20

个护化妆类网站中,商业价值排名前 10 位的网站依次是聚美优品、路口、sasa 香港官网、丝芙兰化妆品中国官方购物网站、天天网、聚美优品 口碑中心、屈臣氏官网商城、中国美容美体网、悦美网淘整形、亲亲网。

表 47　个护化妆类网站商业价值 TOP20

排名	网站名称	排名	网站名称
1	聚美优品	11	香港草莓网
2	路口	12	乐友母婴用品网
3	sasa 香港官网	13	草莓网
4	丝芙兰化妆品中国官方购物网站	14	知我网
5	天天网	15	春水堂商城
6	聚美优品 口碑中心	16	巴黎欧莱雅中国官方网站
7	屈臣氏官网商城	17	NO5 时尚广场
8	中国美容美体网	18	DHC
9	悦美网淘整形	19	PBA 美妆商城
10	亲亲网	20	北京桔色成人用品商城

6.5.8　服饰鞋包网站商业价值 TOP20

服饰鞋包类网站中,商业价值排名前 10 位的网站依次是 H&M 官方网上商城、优购网、寺库奢侈品、邦购网、腕表之家、nike 官网、YOHO 有货、搜道网、Vvic 搜款网、GAP 中国官网。

表6-8 服饰鞋包类网站商业价值TOP20

排名	网站名称	排名	网站名称
1	H&M 官方网上商城	11	ZARA 中国官方网站
2	优购网	12	ASOS 中国官网
3	寺库奢侈品	13	米折网
4	邦购网	14	森动网
5	腕表之家	15	凡客诚品
6	nike 官网	16	耐克官网
7	YOHO 有货	17	万表网
8	搜道网	18	腕表之家报价库
9	Vvic 搜款网	19	第五大道奢侈品网
10	GAP 中国官网	20	梦芭莎

6.5.9 数码家电网站商业价值TOP20

数码家电类网站中,商业价值排名前10位的网站依次是苹果官方网站、小米网、国美电器网上商城、华为商城、魅族官网、乐视商城、vivo 官网、联想中国、华为手机官网、易迅网。

表6-9 数码家电类网站商业价值TOP20

排名	网站名称	排名	网站名称
1	苹果官方网站	11	萤石商城官网
2	小米网	12	努比亚 nubia 官网
3	国美电器网上商城	13	OPPO 手机官网
4	华为商城	14	魅族 Flyme 官网
5	魅族官网	15	挑号网
6	乐视商城	16	美图网
7	vivo 官网	17	HTC 中国
8	联想中国	18	泡泡网电子产品报价
9	华为手机官网	19	微软中国官方商城
10	易迅网	20	HiVi 惠威官网

6.5.10 比价导购网站商业价值TOP20

比价导购类网站中,商业价值排名前10位的网站依次是什么值得买、一淘网、名品导购网、堆糖网、天极网产品库、没得比、爱淘宝、淘宝大学、慢慢买、买购网。

表6-10 比价导购类网站商业价值TOP20

排名	网站名称	排名	网站名称
1	什么值得买	11	广州沙河网批论坛
2	一淘网	12	51比购网
3	名品导购网	13	买个便宜货
4	堆糖网	14	缺书网
5	天极网产品库	15	IT168IT产品实时报价库
6	没得比	16	发现值得买
7	爱淘宝	17	小熊在线
8	淘宝大学	18	淘狗网
9	慢慢买	19	真的值得买
10	买购网	20	牛杂网

6.5.11 跨境海淘网站商业价值TOP20

跨境海淘类网站中,商业价值排名前10位的网站依次是京东全球购、天猫国际、55海淘网、考拉海购、乐天网上免税店、海淘网、新罗免税店、海外e购、洋码头、帮5买。

表6-11 跨境海淘类网站商业价值TOP20

排名	网站名称	排名	网站名称
1	京东全球购	11	蜜芽宝贝
2	天猫国际	12	全球采购网
3	55海淘网	13	麦乐购
4	考拉海购	14	丰趣海淘
5	乐天网上免税店	15	我要订

(续表)

排名	网站名称	排名	网站名称
6	海淘网	16	母婴之家
7	新罗免税店	17	免税易购
8	海外e购	18	什么值得买海淘专区
9	洋码头	19	海淘贝
10	帮5买	20	蜜淘

6.5.12 食品酒水网站商业价值TOP20

食品酒水类网站中,商业价值排名前10位的网站依次是我买网、顺丰优选、酒仙网、和茶网、购酒网、本来生活网、易果网、沱沱工社、也买酒、西西麦诺。

表6-12 食品酒水类网站商业价值TOP20

排名	网站名称	排名	网站名称
1	我买网	11	酒美网
2	顺丰优选	12	51普洱网
3	酒仙网	13	网酒网
4	和茶网	14	醉品商城
5	购酒网	15	茶多网
6	本来生活网	16	地方名酒网
7	易果网	17	红酒客
8	沱沱工社	18	莆田网
9	也买酒	19	美鲜冻品商城
10	西西麦诺	20	带啥儿海南特产网

6.5.13 在线药店网站商业价值TOP20

在线药店类网站中,商业价值排名前10位的网站依次是壹药网、八百方网上药店、健一网、药房网商城、好药师网上药店官网、39健康药品库、康爱多网上药店、药房网、百济新特药房网、开心人网上药店。

表 6-13 在线药店类网站商业价值 TOP20

排名	网站名称	排名	网站名称
1	壹药网	11	万药网
2	八百方网上药店	12	康美中药网
3	健一网	13	39药品频道
4	药房网商城	14	九洲网上药店
5	好药师网上药店官网	15	百济健康商城
6	39健康药品库	16	康之家网上药店
7	康爱多网上药店	17	天猫医药馆
8	药房网	18	北京药品网
9	百济新特药房网	19	北京百姓阳光大药房网上药店
10	开心人网上药店	20	益丰大药房网上药店

6.5.14 鲜花礼品网站商业价值 TOP10

鲜花礼品类网站中，商业价值排名前 10 位的网站依次是中国兰花交易网、鲜花网、礼无忧网、可可礼物网、52鲜花网、礼仪之邦送礼网、中国订花网、礼意久久、订花人鲜花礼品网、手礼网。

表 6-14 鲜花礼品类网站商业价值 TOP10

排名	网站名称
1	中国兰花交易网
2	鲜花网
3	礼无忧网
4	可可礼物网
5	52鲜花网
6	礼仪之邦送礼网
7	中国订花网
8	礼意久久
9	订花人鲜花礼品网
10	手礼网

6.5.15 折扣返利网站商业价值 TOP20

折扣返利类网站中,商业价值排名前 10 位的网站依次是返利网、返还网、网易 1 元夺宝、1 元云购、万里通、利趣返利网、淘粉吧、上品折扣、上海打折网、玩客。

表 6-15 折扣返利类网站商业价值 TOP20

排名	网站名称	排名	网站名称
1	返利网	11	券妈妈优惠券网
2	返还网	12	多多返利
3	网易 1 元夺宝	13	淘宝天天特价
4	1 元云购	14	京东闪购
5	万里通	15	1 折网
6	利趣返利网	16	淘粉吧超级返利网
7	淘粉吧	17	利趣网资讯
8	上品折扣	18	特价王
9	上海打折网	19	省一点返利网
10	玩客	20	给惠网

6.6 综合零售网站商业价值分析

综合零售类网站是指面向普通消费者销售综合性商品的网站,其中既有 B2C 类网站,如京东、天猫网、亚马逊中国、1 号店等,也有 C2C 类网站,如淘宝网。下文将从盈利模式、SWOT 分析、典型个案分析、问题与趋势分析四个方面,对综合零售网站的商业价值进行进一步剖析。

6.6.1 综合零售网站盈利模式分析

综合零售网站的盈利模式包括以下两大方面:首先,综合零售网站通过与用户交易商品,获得销售利润(B2C),或是通过向进驻网站的卖家收取服务费用(C2C),这一点同普通线下零售的盈利模式相同,是一种直接获得利润的模式;其次,网站可以通过价值链上的其他环节的盈利获取间接利润。下面分别就这两种盈利模式进行详细的说明。

综合零售网站可以通过直接向用户收费获取利润,这里的用户对 B2C 网站来说就是购买商品的普通用户,对 C2C 网站来说就是进驻其平台的销售商。对传统的企业而言,就其提供的服务进行收费,是最直接也是最重要的盈利模式。B2C 网站向其用户收取的费用是商品的价格,扣除仓储、物流、客户服务等成本后,剩下的即为网站获得的利润。C2C 综合零售网站向其用户收取的费用主要包括登录费、交易费、店铺费和特色功能费。登录费是指卖方首次进驻平台时所付费用,交易费是指买卖双方进行交易时平台从交易额中抽取的固定比例的佣金,店铺费是指卖方维持店铺运营向平台支付的域名、服务器等费用,特色功能费指卖方可以购买的一些营销类的增值服务,如关键词优化、活动位置广告展示等。

间接盈利模式是指通过价值链上的其他环节进行盈利的方式。综合零售网站的价值链上,除了提供信息发布和交流的平台这一基本的信息服务以外,还包括网上支付、物流、信用认证、网络通信等环节。

以网上支付为例,首先,网上支付可以对每笔从其网上流动的资金收取一定的服务费用。其次,也是更重要的一点,就是它可以集聚大量的资金,从而通过开展金融服务进行资金运作的方式实现更大的盈利。

6.6.2 综合零售网站 SWOT 分析

综合零售是电子商务网站中发展最快、份额最大的子类别之一。2015 年,中国电子商务总交易额约为 20.8 万亿元人民币,而根据国家统计局发布的数据,2015 年网上零售额就达到 38773 亿元,比上年增长 33.3%,已经占到电子商务总体交易额的 18%,同时占到全年总体零售额的 10%,成为拉动消费增长的新一极。在这样的势头下,许多拥有线下实体销售渠道的商家也纷纷触网,其中具有代表性的包括国美在线、苏宁易购、银泰网、上品折扣等,许多综合性连锁超市也通过与 O2O 平台合作的方式,向消费者提供综合商品。

综合零售网站的快速发展,对传统的线下零售业带来了极大挑战,二者形成了直接的竞争关系。线下零售包括百货商场、超市、直营店、零售店、跳蚤市场等。综合零售网站与线下零售渠道相比,具有经营成本低廉、配送方式多样、货物品种丰富等竞争优势,但也有购物体验不佳、售后服务及维权困难等劣势。综合零售网站在竞争中想要获得领先地位,需要不断改进用户的购物体验,营造良好的售前售后服务环境,从而提升在消费者心目中的品牌形象。

具体而言,与线下零售渠道相比,综合零售网站购物的优势主要有:

(1)综合购物网站显著降低了买卖双方的交易成本。这种交易成本包括多个方面,由于网络信息成本低、信息更新速度快、传播速度快,因此买家与卖家很容易通过网络来匹配供给与需求。网站能够通过消费者购买行为的大数据获取身份信息、种类及品牌偏好,从而更好地管理货品种类、品牌、仓储,因而可以不断地降低自身的运营成本。而消费者则能通过网络快速地寻找和发现自己需要的商品,在多家网站之间快速比价,还可以通过多样的打折促销以最低的价格达成交易。因而总的来说,买卖双方都利用网络的信息便捷性降低了自身的交易成本。

(2)综合零售网站中的卖家,无论是网站本身还是进驻商家,都拥有更强的议价能力。一方面来讲,网站卖家相比线下卖家,其缴纳的店铺租金更低,仓储的成本也可以控制,在成本降低的情况下,卖家可以更多地让利于消费者,进行更多的打折促销活动。另一方面,一些出售手工制作商品、新奇特商品的卖家,由于互联网长尾的存在,也能匹配到有需求的卖家,因而可以利用商品的独特性提升竞争壁垒,提升自己的议价能力。

(3)物流的便利性极大提升消费者体验。综合零售网站的发展推动了物流行业的繁荣,使得消费者真正做到了足不出户,买遍天下。物流配送是综合零售网站销售的最后一环,在保证配送速度、准确度、配送人员服务水平的情况下,物流能够解决消费者在线下购物中遇到的多个痛点:大件商品购买后难以运送回家,线下购物结账排队需要等待,不易代远方的亲人购物、送礼。这些问题在现代物流体系面前迎刃而解,极大地提升了消费体验。

综合零售网站购物与线下零售相比,也存在一些劣势,主要包括:

(1)商家与消费者仍然付出了大量隐形成本。首先,由于网络的虚拟性,买卖双方在前期达成了解与信任的过程中需要大量的沟通工作,体现在消费者身上就是需要通过口碑了解、与商家直接沟通的方式来评估网站货源是否真实、价格是否公道;其次,购物后的物流成本与等待成本,物流成本被商家转化在消费者处,等待成本加上物流本身存在的一定的不确定性使得消费者需要付出时间等待。这些时间和精力成本容易被忽视,但却是客观存在的。

(2)与线下购物相比,综合零售网站难以为消费者提供全方位的购物体验。网上购物的局限性在于商家对商品的展示只能通过文字、图片、视频等方式,提供商品最基本的信息及大致的面貌。商品的实际情况只能等到商品到达消费者手中才被知悉。对于一些需要实际使用体验的商品如服装、日用品等,消费者难以获得全方位的信息,容易导致实际商品与想象不符,降低消费满意度。

(3) 综合零售网站需要为售后服务投入大量人力、物力、财力。由于网络购物的局限性,消费者很有可能买到不符合期望的商品。一些进驻商家出于对利润的追求,也可能在销售中以次充好,或者贩卖假货。更有一些无良商家漏发货或不发货,侵害消费者权益。因此,处理消费者投诉、退换货等问题需要综合零售网站在售后服务方面投入大量的人力、物力和财力进行长期运营,并且需要对供应商或商家的资质进行审核与长期管理。

综合零售网站的发展机遇在于潜力巨大的跨境电商业务。相比于线下的跨境零售,跨境电商有多项税收优势及政策支持,正在成为综合零售网站巨头拼抢的热门市场。后文将专门对跨境海淘网站进行分析。

据中国电子商务研究中心统计数据显示,2015 年上半年中国跨境电商交易规模为 2 万亿,同比增长 42.8%,占我国进出口总值的 17.3%。其中,跨境电商出口占比 84.8%,进口比例 15.2%。此前中国电子商务研究中心发布的《2014 跨境电商调查分析报告》也预计到 2018 年,中国的海淘人数将达到 3560 万,海淘规模将达到 1 万亿元。①

电子商务跨境的布局促进全球消费资源优化。2015 年上半年跨境电商交易 2 万亿元,到 2015 年底,跨境电商进口试点城市已达 10 个,并在杭州设立了跨境电子商务综合试验区。在试点城市的示范引领和海关监管、检验检疫、进出口税收、结售汇等优惠政策的推动下,2015 年中国跨境电子商务继续呈现逆势增长态势,全年交易总额达 4.56 万亿元,同比增长 21.7%。此外,2015 年主流电商移动端支付额首次超过 PC 端。

美国在线支付公司 PayPal 和调研公司 Ipsos 发布的第二届全球跨境贸易报告显示,35% 的中国网购消费者在 2015 年曾以海淘方式购买商品,而 2014 年这一比例为 26%。这些数据再次证明了跨境电商在国内的巨大市场前景。

综合零售网站同样面临威胁,这主要来自巨大的竞争强度、较高的进入壁垒,替代者威胁,及供应商和消费者不断增强的议价能力。

(1) 综合零售网站之间与网站内部竞争激烈。《经济参考报》记者在阿里培训中了解到,截至 2015 年 2 月,淘宝网共有店铺 600 余万家,但盈利的仅有

---

① 中国电子商务研究中心网站 http://www.100ec.cn/detail - - 6232573.html.

30万家,约占总数的5%。在天猫商城的6万卖家中,能够做到不亏本的店总数不到10%。① 这是因为进入壁垒低导致大批商品与商家流入,而消费者总数及需求总量却没有太大变化。大量没有差异化的商品与店铺只能通过降低价格、购买网站的推广服务等方式来吸引消费者,但这样拉高了运营成本,削减了商家利润。类似的情况也发生在零售网站之间,由于商品及服务难以差异化,网站不得不大打价格战,或者通过巨量的广告投放与支持来打造"双十一"等品牌活动,客观上加剧了网站之间的竞争态势。

(2)综合零售网站面临替代者的威胁。综合零售网站的商品种类大而全,目的是希望消费者在网站完成一站式购物,进而形成消费忠诚。但越来越多的竞争者开始在细分市场发力,如近年来大量出现的服装电商、美妆电商、母婴电商等,这些网站瞄准一些特定的用户群,在广告投放与品牌形象塑造方面更加有的放矢,增强自己在细分市场中的专业性及影响力,从而分流了综合零售网站的一部分销售额。

(3)供应商及消费者的议价能力逐步增强。互联网有使渠道议价力量减弱的趋势,卖家的供应商主要是生产厂家,从力量对比上看,由于普通卖家的规模较小,供应商的力量应该较强;然而,目前中国消费品厂商的产能普遍过剩,再加上互联网带来的信息透明效应,供应商的议价能力实际上并不强,卖家能够从这些渠道获得进价较低的产品。至于消费者,互联网使他们更易获得产品和服务信息,再加上交易平台上销售同类产品的卖家数量非常多,消费者的转换成本很低,所以对卖家而言,消费者的议价能力较强。

6.6.3 综合零售网站代表网站分析

(1)淘宝网

淘宝网(taobao.com)是中国乃至整个亚太地区最大的综合零售类C2C网站,2003年5月10日,淘宝网成立,由阿里巴巴集团投资创办。10月推出第三方支付工具"支付宝",以"担保交易模式"使消费者对淘宝网上的交易产生信任。这种第三方担保模式使得淘宝网入驻商家及用户飞速增长,交易额得到快速发展,逐步成为综合零售类C2C网站的龙头。

2011年6月16日,阿里巴巴集团旗下淘宝公司分拆为三个独立的公司,

---

① 经济参考报2015年2月的报道,http://dz.jjckb.cn/www/pages/webpage2009/html/2015-02/04/content_1829.htm.

即沿袭原 C2C 业务的淘宝网(taobao),平台型 B2C 电子商务服务商淘宝商城(Tmall)和一站式购物搜索引擎—淘网(etao)。

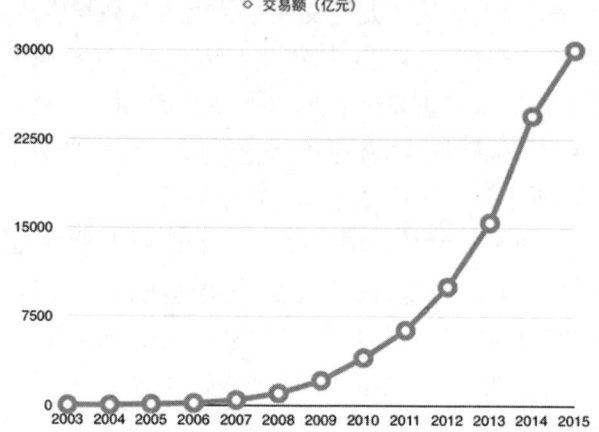

图 6-3　淘宝网历年交易额

截至 2014 年底,淘宝网拥有注册会员近 5 亿,日活跃用户超 1.2 亿,在线商品数量达到 10 亿,创造的直接就业机会达 467.7 万。

根据阿里集团 2016 年一季度发布的财报,2015 年,淘宝网活跃用户数为 4.07 亿,占全国网络购物用户数的 98.5%。2015 年全年淘宝网的销售额达到 3 万亿元,占网络零售总体 3.88 万亿元的 77.3%。这两个数据直接反映了淘宝网在综合零售这一类别的绝对优势地位。

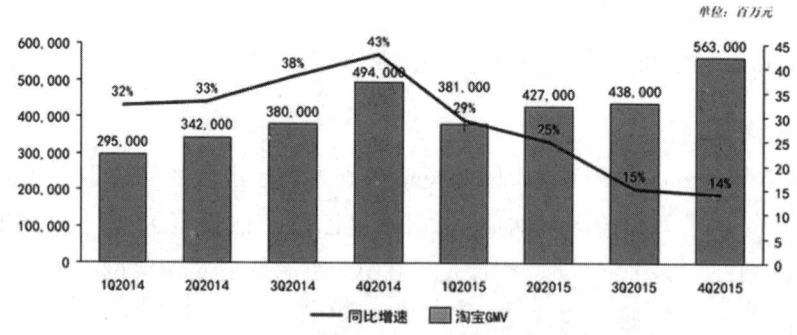

图 6-4　淘宝网 2014-2015 交易额及增速

(2)天猫网

"天猫"(英文:Tmall,亦称淘宝商城、天猫商城)原名淘宝商城,是 B2C 综合零售网站。2012 年 1 月 11 日上午,淘宝商城正式宣布更名为"天猫"。迄今为止,天猫已经拥有4亿多买家,5万多家商户,7万多个品牌。

天猫拥有4亿注册买家用户,每天约有4千万人逛天猫商城,进行在线选品购物,平均每天产生300万个支付订单。单日最高支付宝支付订单1.6亿笔,其中无线支付900万笔,总销售额191亿元,这单日交易额相当于中国最大百货商城杭州大厦年度交易额的5倍。

天猫网在综合零售类网站中开创了特价折扣日的营销方式,即"双十一"购物日。2009年,当时还叫淘宝商城的天猫开始在11月11日"光棍节"举办促销活动,最初,天猫希望营造一个属于自己的节日,让大家能够记住自己。此后,"双十一"成为人们网上购物狂欢节的代名词。阿里巴巴集团因此还注册了"双十一狂欢节"、"双十一网购狂欢节"、"双11狂欢节"和"双11网购狂欢节"等共计11个和"双十一"相关的商标。2012年以后的每一年"双十一",成为一个网络卖家、平台供应商、物流企业的必争之地。

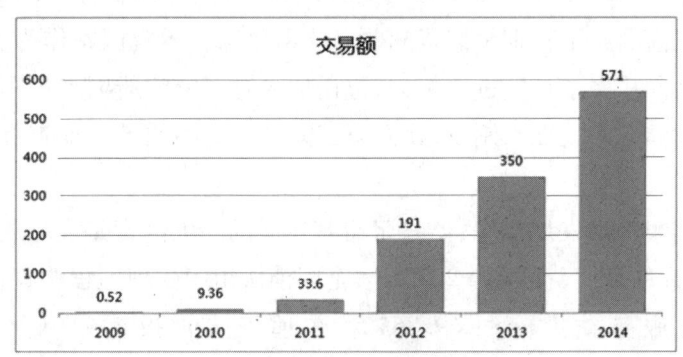

图6-5 天猫网历年交易额(单位:亿元)

2015年天猫"双十一"最终以912亿元营业额收官,其中移动端收入占比为68%,这一成绩创造了七届"双十一"以来的历史新高。根据ShopperTrak的统计,这一数据超过了2014年美国"黑色星期五"线上线下的总交易额114亿美元。

(3)京东网

京东(JD.com)是中国最大的B2C综合零售平台,2015年第一季度在中国自营式B2C电商市场的占有率为56.3%。2007年,京东网由雏形京东多媒体网正式改版改名,早期以销售图书为主,后通过融资并购等一系列操作转型成为主要销售3C数码家电类产品的网上商城,后转型为综合零售。

2014年5月22日上午9点,京东集团在美国纳斯达克挂牌上市(股票代码:JD)。截至 2014 年 5 月,京东市值超过 300 亿美元,且在中概股中排名第 2。

根据京东公司财报,截至 2015 年底,京东网共有注册用户 1.55 亿,2015 全年交易总额达 4627 亿元,净收入达 1813 亿元,亏损 94 亿元,市场占有率约为 56.3%。

京东作为一家自营式综合零售网站,在物流及客户服务方面有较大投入与创新。如自建整体物流系统,陆续推出 211 限时达、次日达、极速达、夜间配等物流服务,为用户提升消费体验。客户服务方面,在线下有多处实体售后服务网点,为用户一对一解决售后问题。

6.6.4 综合零售网站问题及趋势分析

综合零售网站尽管取得了惊人的发展成绩,但也面临许多问题。其中最为突出的是商品质量特别是假货问题。这需要综合零售网站作为卖家平台及监管部门共同从多个角度进行努力,包括加强对卖家注册网点过程的审核,实施经营者主体的市场准入制度,建立第三方网上商品质量认证查询平台,从源头控制假货。

综合零售网站发展至今,始终阻碍其发展的一大因素是商品质量问题,其中,首当其冲的是假货问题。2015 年,全国消协组织受理远程购物投诉 20,083 件,占销售服务类投诉的 69.86%。在远程购物投诉中网络购物占比 95.41%,比去年同期上升 3.13%。在远程购物中,消费者主要投诉的对象涉及电商平台、以微商为代表的个人网络商家和电视购物等方面。其中排名第一的问题数量就是商品质量不合格和假冒的现象。[1]

假货问题不仅侵害了消费者的权益,更影响了"中国制造"在全世界的声誉。据国外媒体报道,美国服装和鞋类协会(American Apparel and Footwear Association, AAFA)近日致信美国贸易代表署(USTR),表达了对中国阿里巴巴旗下淘宝网销售冒牌服装问题的担忧。2016 年 5 月 14 日,据《华尔街日报》网络版报道,由于全球品牌对于中国电商巨头阿里巴巴集团的打假承诺感到担忧,知名打假组织国际打假联盟(IACC)已经撤销了阿里的会员资格。

综合零售网站面临的商品质量问题,需要网站平台从以下三个方面进行

---

[1] 消费者协会投诉平台发布的统计报告,http://hjxt.cca.cn/notices/207.jhtml。

治理:加强对卖家注册网店过程的审核,实施经营者主体的市场准入制度,建立第三方网上商品质量认证查询平台,从源头控制假货。

鉴于目前的网店注册流程过于简单和电子数据容易伪造的特性,为了使消费者在维权过程中、办案人员在办案过程中更容易找到销售电子商务平台假货的卖家,相关政府机构应该适当、适时地采取切实可行的方式介入到网店注册过程中,加强对申请者尤其是品牌商家的资质审核,在具体执行过程中应该认真审核他们的工商营业执照、品牌专利证书等,如果是代理商还应该严格审核其代理证书,同时还应该督促申请者即时办理信息更新手续。对于卖家的注册信息,相关部门应该存档并制作数据库以供消费者在交易过程中进行查询。

对于经营者主体应该根据其不同的生产能力制定不同的市场准入规制并严格执行。对于品牌商应该要求其有一定的生产能力,具备一定的资金实力。对于代理商应要求其有品牌代理权权限证明。对于以个人身份开网点的非品牌卖家应该要求其提供一定的货源渠道证明,确保货源渠道合法。

这里的源头是指产品在出厂前其信息就已经被录入第三方网上商品质量认证查询平台上的数据库中,且在事后平台会对产品的质量信息进行更新并对查处的质量不合格产品进行曝光。第三方网上质量认证查询平台可以方便用户在做出购买决策之前对产品质量信息进行查询,这在一定程度上还可以有效解决线下的假货交易行为。

6.7 团购网站商业价值分析

团购网站是指消费者组为一个团队,以低折扣向商家采购的电子商务网站。团购网站主要开展的业务以生活服务类为主,如餐饮娱乐、演出票务、旅游出行,也有针对日用消费品的团购,较有代表性的网站包括大众点评网、美团网、糯米网。下文将从盈利模式、SWOT 分析、典型个案分析、问题与趋势分析四个方面,对团购网站的商业价值进行进一步剖析。

6.7.1 团购网站盈利模式分析

团购网站的核心盈利模式是通过聚集消费者与商家并促成交易,从中赚取佣金与广告费。团购网站的利润源主要为消费者,商家付出的进驻费用与广告费用最终通过销售行为转嫁于消费者。团购网站的利润屏障主要为商户资源,团购网站之间互相竞争的也是拉取更多独家商户资源。团购网站也在不断探索新的盈利模式。

（1）商品销售

团购网站通过直接和用户交易,或者作为三方平台促成商家与消费者进行交易,从中获取利润。团购网站直接与用户交易时,利润是商品售价减去成本。团购网站作为第三方平台时,获取的利润是商家提供的销售返利。

（2）商家入驻费用

当团购网站拥有一定的知名度以后,其作为第三方平台能够为商家提供信用背书。同时,团购网站积累了一定的具有忠诚度的用户群,对商家也具有吸引力。因此,商家会主动要求入驻团购网站,以提升品牌知名度及获取用户。团购网站此时可以收取一定的入驻费用。

（3）商家推广费用

随着团购网站规模的不断扩大,进驻商家数量增多,市场竞争加剧,商家为了获取更多的消费者注意力,需要付费购买团购网站的推广服务。具体推广方式包括向特定用户推送团购信息,在搜索结果中提升商家排名,或者定制商家的特殊活动等。依据推广的方式、效果、时间不同,团购网站向商家收取不同额度的费用。

6.7.2 团购网站 SWOT 分析

团购网站进入中国尽管只有短短几年时间,但已经经历了快速发展、资本进入、泡沫破灭、趋于稳定的一系列翻天覆地的变化。团购网站在我国能够快速扩张,是因为其在市场初期具有一系列竞争优势,而由于资本的盲目涌入和恶性竞争,又有大量团购网站快速死亡。未来团购市场又将有怎样的发展机遇。这需要我们对团购网站的竞争优势、劣势、机会、威胁做详细分析。

团购网站的竞争优势,简要来说包括价格优势和品牌优势两个方面：

团购网站作为网上购物的一个子类别,拥有与其他网上购物方式相似的优势,如方便快捷、不受地域限制等。其中,价格优势是消费者选择团购网站的重要原因。团购网站相对于其他购物方式来说,通常能做到更低的价格。这一方面是因为商家可以控制备货的种类与数量,节省了仓储和进货成本。另一方面是因为团购的方式出货量大,相对地降低了商家的成本,使得商家能够为消费者让利。因此,团购等于实惠,就成了消费者心中对于团购的直接认知。

团购网站能够建立自身与商家的品牌优势。团购网站在运营初期,需要通过大品牌、知名商家的进驻来提升网站品牌形象及吸引消费者注意;在团购网站本身具有一定知名度以后,一些新兴的、小型品牌则希望通过与团购网站合作、发起团购活动来打响知名度、拓展用户群。因此,团购网站与商家间通过相互影响、相互背书的关系,建立了自身的品牌优势。

团购网站同时也有一些先天性的竞争劣势,包括进入门槛低、消费者忠诚低等。这为团购网站行业的长期持续发展带来了很大的隐患。

团购网站相对于其他电子商务网站类型而言进入门槛低,容易导致恶性竞争。团购网站的主要运营成本来自商家合作关系的开拓及维护,一旦形成一定的规模效应后,就会经历从主动邀请商家到审核商家申请的转变。这种较低的进入门槛使得短时间内在全国各地出现了大量模式相同、服务及产品相似的网站,将市场迅速变为"红海",许多缺乏核心竞争力的网站短期内纷纷裁员或倒闭。在2011年8月31日,高朋网宣布大量裁员,给一些团购网站敲响了警钟。几个月后,窝窝团也在10月份裁掉了500名员工。团购网站的数量从最多时的几千家锐减至几十家。

团购网站的用户相对其他电子商务类型而言,忠诚度更低。这是因为消费者选择团购网站这一类型或某一具体网站的首要原因仍是价格,而不是品牌或服务。因此,当有价格更低的网站或网站类型出现,消费者就会离开。长此以往,团购网站只有依靠不断降价打折来留住用户,而这种不断削减利润的做法显然并不长久。

团购网站交易时间长且成功率较低。团购网站为了达到薄利多销、吸引更多消费者的目的,通常一次团购活动的持续时间较长。这使得消费者等待商品的时间变长,在此期间可能因为多种原因而取消交易行为,使得最终成交率降低。

尽管拥有诸多竞争劣势,团购市场仍然获得了资本市场的青睐,诞生了诸如美团、糯米等明星公司,并最终被BAT互联网巨头收购,未来将借助LBS技术、用户大数据等获得更好的发展。

团购网站面临的竞争威胁主要来自新的线上－线下消费模式。随着线上支付范围越来越广、方式越来越便捷,腾讯、阿里等互联网公司为了推广微信及支付宝支付方式,同许多商家开展了多种多样的折扣和返利活动。从消费体验的角度来讲,消费者无需事前进行挑选和团购,在商家消费后直接打折,消费种类也没有限制。这种模式既保留了团购价格低廉的优势,同时简化了操作流程,对团购网站构成了一定的竞争威胁。

6.7.3 团购网站代表网站分析

(1) 大众点评网

大众点评网于 2003 年 4 月成立于上海。大众点评是中国领先的本地生活信息及交易平台,也是全球最早建立的独立第三方消费点评网站。大众点评不仅为用户提供商户信息、消费点评及消费优惠等信息服务,同时亦提供团购、餐厅预订、外卖及电子会员卡等 O2O(Online 2 Offline)交易服务。团购是大众点评的主要盈利业务之一。

截至 2015 年第三季度,大众点评月活跃用户数超过 2 亿,点评数量超过 1 亿条,收录商户数量超过 2000 万家,覆盖全国 2500 多个城市及美国、日本、法国、澳大利亚、韩国、新加坡、泰国、越南、马来西亚、印度尼西亚、柬埔寨、马尔代夫、毛里求斯等全球 200 多个国家和地区的 860 座城市。

截至 2015 年第三季度,大众点评月综合浏览量(网站及移动设备)超过 200 亿,其中移动客户端的浏览量超过 85%,移动客户端累计独立用户数超过 2.5 亿。

目前,除上海总部之外,大众点评已经在北京、广州、深圳等 250 多座城市设立分支机构。

(2) 美团网

美团是中国大陆地区第一个精品团购形式的类 Groupon 电子商务网站。美团网在北京、上海等多个城市设有分站,每天推出一款超低折扣的本地精品消费的团购服务。美团网于 2010 年 3 月 4 日成立了团购网站。2014 年美团全年交易额突破 460 亿元,较上年同期增长 180% 以上,市场份额占比超过 60%。截至 8 月,美团共有北京、深圳、上海、广州、西安、武汉、杭州、成都八大城市单月交易额突破 1 亿元大关。2015 年 1 月,美团网完成 D 轮融资,估值达 70 亿美元。

(3) 糯米网

百度糯米是百度公司旗下连接本地生活服务的平台,是百度三大 O2O 产品之一。其前身是人人旗下的糯米网。原糯米网在 2010 年 6 月 23 日上线,2014 年 3 月 6 日正式更名为百度糯米。百度糯米汇集美食、电影、酒店、休闲娱乐、旅游、到家服务等众多生活服务的相关产品,并先后接入百度外卖、去哪儿网资源。

糯米网创始人为沈博阳,先后毕业于南开大学、美国加州大学洛杉矶分校。毕业后先后供职于美国雅虎、谷歌中国,并出任 Google 中国区战略合作负责人。2010 年 1 月,沈博阳以副总裁的身份加入人人公司,并开始内部创业创建糯米网。2013 年 8 月,百度战略投资 1.6 亿美元,获得 59% 股份,成为糯米第一大股东;2014 年 1 月,百度全资收购糯米网,估值 2.7 亿美元;3 月 6 日糯米网更名为百度糯米。

6.7.4 团购网站问题及趋势分析

团购网站整体的发展经历了资本大量涌入到资本退潮的过程,这在一定程度上反映了行业内部的无序竞争、行业监管的相对缺失以及资本市场的盲目性。

团购网站的鼻祖是美国的 Groupon,在 2010 年初,国内便诞生了少数几家模仿者,较有代表性的是 2010 年 1 月 16 日上线的满座网。由于盈利模式明确,初期投入及维护成本较低,大量同类网站开始出现,并且从一线城市向二三线城市扩张,到 2010 年中下旬,已成"千团大战"之势。

团购网站很快获得了资本市场的青睐,这使得更多拿到启动资金的中小型网站加入战场。Groupon 在 2008 年上市后,市值一度突破 10 亿并呈现持续高速上涨势头。据清科数据库统计,2010 年至 2012 年底团购行业共发生 43 起投资事件,获投总资金额约为 7.19 亿美元,在 2011 年投资额达到顶峰,2012 年迅速回落。其中,2010 年共发生 20 笔投资,投资金额约为 1.40 亿美元;2011 年共发生 15 笔投资,投资金额约为 5.34 亿美元;2012 年仅有 3 笔投资,投资金额为 0.45 亿美元。

资本的快速退场,一方面因为团购网站同质化严重,只能通过不断加大营销和商务拓展投资来巩固和扩大各自市场份额;另一方面市场本身从"蓝海"变为"红海",团购网站要么选择下沉到二三线城市,要么在激烈的竞争中拼杀,而二者都需要网站维持在长期不盈利甚至亏损的状况下。可想而知,如果没有雄厚的资本支持,网站是很难生存下来的。中国电子商务研究中心和数据显示,截至 2013 年底,全国共诞生团购网站 6246 家,尚在运营中的网站数量为 870 家,倒闭率达 86%。以美团、大众点评、窝窝团、拉手网、糯米网、高朋网等为代表的前十强团购网站占据领先地位,享有42%的市场份额。

团购网站未来的发展趋势,一方面是依托 LBS 服务将线上与线下体验紧密结合起来,真正走进人们生活;另一方面需要大力开拓细分市场,避免在大而全的市场与行业巨头正面交锋。

团购业务与 LBS 技术结合,是指基于用户的真实地理位置,为用户个性化推荐本地团购服务,或者在消费结束后提示用户可以通过团购获得优惠。后者一个实例是大众点评网站,其使用体验更加贴近用户的生活习惯。用户无需在实际体验前预先购买团购服务,而是可以选择在消费完成后获得折扣。

细分市场团购是指在团购商品和服务、目标消费者群体、区域市场范围的选择上做到专业化、差异化,通过长期的品牌耕耘在消费者心目中占据一定的品牌地位,从而避开与行业巨头的正面交锋。当下发展快速的美妆、服饰、母婴、老年用品等领域可以给团购网站一定的启发。

6.8 跨境海淘网站商业价值分析

跨境电商(cross-border electronic commerce)最早由欧盟在其电子商务统计中提出①,"跨境"是指交易主体分属不同关境,"跨境电商"指通过电子商务平台达成交易、进行支付结算,并通过跨境物流送达商品、完成交易的一种国际商业活动。目前常见的跨境电子商务模式主要有 B2B、B2C 和 C2C 三种。传统的跨境电商形式中最常见的是 B2B 模式,指供应商和批发商经由互联网进行跨国贸易,有代表性的网站包括兰亭集势等。

随着大量第三方在线交易平台的建立,跨境电商的交易门槛大幅降低,越来越多的零售商甚至消费者直接参与到网上购买和销售过程,缩短了供应链条,减少了中间环节,优势更加明显,B2C 模式的使用显著增加;甚至出现了不同国家消费者之间少量商品互通有无的 C2C 模式。

跨境电商由于以较低价格提供全球货品,用户增长速度迅猛。中国国际电子商务中心发布的《中国电子商务报告(2015)》中数据显示,在试点城市的示范引领和海关监管、检验检疫、进出口税收、结售汇等优惠政策的推动下,

---

① Eurostat. Cross border e-commerce sales not fully exploited by enterprises selling electronically [EB/OL]. 2013-12[2014-3-24]. http://epp.eurostat.ec.europa.eu/statistics_explained/index.php/E-commerce_statistics.

2015年中国跨境电子商务继续呈现逆势增长态势,全年交易总额达4.56万亿元,同比增长21.7%。2015年,中国跨境电子商务试点城市已扩大到10个,并在杭州设立了跨境电子商务综合试验区。

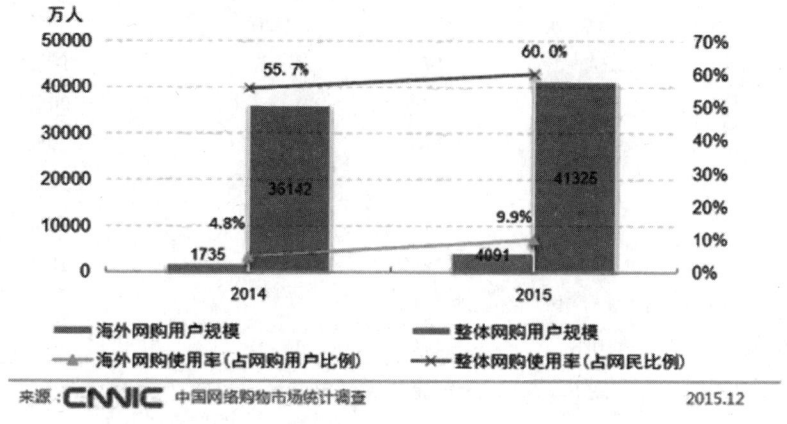

图6-6　2014-2015海外网络购物与整体购物用户规模及使用率

跨境海淘网站中较有代表性的B2C类网站包括天猫国际、京东全球购、55海淘网等。下文将从盈利模式、SWOT分析、典型个案分析、问题与趋势分析四个方面,对跨境海淘网站的商业价值进行进一步剖析。

6.8.1　跨境海淘网站盈利模式分析

跨境海淘网站的核心盈利点在于:利用低税费压缩成本,海外商品的稀缺性带来议价空间,以及赚取由不同地区成本、汇率、促销带来的价差。

跨境电商在现行海关政策下可以采取邮件通关的方式,从而降低税费,压缩成本。海关依照进出口商品的贸易属性或个人使用属性,将商品划分为"货物"及"物品"两大类,对"货物"类的监管比较严格,而对自用的"物品"监管相对宽松。"物品"又可分为"行李"与"邮件",原则上采取进出口商主动申报,然后缴纳"行邮税"的方式。目前跨境电商在进口货物时可以以邮件通关的方式,缴纳比普通货物更低的行邮税,从而压缩了进货成本,能够提供更为低廉的售价,吸引消费者。

从下表可以看出,两种模式的税差使得海淘商品更具价格优势,也正是当下各大电商平台纷纷推出海淘平台的原因。

商品种类	关税(最惠国)	B2B(一般贸易、物货)		B2C(跨境、物品)
		增值税	消费税	行邮税
化妆品	10%	17%	30%	50%
高级手续饰品	11%	17%	20%	30%
箱包	20%	17%	-	10%
鞋帽	15%	17%	-	20%
服装	14%-17%	17%	-	20%
电子产品	10%	17%	-	10%
奶粉	10%	17%	-	10%
饰品	10%	17%	-	10%
个人运动器材	12%-14%	17%	-	10%
海外特产	10%	17%	-	10%

图 6-7 一般贸易与跨境电商税率比较

随着二胎政策的推行以及人们生活观念的变化、生活水平提高,国内消费者对于国外商品特别是关系到母婴、老年人健康的日用品、保健食品的需求不断增加。而以往的线下渠道很难提供充足的质优价廉的此类商品。因此,跨境电商在这部分市场赢得先机,使得原有的一些国外代购渠道受到冲击,在消费者心中巩固了品牌美誉度。

跨境海淘网站还可以利用由汇率、成本导致的同一商品在不同地区的差价。在国际贸易中,由于人工成本、原材料成本、本国生产政策和税率的不同,即使是同一商品也拥有不同的价格。同时汇率的波动也可能造成某一地区商品价格临时性的大幅变动。跨境海淘网站可以通过及时获取这些价格与汇率信息,选择在低价时囤积商品,并在国内销售,来赚取其中的差价。

6.8.2 跨境海淘网站 SWOT 分析

2015 年中国跨境电子商务继续呈现逆势增长态势,全年交易总额达 4.56 万亿元,同比增长 21.7%,相比于其他电子商务类型增长速度更快。同时,国家大力加强对跨境海淘业务的扶持和推动,2015 年,中国跨境电子商务试点城市已扩大到 10 个,并在杭州设立了跨境电子商务综合试验区。与传统的海外购物模式相比较,跨境海淘节约了消费者的时间与金钱成本,拓宽了消费者的购物选择,依靠互联网技术的发展真正实现了全球化商品的自由流动。

跨境海淘网站的优势主要表现在以下几个方面:

国内互联网巨头纷纷通过资本运作等方式开展跨境海淘业务。在 B2B 领域，有阿里集团的速卖通，B2C 领域有网易的考拉海购、腾讯投资的小红书、京东的全球购、阿里的海外购等。阿里集团与京东集团本身主营业务即电子商务，试水跨境海淘是对现有模式的扩展，将品牌优势扩大到新兴领域。而腾讯与网易则是在主营业务之外，开拓了新的增长点。这显示了行业对于这一市场未来发展的良好预期。

市场需求巨大。在 2013 年，Paypal 公司曾对当时世界主要的五大跨境购物市场美国、英国、德国、澳大利亚和巴西的几千名消费者进行调查。调查结果显示，这五个国家对中国商品需求总额达到了惊人的 700 亿人民币。而到了 2018 年，这个数字预计将达到 1500 亿。这显示了世界市场对中国制造的旺盛需求。

跨境海淘网站的劣势主要表现在以下几个方面：

跨境交易的相关服务较为落后。在跨境交易的过程中，包括跨境支付和跨境物流等方面。当今的交易双方通常通过第三方来进行款项的收付，以及进行货物运输，但这些第三方平台的发展不一定能适应跨境交易本身的发展需求。第三方支付平台，目前在安全性、便利性、扩展性方面都存在一些不足。另外，交易过程还涉及用何种货币结算的问题。传统的贸易通常选择在香港等地区用美元结算。而在线的跨境贸易则缺少对此方面的管理和约束。

跨国物流的成本较高，时效较低，客观上阻碍了跨境海淘的发展。目前的主要跨国物流方式包括邮政小包、国际快递、专线物流、海外建仓等方式。这些方式都有各自的缺陷，如邮政小包虽然运费较低，但速度很慢，国际快递则相反；而海外建仓的方式则需要企业对仓储管理有较好的方式，要求货物流通速度快，否则有积压的危险。对中小企业来说，这诸多限制提升了进入跨境海淘业务的门槛和风险。

跨境海淘网站的机会主要表现在以下几个方面：

跨境电商符合全球贸易经济一体化的发展趋势。从宏观上看，国际经济与贸易日益连接为一个整体，资本在全球市场内寻求资源的优化配置，经济上的分工与协同趋势也在进一步加强。发展跨境电商有利于国家间实现资源的优势互补、物品的互通有无，是未来拉动经济发展的不可忽视的一股力量。

我国提出的"一带一路"战略正是对这一国际大势的顺应与把握，为我国与沿线国家在经济合作、贸易来往等方面提供了良好的环境与支持。这也为与沿线国家跨境海淘业务的发展带来了新的契机。

我国政府在政策和投入上的大力支持。国务院和商务部在2013年8月推出了"国六条",从政策层面上支持跨境电商的发展,2013年因此也被称为中国跨境电商的元年。发改委和海关总署于2012年12月在上海、重庆、杭州、宁波、郑州5个城市试行跨境电商通关服务试点工作,截至2014年3月试点城市推广至13个。财政部和国税局在2014年1月发布《关于跨境电商零售出口税收政策的通知》,明确了跨境电商也可享受出口退税等相关优惠政策。政策的直接干预不仅对整体跨境电商市场的发展起到了极大推动力,也让跨境电商企业在企业运营成本、企业业务流程、企业纳税等多方面获得了保障。

国内自贸区的相继开通,为跨境海淘业务带来平台优势。上海自贸区在2013年12月28日启动了跨境电商的试点平台"跨境通",海外商品可以提前进入自贸区,消费者购买后直接从仓库完税后发货,具有价格低且透明,时间快且商品保真的特点。2014年我国又开设福建、广州、天津三处自贸区,为中国大陆与中国台湾、港澳、东北亚等地区经贸往来创造了更便利的条件。自贸区的辐射效应将惠及更多地区。这些自贸区的设置都将为跨境电商的开展创造由点及面的突破口。

跨境海淘网站的威胁主要表现在以下几个方面:

随着跨境海淘业务在中国的不断发展,越来越多海外企业加入竞争。例如全球电子商务巨头亚马逊在中国开通了海外购业务,中国的亚马逊用户可以和海外用户享受同等价格,并且亚马逊还提供直邮中国的业务,免去了以前"海淘"需要看懂英文界面、借助三方转运公司的麻烦。亚马逊还针对国内消费者喜欢促销活动的特点,大力推介西方的"黑色星期五"购物活动,在这一天开展折扣力度较大的购物活动,吸引国内用户的消费。

跨境海淘业务发展到一定规模后对现金流的压力加大。跨境海淘业务必须面对的是国际物流的高成本,这种成本可能体现在时间上,可能体现在费用上。如果需要消费者付出较长的等待时间,则他们可能更换其他购买方式。如果需要消费者提高费用,则海淘失去了价格优势。因此,企业在业务发展到一定规模后,通常会选择租用国内的保税仓,这就需要企业对消费者的偏好和购买能力有较为精确的了解,否则就要承担货物积压的购买和仓储成本。大公司则会比中小公司有更强的抵御风险的能力。

6.8.3 跨境海淘网站代表网站分析

天猫国际(tmall.hk)是阿里巴巴集团旗下的 B2C 跨境电商网站。2014 年 2 月 19 日,阿里宣布天猫国际正式上线,为国内消费者直供海外原装进口商品,至 2014 年底有超过 5400 个海外品牌入驻。包括美国第二大零售商 Costco、德国零售集团麦德龙、韩国乐天等多家海外零售商与天猫国际达成合作。

入驻天猫国际的商家均为中国大陆以外的公司实体,具有海外零售资质;销售的商品均原产于或销售于海外,通过国际物流经中国海关正规入关。所有天猫国际入驻商家将为其店铺配备旺旺中文咨询,并提供国内的售后服务,消费者可以像在淘宝购物一样使用支付宝买到海外进口商品。

天猫国际目前也采取向商户收取年费、保证金及销售提成的方式盈利。注册开店时,商家需要支付 5000 到 10000 美元的年费,此外还要缴纳 2.5 万美元的可退款保证金。一般说来,商家还要向阿里巴巴上缴 3% 到 6% 的销售提成。

6.8.4 跨境海淘网站问题及趋势分析

由易观国际发布的《2015 年中国跨境进口电商市场专题研究报告》显示,在跨境进口领域里,主流的变化趋势包括三个方面:第一,产品品类逐渐增加,物流模式呈现多样化;第二,跨境电商平台由商品的竞争转向了供应链和服务的竞争;第三,海淘向全产业链化发展,政府在跨境领域的角色上升,与平台、消费者形成博弈。[1]

从报告中也可看出,跨境海淘网站目前的销售类型仍旧集中于母婴产品、服饰鞋包等女性消费者较为青睐的商品类型,显示了对国内市场需求挖掘仍然不足的问题。在消费人群上,以一线城市为主,二三线城市的下潜力度不够。这些情况都反映了目前阶段我国的跨境海淘仍然处于试水阶段,并没有深入展开。

跨境海淘业务想要取得突破和长期发展,需要从深入了解消费者以及优化购物流程两个方面大力推进。

尼尔森最新发布的《2015"海淘"消费者生活形态与购物偏好分析报告》

---

[1] 报告全文见 http://www.199it.com/archives/365702.html。

显示，对于海淘消费者而言，正品保障是他们选择海淘平台时最主要的需求；但同时，在心理感受层面，目前的主流海淘消费者已经超越了过去使用"洋货"时用来自我标榜的阶段，更加享受海淘对于他们生活品质的实际提升。可正是由于对于个人生活品质的追求，决定了消费者的需求更加个人化、差异化。①目前的海淘来源国家主要集中在美国、日本、韩国等。随着"一带一路"战略的推进，会有更多国家的特色商品走近我国消费者。

  优化购物流程，主要体现在物流环节。目前，一部分跨境海淘网站仍然采用海外直邮或国际快递的方式，这两种方式中，前者所需时间很长，而后者价格高昂，两者都不是消费者心目中最理想的选择。随着海淘市场的进一步扩大，越来越多的网站需要选择国内保税仓，将市场需求量大、需求稳定的商品提前购买存储在保税仓中，当消费者下单后直接从保税仓发货。这种模式有利于国家对货物及税收的合理管理，也有利于改善消费者的购物体验。

---

① 新闻报道 http://www.useit.com.cn/forum.php? mod = viewthread&tid = 11928.

第7章 信息门户网站商业价值分析

门户网站是互联网早期主要的商业模式之一,我们通常所说的Web1.0时代就是指的门户网站时代。伴随着互联网经济的发展走过了从萌芽到占据互联网主流,一直到今天开始进行业务转型的发展历程,门户网站依托巨量的用户流量资源,在今时今日依旧具有较高的作为广告媒体的商业价值。

7.1 信息门户网站概述

无论是在国外还是在国内的互联网市场,门户网站都曾是互联网发展的主导模式,在国外以雅虎为代表,在国内则以新浪、搜狐、网易、凤凰、腾讯为代表。门户网站在互联网企业中有其独特的优势:每一个用户在上网的第一站便是门户网站,因为网络门户综合了各种资讯信息和链向站点的地址,所谓"门户"本身就包含着一网打尽的意思。

7.2 信息门户网站发展历程

门户网站的概念起源于互联网商业模式中ICP(Internet Content Provider),即网络内容提供商,是指在互联网上进行信息收集、加工并向其用户或访问者发布的公司。在国内ICP这个名词刚开始出现并流行的时候,网络业务形式比较少,因此,业界以及媒体在比较清晰地定义了ISP(Internet service Provider,网络接入服务提供商)的范围以后,将除了ISP以外从事其他网络服务的公司统称为ICP。因此,目前国内所定义的ICP这个概念同这个缩写词在国际上流行的意义之间存在一定的差别。[①]

在1997年以前,门户网站的概念是ICP的概念的子分类,即门户网站是多种ICP中的某一类,具体来说是综合类的ICP。门户网站从这一年开始以提

---

① 冯晓棠. 我国三大门户网站的市场竞争研究[D]. 山西财经大学,2007.

供内容服务为主要发展模式,在这种模式下门户网站逐渐成为与报刊、广播、电视等传统媒体并存的"第四媒体",并因其在时间和空间上的无界性取得了瞩目的媒体地位。1998年,雅虎的成功使搜索引擎的商业价值得到了业界的广泛认同,搜索引擎成为门户网站业务发展与宣传的重心。① 业界称之为"搜索引擎"年。

第一批国内的门户网站是1990年代中国留学生归国后试水的成果,因而从理念诞生到实际发展都在复制国外门户网站的模式,沿着"风险投资+网络广告"的道路发展。张朝阳创办的搜狐网站在吸引了美国的风险投资完成公司启动创业后,后续吸引了英特尔的第二轮风险投资,作为企业未来发展的持续资金推动。

国内门户网站上市后,旋即经历了全球网络经济的泡沫破灭的动荡期,资本市场对互联网产业的信心大幅下降,门户网站也受到了资本的冷落和打压,包括新浪、网易、搜狐、中华网在内的所有中国概念网络股相继跌破了每股5美元的关口线,盈利模式的探索和对盈利时间的预期成为上述具有代表性的门户网站所面临的最急迫的问题。② 在这种严峻的形势下,门户网站不得不开始了以实现盈利和企业存续为最终目标的艰难转型。

国内门户网站在盈利压力面前开始逐渐分化,不再像以前那样坚持大而全的门户概念,争取抢先走出互联网的"冬季"。正如搜狐 CEO 张朝阳所言:"关键是要把互联网当生意来做,而不是文化运动"。③

门户网站发展模式转型的共同特点在于由传统的单一的主要依赖网络广告的收入模式转向多元化经营或者小众化经营,由撒网式发展变为深耕式发展。

7.3 信息门户网站整体规模

在全球的互联网世界中,信息门户网站占据着重要的地位,在中国同样如此。从覆盖度和影响力来看,门户网站最有影响力和最具用户覆盖潜力的网

---

① 孙灿. 门户网站的品牌忠诚度影响因素实证研究[D]. 浙江大学,2007.
② 李峥嵘. 论国内门户网站的发展战略[D]. 西南交通大学,2002.
③ 三大门户各谋"钱"途开始寻找新的自救契机[N]. http://it.sohu.com/36/16/article15581636.shtml.

站类型。按照国内不同类型的网站覆盖数目榜单排序,门户网站一直高居首位,可见这种类型的网站在我国互联网经济中占据举足轻重的地位。

7.4 信息门户网站分类

由于信息门户网站数量众多,功能庞杂,为了便于网站商业价值的研究与评估,本报告按照网站的功能和所提供的服务把网站划分为以下种类。

综合门户类网站是指通向某类综合性互联网信息资源并提供有关信息服务的应用系统。[①] 综合门户网站的业务包罗万象,成为网络世界的"百货商场"或"网络超市"。从现在的情况来看,综合门户网站主要提供新闻、搜索引擎、网络接入、聊天室、电子公告牌、免费邮箱、影音资讯、电子商务、网络社区、网络游戏、免费网页空间,等等。在我国,主流的综合门户网站有新浪、搜狐、网易和腾讯。

综合门户网站之外的网站往往将所提供信息集中在某一个领域,提供在该领域较全面的信息与服务,称为"垂直门户"。垂直门户的受众往往也集中在对某领域的信息与服务有重要需求的人群。

本报告中涉及的垂直门户有:IT 电子门户、财经门户、电子报刊、房产门户、教育门户、军事门户、历史文化、汽车门户、区域门户、新闻门户、娱乐门户。

7.5 信息门户网站商业价值排名

按照前文提到的研究方法,本研究根据网站的百度收录页面数量、百度反链数、百度权重、平均访问量、日均独立 IP 数等指标对现有信息门户网站进行总排行和分类排行。

7.5.1 信息门户网站商业价值 TOP50

信息门户网站商业价值排名前 50 的网站涵盖了 12 个二级分类中的 9 个分类,这与受众对不同类别信息的需求程度是相关的。其中,新闻门户网站占据 34%,远远超过其他类别的网站,体现出网络作为传播媒体的巨大优势。综

---

① 汪亮. 城市网站经营初探——以西安网为例[J]. 东南传播,2011(12),90.

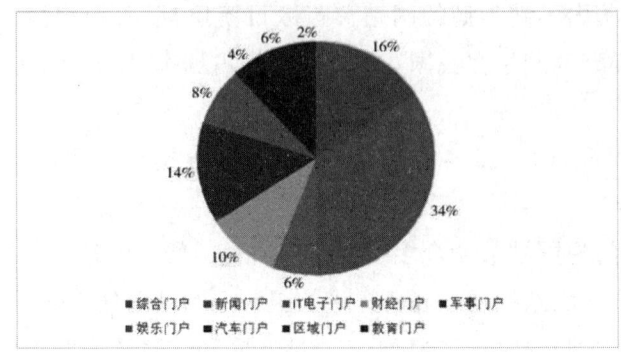

图 7-1 信息门户网站 TOP50 分类占比

合门户网站占比 16%，凭借互联网先入者的身份占据重要位置，前 50 个网站中的前 5 位全部是综合门户网站。值得注意的是，信息门户商业价值排名前 50 的网站中，军事门户网站占比 14%，仅次于新闻门户和综合门户。

表 7-1 信息门户网站商业价值 TOP50 排名

排名	网站名称	类别
1	网易	综合门户
2	腾讯网	综合门户
3	凤凰网	综合门户
4	搜狐	综合门户
5	新浪网	综合门户
6	中国网	新闻门户
7	网易新闻	新闻门户
8	北青网	新闻门户
9	中关村在线	IT 电子门户
10	新华网	新闻门户
11	凤凰资讯	新闻门户
12	中国日报网	新闻门户
13	中华网	综合门户
14	腾讯新闻	新闻门户
15	海外网	新闻门户
16	东方网	新闻门户

（续表）

排名	网站名称	类别
17	财经网	财经门户
18	AK军事网	军事门户
19	北青网中国新闻	新闻门户
20	新军事网	军事门户
21	和讯网	财经门户
22	中国青年网	新闻门户
23	网易娱乐	娱乐门户
24	《参考消息》官方网站	新闻门户
25	汽车之家	汽车门户
26	21CN	综合门户
27	铁血网	军事门户
28	中华网军事	军事门户
29	米尔网	军事门户
30	凤凰财经	财经门户
31	CHN强国网	军事门户
32	深圳新闻网	区域门户
33	19楼	区域门户
34	腾讯娱乐	娱乐门户
35	铁血论坛	军事门户
36	凤凰娱乐	娱乐门户
37	云南信息报	新闻门户
38	环球网	综合门户
39	网易财经	财经门户
40	今日头条	新闻门户
41	易车网	汽车门户
42	厦门广电网	新闻门户
43	中国广播网	新闻门户
44	人民网	新闻门户

(续表)

排名	网站名称	类别
45	电脑之家	IT电子门户
46	快科技	IT电子门户
47	证券之星	财经门户
48	花边星闻	娱乐门户
49	宜春新闻网	区域门户
50	考试吧	教育门户

7.5.2 综合门户网站商业价值TOP20

综合门户网站是互联网的第一批进入者,前五位全部是最早进入市场的商业网站,其中网易凭借其电子邮箱业务和网络游戏的巨大优势位居第1。腾讯网、凤凰网、搜狐、新浪网分别位居第2到第4位。其余的综合门户网站都是以资讯发布为主,包含其他业务。

表7-2 综合门户网站商业价值TOP20排名

排名	网站名称	排名	网站名称
1	网易	11	南方周末
2	腾讯网	12	老男人
3	凤凰网	13	枫网
4	搜狐	14	中工网
5	新浪网	15	四月网
6	中华网	16	四海网
7	21CN	17	沃门户
8	环球网	18	王朝网络
9	凯风网	19	九千网
10	3G门户	20	爱酷网

7.5.3 IT电子门户网站商业价值TOP20

IT电子门户网站商业价值排名前20的网站中,前五位全部为垂直网站。综合门户网站的垂直频道在商业价值方面也表现强劲,例如凤凰网科技频道、网易数码、网易科技等,这得益于大型综合门户网站的庞大用户群和重要的市场地位。

表 7-3 IT 电子门户网站商业价值 TOP20 排名

排名	网站名称	排名	网站名称
1	中关村在线	11	比特网
2	电脑之家	12	天极网
3	快科技	13	网易科技
4	cnBeta	14	TGFC
5	IT 之家	15	TechWeb
6	数码之家	16	泡泡网
7	凤凰网科技	17	硅谷动力
8	机锋网	18	耳机大家坛
9	网易数码	19	IT168
10	太平洋电脑网	20	网易手机

7.5.4 财经门户网站商业价值 TOP20

财经门户网站中只有 5 个进入了信息门户网站商业价值前 50。财经网和和讯网分列第 1 位和第 2 位,这得益于其在财经领域的专业内容和评论观点。大型综合门户网站的财经频道,凤凰财经、网易财经、腾讯财经等,依托平台的流量优势也拥有显著地位。

表 7-4 财经门户网站商业价值 TOP20 排名

排名	网站名称	排名	网站名称
1	财经网	11	腾讯财经
2	和讯网	12	金融界
3	凤凰财经	13	环球财经网
4	网易财经	14	证券之星股票频道
5	证券之星	15	品途网
6	MSN 理财频道	16	东方财富网股吧
7	南方财富网	17	淘股吧

(续表)

排名	网站名称	排名	网站名称
8	财经网图片频道	18	天天基金网
9	中国经济网	19	环球外汇
10	东方财富网	20	金融界财经频道

7.5.5 电子报刊网站商业价值TOP20

电子报刊网站大多是传统纸质媒体在网络上实现的新媒体形式,提供简单的内容上网、往期查询等功能。电子报刊网站商业价值排名前20的网站大多依托具有市场影响力和媒体行业地位的纸质媒体,例如《北京青年报》、《人民日报》、《南方都市报》等。

表7-5 电子报刊网站商业价值TOP20排名

排名	网站名称	排名	网站名称
1	中时电子报	11	南方都市报数字报
2	北京青年报电子报	12	杭州网—数字报纸
3	中国电视报数字报	13	AB报
4	长江日报数字报	14	京华日报数字报
5	人民日报数字报	15	惠州报业传媒集团数字报纸
6	钱江晚报数字报	16	中国青年报数字报
7	武汉晨报数字报	17	南京日报数字报
8	合肥报业传媒集团·多媒体数字报	18	北京晚报数字报
9	澳门日报	19	南都周刊
10	河南日报报业集团电子版	20	南方网南方日报数字报

7.5.6 房产门户网站商业价值TOP20

没有房产门户网站进入信息门户网站商业价值TOP50。房产门户网站商业价值排名前20的网站有相当一部分,例如安居客、链家、我爱我家等,是线下房产中介企业在网络上的业务延伸。除此之外,大型综合门户网站的房产频道也占据相当比例。

表7-6 房产门户网站商业价值TOP20排名

排名	网站名称	排名	网站名称
1	新浪乐居	11	莆房网
2	搜房网房天下	12	智房网
3	安居客	13	好租
4	凤凰网房产	14	深圳房地产信息网
5	房多多	15	吉屋网
6	搜狐焦点二手房网	16	焦点房地产网
7	城市房产	17	合肥房地产交易网
8	链家网	18	365地产家居
9	麦讯网	19	我爱我家网
10	Q房网	20	厦门房地产联合网

7.5.7 教育门户网站商业价值TOP20

教育门户网站商业价值排名前20的网站中没有大型综合门户网站的教育频道,并且大多为专注于某一个具体学习领域的专业网站,例如驾照、出国、英语、公务员考试等。因此受众群体相对狭窄或许成为教育门户网站整体商业价值不高的原因。

表7-7 教育门户网站商业价值TOP20排名

排名	网站名称	排名	网站名称
1	考试吧	11	233网校
2	我要自学网	12	可可英语
3	驾驶员考试网	13	无忧无虑中学语文网
4	作业帮	14	考研网
5	出国留学网	15	沪江网
6	驾校一点通	16	中公教育网
7	沪江小D	17	淘师湾
8	吉林省公务员考试网	18	学优高考网
9	扇贝网	19	大家网
10	学科网	20	习网

7.5.8 军事门户网站商业价值 TOP20

军事门户网站在信息门户网站商业价值前 50 位中占据重要比例,仅次于新闻门户网站和综合门户网站,为 14%。军事门户网站商业价值前 20 位中绝大多数为专业的垂直类网站。

表 7-8 军事门户网站商业价值 TOP20 排名

排名	网站名称	排名	网站名称
1	AK 军事网	11	网易军事
2	新军事网	12	西陆军事
3	铁血网	13	中国战略网
4	中华网军事	14	中国军网
5	米尔网	15	飞扬军事
6	CHN 强国网	16	兵团网
7	铁血论坛	17	军事天地
8	鼎盛军事	18	拳击航母
9	西陆网	19	西陆时政新闻频道
10	超级大本营	20	51 军事观察室

7.5.9 历史文化网站商业价值 TOP20

历史文化网站没有在信息门户网站商业价值前 50 位中出现。历史文化网站商业价值前 20 位中,大部分为大型综合门户网站的历史文化频道,专门的历史文化垂直网站比较少。说明这些信息的受众群体相对较少,同时网络并不是普及历史文化知识的最好方式。

表 7-9 历史文化网站商业价值 TOP20 排名

排名	网站名称	排名	网站名称
1	百山探索	11	国学网
2	央视网公益频道	12	新浪佛学
3	趣历史网	13	凤凰公益
4	腾讯文化	14	搜狐公益

(续表)

排名	网站名称	排名	网站名称
5	光明网文化频道	15	人民网党史频道
6	UFO 探索网	16	中国文化艺术网
7	中华励志网	17	网易探索
8	凤凰佛教	18	搜狐文化
9	人民网文史频道	19	新浪历史
10	搜狐历史	20	中国文艺网

7.5.10 汽车门户网站商业价值 TOP20

汽车门户网站商业价值前 20 位中,汽车之家作为老牌的汽车网站,占据了第 1 位。易车网虽然起步较晚,但是由于近年来频繁的市场动作和资本运作新闻,在商业价值方面也表现不俗。

表 7-10 汽车门户网站商业价值 TOP20 排名

排名	网站名称	排名	网站名称
1	汽车之家	11	汽车时代网
2	易车网	12	车神榜汽车网
3	网易汽车	13	我的车城
4	爱卡汽车	14	牛摩网
5	凤凰汽车	15	盖世汽车网
6	万车网	16	车讯网
7	51 汽车	17	第一车市
8	太平洋汽车网	18	第一车网
9	腾讯汽车	19	网上车市
10	汽车口碑网	20	第一电动网

7.5.11 区域门户网站商业价值 TOP20

区域门户网站主要服务于具体地域的用户,因此受到当地网信事业建设和经济发展程度的影响。商业价值排名前 20 位的网站中,东南沿海的区域门户网站比较多。

表 7-11　区域门户网站商业价值 TOP20 排名

排名	网站名称	排名	网站名称
1	深圳新闻网	11	福州新闻网
2	19楼	12	南阳网
3	宜春新闻网	13	新蓝网
4	吉和网	14	大众网
5	东北网	15	宽带山
6	金羊网	16	华龙网
7	本地宝	17	万家热线
8	中国网江苏站	18	葫芦网
9	厦门网	19	浙江在线
10	齐鲁网	20	CNTV 粤语台

7.5.12　新闻门户网站商业价值 TOP20

新闻门户网站在信息门户网站商业价值排名前 50 位的网站中占三成以上。在新闻门户网站中商业价值排名前 20 位的网站分为两大类：一类是大型综合门户网站的新闻频道，例如网易新闻、腾讯新闻、凤凰资讯等，这与综合门户网站提供资讯的基本功能相关；另一类是国家重点主流媒体创办的新闻门户网站，例如中国网、北青网、新华网等。

表 7-12　新闻门户网站商业价值 TOP20 排名

排名	网站名称	排名	网站名称
1	中国网	11	中国青年网
2	网易新闻	12	《参考消息》官方网站
3	北青网	13	云南信息报
4	新华网	14	今日头条
5	凤凰资讯	15	厦门广电网
6	中国日报网	16	中国广播网
7	腾讯新闻	17	人民网
8	海外网	18	CCTV13 新闻频道官网
9	东方网	19	中国新闻网
10	北青网中国新闻	20	国际在线

7.5.13 娱乐门户网站商业价值 TOP20

娱乐门户网站商业价值排名前三位的网站与综合门户网站的排名显示出一致的趋势,分别是网易娱乐、腾讯娱乐和凤凰娱乐。此外,新闻门户网站的娱乐频道也占据重要地位,例如中国青年网娱乐频道、央广网娱乐等。

表 7-13 娱乐门户网站商业价值 TOP20 排名

排名	网站名称	排名	网站名称
1	网易娱乐	11	新蓝网米秀分享频道
2	腾讯娱乐	12	叶子猪八卦频道
3	凤凰娱乐	13	FACE 妆点网娱乐频道
4	花边星闻	14	中国网娱乐频道
5	MSN 文娱	15	北青网娱乐
6	中国青年网娱乐频道	16	明星网
7	搜狐娱乐	17	硕鼠官网
8	央广网娱乐	18	伊秀娱乐网
9	央视网综艺	19	华商娱乐
10	东北新闻网文娱频道	20	深圳之窗八卦岭频道

7.6 综合门户网站商业价值分析

在高速发展时期,国内外门户网站的发展分别呈现了两种不同的商业模式路径:主要依赖于网络广告的单一收入模式和依靠风险投资的经营模式。伴随着资本市场的变化对门户网站形成的严峻的盈利压力,国内外的主要门户网站都着手进行业务发展战略的转型。国内综合门户网站的发展战略所呈现的新趋势将深刻影响门户网站的概念并深刻改变我国的互联网经济的整体环境。

7.6.1 综合门户网站盈利模式分析

商业模式就是贯穿于企业的整个营运过程中的企业实现价值收入的一系

列程序和步骤。① 因此研究门户网站的商业模式实际上就是要找出"门户网站是如何售卖服务从而实现收入"这个问题的答案。

从一般意义上的商业运作逻辑来看,互联网用户在购买网络内容服务时向内容提供商支付的费用构成了门户网站收入的一部分;当然,门户网站在向互联网用户提供服务时的经营成本,包括管理成本和人力资源成本,还有一部分支付给平台服务商的,例如服务器托管、维护等费用,或者向网络运营商租用接入宽带的租金。也就是说,门户网站的收入与成本的差额就成为企业的经营利润。

但是当用户基数达到一定量级的时候,这个模式遭遇了实际执行上的困难——门户网站要向极其分散的互联网用户收取额度很小的费用在实际操作上很不现实。这也是为何门户网站通常早期选择通过免费服务吸引用户,然后通过在线广告获取收入的经营模式。

根据门户网站价值实现的最终受用者的不同可将门户网站客户分为最终客户、会员客户和商业客户三类。②

最终客户指大部分通过免费上网浏览信息、点击广告、使用网站发送信息、使用网站邮箱进行通信、在网上社区交流的网络用户。

会员客户包括一些付费使用邮箱、以会员客户身份购物、订购信息和租赁空间或社区、订购网站专用服务的用户。

商业客户指付费的广告客户、电子商店、拍卖网站、网络代理、保险代理以及交换链接的商业客户,一般以企业为主。

最终客户和会员客户是门户网站的用户基础,各门户网站要做的基础工作就是吸引、争取网民,凝聚人气。而商业客户的要求与最终客户或会员客户是截然不同的,要满足他们,必须帮助他们实现价值增值。

门户网站的服务产品必须根据其客户性质来设计:通过信息服务与一些免费网络产品来吸引最终客户,形成"注意力经济",为其广告业务提供坚实的基础。然而对于已经拥有几千万注册用户的综合门户网站来说,最重要的还是要通过旗舰产品带动龙头产品的价值增值,如通过一些收费产品与服务,像VIP邮箱、空间租赁、网络游戏、短信业务等将庞大的注册会员转化为会员客户。

---

① 张胜利. 三个门户网站商业竞争及盈利前景分析[D]. 华中科技大学,2007.
② 苏玉娟. 中国三大门户网站商业模式研究[D]. 兰州大学,2008.

7.6.2 综合门户网站SWOT分析

在互联网内容匮乏、搜索引擎技术并不发达的早期时代,综合门户网站是人们接入互联网最主要的入口,其提供的新闻、图片、聊天室、电子邮箱等信息与服务能够满足人们当时的信息需求。在这种历史机遇下,造就了多家超级网站,并有少数延续至今,如新浪、搜狐、网易等。目前这些网站虽然仍有很大的流量,但早已丧失了作为互联网入口的地位。因此,综合门户网站在今天的互联网环境下,需要重新思考自己的定位,并且进行商业模式上的创新。

(1) 优势与机遇

首先,互联网的开放性、多重性和巨大的发展空间是门户网站的最显著优势。门户网站作为引导互联网用户前往其他目标网站的桥梁与入口,占据着互联网时代的优势地理位置。

其次,庞大的用户群体是门户网站的宝贵商业资源和发展潜能。庞大的用户群从媒体的角度看,是媒体受众为门户网站带来庞大的广告收入;从电子商务的角度看,庞大的用户群是产品和服务的消费者,是电商业务开展的基础。

第三,从经济学的观点看,网络经济的规模经济效应相对来说不受物理世界极限的制约。当网站用户群规模不断扩大时,为每增加一个新用户提供网上服务的成本会急速降低,这样就是我们通常所说的网络效应。网站一旦建立之后,放置一个banner广告或进行一场在线销售的成本很低,与收入相抵后的主要是不变成本。

第四,先行者的巨大优势。门户网站大多成立于互联网发展的初期阶段,是互联网经济的先行者。先行者假以时日在消费者心目中建立起来的品牌意识不仅能召来更多的新用户,本身还带有惯性,即老用户因为惯性使然而不断回访网站,即使有其他更好的网站出现,用户为进入新的网站还要花费时间和精力登记注册,学会使用网站提供的服务等等,很多用户在这种情况下会倾向于选择已经熟悉的网站。

(2) 缺陷与威胁

首先,技术的迭代与冲击。博客、RSS、维基百科、异步JavaScript、XML,这些Web2.0定义的典型技术,带给互联网门户网站一次新的飞跃。随着各门户间的竞争日渐加剧,网络个性化服务成了转型与盈利的新方向。同时,社会化媒体的互动性与社交性与门户网站的"公告栏"式的服务相比更符合用户心理与需求。但是,如何才能够提供更多、更好的个性化服务?是恪守成规还是勇于创新?

技术的冲击还表现在建立于终端设备基础上的用户阵地的转移,门户网站可以说是 PC 时代的产物,不论是网站架构还是产品体验都是以 PC 为背景进行设计的,但是伴随手机、平板电脑等设备的发展,囊括万千、一网打尽式的综合门户网站难以在移动端找到自己的定位。用户的需求被无限细分,由专业的移动应用程序来满足,因此求大求全式的综合门户网站如何在移动时代删繁就简、成功转型尚在摸索之中。

其次,无线增值业务盈利空间塌缩。在中国,19 世纪末 20 世纪初异常火爆的短信和彩铃等增值业务曾经是一代人的记忆。而今,这一拇指经济已经达到了极限。因为我国手机市场趋于饱和,新增手机用户数下降,新增网民增速也趋缓;无线短信不容易再出现很有潜力的全新业务品种。因此,目前无线短信的未来有较大的不确定性。

7.6.3 综合门户网站代表网站分析——新浪网

新浪网(SINA)成立于 1998 年 12 月,服务大中华地区与海外华人。新浪拥有多家地区性网站,通过旗下五大业务主线为用户提供网络服务。

新浪目前已经由新浪网(SINA.com)这一单一的门户网站拓展至由移动门户手机新浪网(SINA.cn)和社交媒体新浪微博(Weibo.com)等组成的数字媒体网络。新浪旗下有五大业务主线:即提供网络新闻及内容服务的新浪网、提供移动增值服务的新浪无线(SINA Mobile)、提供 Web 2.0 服务及游戏的新浪互动社区(SINA Community)、提供搜索及企业服务的新浪企业服务,以及提供网上购物服务的新浪电子商务(SINA E-Commerce),向广大用户提供包括地区性门户网站、移动增值服务、搜索引擎及目录索引、兴趣分类与社区建设型频道、免费及收费邮箱、博客、影音流媒体、分类信息、收费服务、电子商务和企业电子解决方案等在内的一系列服务。[①]

2015 年新浪网全年净营收为 8.807 亿美元,较 2014 年的 7.682 亿美元较增长 15%。2015 年全年非美国通用会计准则净营收为 8.702 亿美元,较 2014

---

① 百度百科"新浪"词条,http://baike.baidu.com/view/2410.htm.

年的 7.563 亿美元增长 15%,符合公司 8 亿美元至 9 亿美元的年度预期范围。2015 年全年网络广告营收为 7.432 亿美元,较 2014 年的 6.403 亿美元增长 16%。网络广告营收的增加得益于微博广告营收增长,营收 1.376 亿美元,这一增长被门户广告营收下降的 3470 万美元部分抵消。①

新浪把自身的业务核心定位在三个方面②:跨媒体平台、面向企业提供全面信息化解决方案、面向个人收费项目。

跨媒体战略:新浪所走的媒体战略是基于现有的核心互联网业务,依托新浪良好的品牌和很好的经验进行媒体内容包装工作,和其他媒体一起建立合作联盟打造跨媒体平台。新浪在打造跨媒体平台方面的重要举措是于 2001 年 9 月与阳光文化网络电视有限公司达成协议,购入阳光卫视 29% 的股份。

新浪企业服务战略:新浪在针对企业提供服务方面的动作是大手笔的。于 2002 年 2 月宣布成立全资子公司,新浪网络技术服务有限公司,注册资金 500 万美金,此举表明新浪将企业服务已经从现在的核心业务中独立拆分出来,作为公司长期的战略发展实施,并同时推出 www.sina.net 企业服务平台,通过有效整合现有的各种技术和互联网媒体资源优势,进一步为企业及政府提供专业的信息化建设解决方案。

7.6.4 综合门户网站问题及趋势分析

国外网络公司的盈利模式集中在门户网站和搜索服务相关的网络市场服务业务上,而我国的门户网站大多依靠其媒体功能换取收入。互联网新媒体与传统媒体相比较,有很多新的特性,例如社区性、互动性、可扩展性等,但是当前综合门户网站提供的媒体服务中"传统媒体特性"依旧比较突出。综合门户网站与传统媒体定位服务于相同的一批广告主,向相同的受众提供的同质的资讯服务,这就不可避免地产生内容的重叠与资源浪费。特别是当传统媒体纷纷开始建立自己的网络服务的时候,综合门户网站相对弱势的内容生产能力又会成为其与传统媒体竞争中的短板。

即便是在综合门户网站所擅长的传统的商业模式中,为了追逐用户注意力和庞大浏览量,门户网站不得不一边持续投入广告费用以获得自身的知名度和公众注意力,另一方面同时投入相当的资金使其信息更加丰富、服务更加

---

① 新浪网 2015 年度财报:www.sina.com.
② 李峥嵘. 论国内门户网站的发展战略[D]. 西南交通大学,2002.

完善,以吸引用户的访问,借此为广告客户带来更高的点击率来维持其在网络广告方面的收入。但随着 Web2.0 概念的出现,博客、新闻聚合、社会性网络、搜索引擎等开始广泛地冲击传统门户,门户网站 1.0 时代的权威地位也已悄然改变。传统的单一的收入模式导致的结果是尽管门户网站有一定的收入来源,但投入远大于产出,网站运营一直处于严重亏损状态。

依靠在线广告、短信赚钱的综合门户网站曾经是中国互联网经济的中流砥柱,见证了中国互联网发展的黄金时代,但是毫不讳言地说,综合门户网站的急速增长时期已经一去不回,已经成功迈过生存关头的中国的综合门户网站们必须在认清现实和未来趋势的前提下寻找更多的突破口。

7.7 新闻门户网站商业价值分析

1994 年 4 月 20 日,我国实现了与互联网的全功能连接,成为真正拥有互联网功能的国家。这一事件也被列入当年国家十大科技新闻之一。1995 年,我国第一份网络杂志《神州学人》和第一份上网报纸《中国贸易报》开始了互联网发行的尝试,正式揭开了我国传统新闻媒体网络服务的序幕。

7.7.1 新闻门户网站盈利模式分析

由于传统体制的约束和经营管理理念的偏差,我国的新闻商业网站还没有形成清晰、成熟的盈利模式,大多数新闻网站还处于摸索和尝试的阶段。

新闻门户网站的商业行为主要体现在以下三点:一是内容销售。新闻门户网站利用自身的信息与内容优势进行内容销售,例如其他网站必须与新闻门户网站签订付费协议方可转载新闻网站的新闻内容。当前内容收费的服务对象已经多元化,涵盖媒体、企业和个人等网络用户。但是目前,网络新闻内容原创少,同质化现象严重,是内容销售的主要障碍。二是无线增值。新闻网站推出一些收费的信息服务,以提供手机短信的形式最为常见。但是无线服务在移动新闻服务勃兴之后也逐渐显得鸡肋。三是网络广告。网络广告是门户网站的主要经济来源,也是我国新闻网站收入的重要来源。但是由于新闻门户网站大多背靠传统新闻媒体,新闻网站的广告大多与传统新闻媒体捆绑在一起,不单独进行广告计算,所以新闻网站最终获得的广告份额微乎其微。

总的来说,"与商业网站相比,我国新闻网站并未形成清晰、成熟的商业运营模式、灵活的广告推广方式,新闻网站的经营效益并不明显"。①

7.7.2 新闻门户网站 SWOT 分析

网络新闻服务是我国网民使用率排名第三的服务,根据 CNNIC《第 37 次中国互联网络发展状况统计报告》,网络新闻的使用率高达 82%,仅次于即时通讯和搜索引擎。

我国从 1994 年 4 月正式接入国际互联网服务,面向全社会开放网络提供服务;1995 年 1 月 12 日,《神州学人》杂志开启中国媒体的上网之路;1996 年 12 月,中央电视台的上网,标志着中国广播电视媒体进军网络传播领域;1997 年,经国务院新闻办批准,《人民日报》率先上网;1997 年 1 月 1 日,国家新闻办建立的"中国互联网新闻中心";1997 年 11 月 7 日,新华社创立"新华社网站"(后发展为"新华网");1998 年 12 月 26 日,中国国际广播电台创办"国际在线网站";1998 年 1 月 1 日,《光明日报》正式开通"网民日报网";1998 年 9 月 25 日,《河南日报》集团主办"河南日报网";1997 年 5 月 25 日《华声报》创办"华声报网"。

(1)网络新闻渗透率高

网络新闻使用率颇高,网民对网络新闻的依赖程度不断升高,主要体现在网络新闻使用率、网络媒体用户网上新闻浏览时长、手机网络新闻用户规模等方面,为新闻网站发展带来新的机遇。截至 2015 年 12 月,我国网络新闻用户规模为 5.64 亿,较 2014 年底增加 4546 万,增长率为 8.8%。网民中的使用率为 82.0%,比 2014 年底增长了 2 个百分点。其中,手机网络新闻用户规模为 4.82 亿,与 2014 年底相比增长了 6626 万,增长率为 16.0%,网民使用率为 77.7%,相比 2014 年底增长 3.1 个百分点。②

(2)网络媒体发展环境良好

国家大力推行文化体制改革,振兴文化产业,着手推进新闻网站的市场化改革与并轨,为网络媒体发展创造和谐良好的环境。

首先,国家近年来特别重视文化产业发展,推出了一系列推动文化产业发展、激发文化产业创新活力的有力措施,一方面促进了我国文化产业的繁荣发展,另一方面为新闻网站产业化发展提供了政策机遇,在宏观层面为新闻网站

---

① 高丽华. 新媒体经营[M]. 北京:机械工业出版社,2009:56.
② 《第 37 次中国互联网络发展统计报告》,CNNIC,2016.1.

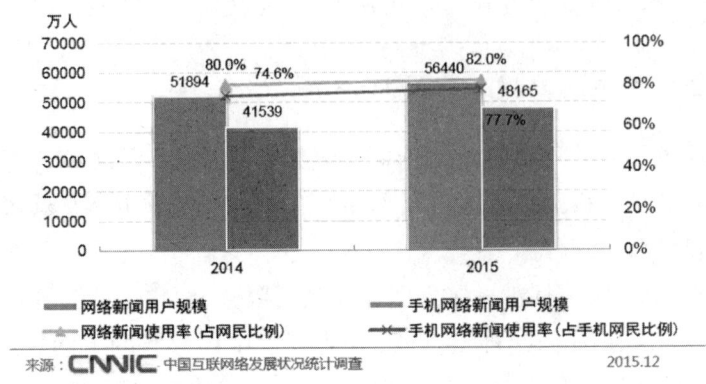

图7-2 2014-2015年网络新闻用户规模及使用率

的体制改革指明了方向。

其次,国家和相关部门领导十分重视新闻网站的建设和发展,大刀阔斧地进行转企改制试点,推动全面市场化。国家有关领导人曾经指出,要加快重点新闻网站转企改制的步伐,增强发展活力,加强重点新闻网站对外传播能力建设,不断扩大国际影响力。

(3)盈利模式单一

当前新闻门户网站的盈利模式比较单一,主要还是依靠销售网络广告获得收入,即通过网站流量吸引广告商投放网络广告。新闻网站的广告形式主要有展示类广告、搜索广告等,展示类广告即提供一定的页面空间的固定位置进行广告投放。除此之外,部分新闻门户网站已经开始尝试电子商务业务,但是尚且处于刚起步阶段,盈利能力略显不足。总之,与个性化收费服务、网络游戏、搜索引擎、电子商务、网络购物、网上支付、网络预订等多元化盈利模式相比,新闻门户网站的盈利模式还显得非常单薄。

(4)内容同质化严重

新闻门户网站与综合门户网站及其新闻频道、地方性门户网站或者传统媒体等在内容上的重叠,编排手法、版面风格上的类似,使得这几个主体之间的同质化倾向日趋明显。造成同质化的主要原因有两个:一是内因。对于新闻门户网站来说,首页是"拼内容和硬新闻"的门面,为避免重要新闻信息的缺漏,追求新闻的时效性和内容的丰富,新闻门户网站大多借助母媒体优势和其他媒体的信息资源,使得重点新闻网站与其他媒体之间在内容上存在一定程度的重合;二是外因。网络媒体本身具备易复制和信息转载成本低廉的特点,新闻门户网站在时政新闻和突发新闻事件报道上的时间优势与容量优势,不可避免地被其他媒体进行借用与转载。

7.7.3 新闻门户网站代表网站分析——人民网

人民网创办于1997年1月1日,是由世界十大报纸之一的《人民日报》建设的以新闻为主的大型网上信息交互平台。人民网旗下拥有包括人民视讯、环球网、人民在线、海外网、人民澳客、成都古宪科技有限公司以及金台创投等在内的多家控股公司,并在31个省市自治区设置地方频道。

2012年4月18日,人民网开展"申购",4月19日揭晓发行结果,确定每股发行价20元,对应发行后的市盈率为46.13倍,4月27日,人民网在上海证券交易所上市,股票代码为603000,作为国内第一家实现了新闻采编业务和经营业务整体上市的中央媒体,同时也是国内A股上市的第一家新闻网站的人民网,其上市首日大涨73.6%。[①]

人民网作为国内第一家实现了新闻采编业务与经营业务整体上市的中央媒体,对于其他国家重点新闻媒体的网络化工作具有重大的样本意义。以大量权威性的原创新闻报道及评论作为其业务基础,人民网目前正在逐步从新闻网站向综合性门户网站发展过渡,现在主要拥有网络广告模式、移动增值服务和信息服务模式这三大商业模式作为公司的主要收入来源。

人民网的市场优势得益于其相对于其他新闻门户网站的市场壁垒。具体来说包括以下四点:(1)由于政策准入而形成的内容独立采编权壁垒,这是其与商业网站相比来说最大的市场壁垒;(2)分公司遍布全世界的人民网可以保证新闻的更新比其他网站更加及时与全面;(3)专业、庞大的源自于《人民日报》的采编团队建立了人民网的信息方面的专业性壁垒;(4)兼具品牌和新闻内容优势的人民网与中国移动建立战略联盟打造出人民网的渠道优势。

7.7.4 新闻门户网站问题及趋势分析

作为信息类基础应用,网络新闻已经成为即时通信和搜索引擎之外的第

---

① 网易财经新闻:人民网上市首日大涨七成多[N]. http://money.163.com/12/0428/06/805KQCBC00253B0H.html.

三大互联网应用。①。接近网民总体规模的用户量意味着开发潜在用户的成本将日益增长,同时由于服务的同质性和用户的使用惯性,网络新闻市场也将遵循"强者愈强"的互联网法则。一些具有先发优势的品牌在过去几年中已经迅速完成用户积累,将更有可能成为行业领头羊——这其中既有已经存在多年、具备影响力的门户新闻资讯品牌,也有利用技术或硬件优势,诞生于移动时代的新兴新闻资讯品牌。对于新进入者而言,则很难再成为这一市场"入口平台"级别的新闻资讯媒体,更多机会将存在于垂直领域。

目前新闻门户网站,为了适应 Web2.0 时代的新发展趋势,正在逐渐淡化自身的"门户"印记,开始由内容导向型网站向服务导向型网站逐步转型。

随着移动媒体时代的到来,传统媒体和门户网站转型加快、自媒体不断涌现、机器人和算法技术不断升级,内容的生产和传播都发生了深刻的改变,未来网络新闻领域产品的迭代升级速度将会大大加快,以满足信息爆炸背景下用户的多样化与个性化需求。在移动化和碎片化的新媒体时代,"短平快"仍是网络新闻的基础属性,然而随着市场的不断成熟,激烈的用户争夺和用户留存压力将促使网络新闻更加重视内容质量和个性化精准推荐。未来,网络新闻产品将朝着"资深编辑"+"智能算法"相互融合的方向发展——优质内容引导用户沉淀,智能技术实现精准个性化推荐,满足用户"千人千面"的个性化的新闻资讯需求将成为可能,类似于"今日头条"的个人定制化的精准新闻推送应用将会成为主流。

---

① 《第 37 次中国互联网络发展状况报告》,CNNIC,2016.1.

第8章 社交平台网站商业价值排名及分析

社交平台网站基于人们现实中的社会网络关系,是旨在帮助人们建立社会性网络的应用服务。社交网站的理念首先在国外诞生,短期内即获得显著发展。国内社交平台网站起步虽然较晚,但也在短时间内聚集了海量用户,数次引领中国互联网发展浪潮。本部分结合具体数据统计分析结果,引入具体案例,对社交平台网站商业价值排名结果进行详细分析和阐述。

8.1 社交平台网站概述

社交平台网站的产生,与"六度分隔"理论关系密切,它突出体现了用户与用户之间的某些交互行为。"六度分隔"理论由著名社会心理学教授斯坦利米尔格拉姆(Stanley Milgram)提出,核心思想指的是任何两个陌生人之间所建立的联系,中间只需要不超过6个人,该理论一经发布就引发了关注和争议,但这些争议依旧没有影响它对社交网站出现带来的启发作用。而该理论应用到社交网站中,即通过社交网站,每个个体人的社交圈子都会不断扩张,最终相互关联和联结,并形成一个大规模的社会化网络。

在社交行为的层面上分析来看,社交平台网站通过用户对熟人和陌生人的关注与互动,开放延展了其人际交往圈子,将用户在现实中的线下关系实现了线上和线下的跨越,使得用户和用户之间建立了关系交互,形成了更大的关系网,使得人际关系可以更好地维系。而从技术层面来看,社交平台网站体现的并不是一般意义上的大众传播,而是一个基于个人的网络基础服务,是无处不包含人们交际关系的大众传播。[1]

社交平台网站基于用户及其之间的关系而存在,围绕用户这一中心,在发展过程中主要呈现出了以下几个显著特点:第一,绝大多数的社交平台网站都要求用户提供较为真实可信的个人信息,这也是网站对用户注册账号并创建

---

[1] 牛国强. 基于SNS的中小型图书馆服务价值初探[J]. 新世纪图书馆, 2013(8).

人际关系的基本要求,通过邮件、手机短信验证等方式对用户进行实名认证,以保证交友质量的可靠和有效;第二,现实社交关系的虚拟映射,社交平台网站虽然能够帮助用户建立在网络平台上的虚拟社交关系,但大多数社交网站上的交友圈都以用户现实交友圈为基础向外扩散,网站也致力于维系用户的现实人际关系,并在虚拟平台上对其进行维护和强化;第三,关系自主建立和用户群体的划分集聚,社交平台网站上的关系建立需要经历双向或单项的选择和认证过程,而用户则大多通过兴趣、地域、工作、教育背景等方式被网站进行划分,处于同一单位内的用户更容易建立社交关系;第四,网站功能的强互动性,用户在社交平台网站上交流、对话、讨论、分享自己感兴趣的话题和内容,或发表评论、点赞、转发等行为,都体现了社交平台网站的高互动性,在此过程中,用户也体会了到了强烈的参与感与身临其境感;第五,信息共享的自由开放性,大多数社交平台网站都允许用户自由转发、评论、引用站外资源,部分社交网站还鼓励用户自主上传、生产内容,并基于自身的社交圈子进行自由流通和分享传播。

事实上,随着现代生活节奏的日益加快,良好稳固的人际关系网络可以为个体自身的发展发挥很好的助力作用。社交平台网站让广大用户在分享有价值信息和感兴趣的信息的同时,维系并扩大了自身的交际圈,最大程度地开发人际关系中蕴含着的巨大潜力。正是基于以上这种自由交友的现代理念,才使得社交平台网站获得了如此庞大的用户群体的认可和支持,成为当下甚至未来一段时间内都具备一定商业价值的热点。[①]

8.2 社交平台网站发展历程

回首社交平台网站十余年的发展历程,中间不乏艰辛与曲折。1997 年,SixDgrees 宣告了社交网站时代的正式到来,作为先行者,为后来无数的社交网站开发者带来启发。虽然 SixDgrees 并没有取得预想中的成功,但伴随着网络条件的不断改善,尤其是硬件终端产品的不断升级改造,网站在整体功能性与体验性等方面都获得了长足进步,社交网站也随之迎来了二次发展契机。随后,Friendster 和 MySpace 分别在 2002 年和 2003 年面世,通过上传用户的个人照片,社交网站用户的真实性得以加强,而后来的 Facebook 和 Twitter 等社交

---

① 王铂. 社交网站商业模式研究[D]. 哈尔滨工程大学, 2013.

应用都使得社交网站的流行风潮得以延续。发展至今,社交网站早已突破了交友这一单一职能,而是在此基础上,又衍生出了很多人性化、个性化的功能,极大提升了用户体验,创造了更多的商业价值和社会价值。

随着中国互联网基础设施的不断发展完善,网民数量逐年增加,社交平台网站在中国也迅速生根发芽,逐渐形成一种现象级的社交网络生态。Facebook、Twitter等海外社交网站相继登录中国,开心网、豆瓣网、人人网等国内土生土长的社交平台网站也不断涌现,在用户数量、流量、关注度、市场份额等方面迅速占领高地,短时间内聚集了大量用户,社交平台网站及其相关应用服务的发展已经成为我国互联网行业不可忽视的一股洪流。

国内社交平台网站的发展可以大致分为如下三个阶段:

8.2.1 萌芽期:2003-2004

第一阶段(2003-2004年),是国内社交平台网站发展的最初萌芽期。受到Friendster成功的启发,许多就读于名校的海归精英,回国创办了中国第一批社交网站。当时极具代表性的网站有UUme(友友觅)、亿友网、多多友、you2you(友友网)、YOYOnet(友友网络)、LianQu(联趣网)等,上述网站基本上都是模仿Friendster的既有模式,以"寻找朋友的朋友"为核心宗旨开创了"第二代交友"的新型网上交友模式,也都无一例外地遵循着"六度分隔"理论。然而,这些网站也存在着不可忽视的大量弊端。用户数量增长缓慢,在线活跃使用率过低,用户黏性弱,没有吸引新用户的有效途径,盈利模式模糊不确定等弊端都导致了大部分社交网站用户体验差,营销不力并最终导致资金投入缺乏、网站死亡。而该萌芽阶段,也是社交平台网站起步的主要时期,一大批网络流行歌曲、网络红人、网络事件的出现,都与社交网站的浪潮一起,证明了国内外网民不断发掘出的社交网络的强大力量。社交网站起步初期在中国遭受的冷遇,与国内绝大多数用户还无法接受社交网络的概念有关。

8.2.2 快速成长期:2005-2007

第二阶段(2005-2007年),国内社交平台网站进入快速成长期。相比于第一阶段Friendster掀起中国社交网站初期发展浪潮,中国社交平台网站进入快速发展阶段则是受到MySpace的启发和影响,仅2005年一年,中国就诞生了数百家社交平台网站,猫扑、51.com、UU地带、碰碰网、粉丝网、魔时网、网友天下等都是这一阶段的代表性网站。其中尤为引人注目的是由国内互联网巨头腾讯公司于2005年推出的QQ空间(Qzone)产品,它基于用户需求分析、以兴趣等划分的用户群、年龄职业地域等垂直细分关系三个维度,形成了一个立体空间式的社交网络系统,为用户提供流畅、贴心的个性化服务的同时引导用户主动参与、分享与传播,激发其中蕴含的巨大价值。这一时期,中国社交网站的主要特征包括参与区域多为校园、酒吧等场所,用户则涵盖大量城市流动人口、边缘人口等人群,同城约会、一夜情等现象出现,还加入了视频认证等创新方式。而与此同时,用户数量增长依旧缓慢,竞争区域主要集中在校园并向三线城市拓展,盈利模式依然比较单一,诸如校内网、51.com成为中国社交网站快速发展大军中为数不多的佼佼者。

8.2.3 高速发展期:2008年至今

第三阶段(2008年至今),中国社交平台网站处在高速发展期。这一阶段国内社交网站的发展由Facebook引领,在以Youtube、Twitter、开心网、校内网等社交网站迅速发展并成功的状态下,引发了一轮新的互联网革命,社交网站也真正进入到了中国主流互联网人群市场之中。2008年上半年开心网模仿Facebook的模式,采用了以朋友的名义而进行的含有亲切言辞内容的营销方式,目标用户集中于各大中城市的公司白领中,其中尤以广告、传媒、公关、互联网等社会性和人际互动性较强的行业为主[1],一经上线,开心网就在两年内迅速走红,成为外媒口中中国成长最快的社交平台网站。其中,游戏元素表现尤为突出,模仿Facebook开发的两大明星游戏组件和"偷菜"游戏都吸引了大量用户的关注。此外,校内网也在模仿Facebook的大军中脱颖而出,也成为国内社交平台网站第三发展阶段的领跑者。在这一阶段中,社交平台网站的核心诉求是娱乐,开始实行邀请注册模式,大大小小各类娱乐性、地方性、垂直性的含有社交网站的社区也不断出现。然后在这一阶段中,社交平台网站的盈利模式依旧没有得到充分的发掘,基本运营仍旧依靠投资。

---

[1] 彭现. 社交服务网站的传播特征与盈利模式研究[J]. 中南大学, 2010.

8.3 社交平台网站整体规模

综合来看社交平台网站在我国的发展历程,前后共经历了三个大的阶段。无数网站创始人义无反顾地加入社交平台网站的发展大军,有校内网、开心网等佼佼者异军突起,当然也有友友网、碰碰网等因盈利模式不清晰等原因最终走向末路。在国内本土社交平台网站风生水起之时,海外社交网站也纷纷进军中国,推出中文网站,在助推中国社交平台发展潮流的同时实现了自身的跨越式发展。

近年来国家网络基础设施日益完善,互联网普及率日益提高,中国网民的规模也不断扩大,中国互联网络信息中心(CNNIC)2016 年 1 月发布的最新统计数据显示[1],截至 2015 年 12 月,中国互联网网民规模达到 6.88 亿,互联网普及率为 50.3%,即时通信用户达 6.2 亿,网民使用率高达 90.7%,在网民个人互联网应用服务类别中位居榜首,而社交应用和社区论坛类网站使用人数分别达 5.3 亿和 1.2 亿,网民使用率分别为 77.0% 和 17.3%。

目前来看,国内社交平台网站市场主要分为两大类别,一是汇聚各类信息的综合社交平台类网站,如 QQ 空间、微博等;而另一类则是更为细分、专业、小众的垂直类社交平台网站,如视频社交、社区类社交平台网站、婚恋社交、职场社交等,而在社区类平台网站中也存在众多以兴趣爱好、身份职业区分的垂直类社区网站,如亲子社区、科技社区、留学社区等等。

8.4 社交平台网站分类

社交平台网站的分类具有不同的划分标准,其中包括一些一般性的维度,如根据社交平台网站的目标客户群体所在地[2],将社交网站分为全球性和地方性的社交平台网站,前者包括 Facebook、Instagram 等网站,后者则包括中国的 QQ、韩国的 Line 等;也有根据社交网站针对的目标用户群体,分为面向社会大众的社交平台网站和针对细分市场的社交平台网站。本研究报告综合现有各种分类标准,在"社交平台网站"这个一级分类之下,依据网站内容属性和目标

---

[1] 中国互联网络信息中心(CNNIC)第 37 次报告,2016 年 1 月,第 37 页.
[2] 何娜. 基于价值网的社交网站商业模式分析[J]. 北京交通大学文,2011.

用户群体,将其按照综合类社交平台网站、垂直类社交平台网站、微博(博客)三大类别,分列出了社交网站、综合社区类网站、微博博客网站、亲子社区、留学社区、科技社区等二级分类。

8.4.1 综合类社交平台网站

这类社交网站延续了改良社交网站诞生之初的理念,用户通过网站提供的模板填写完善个人信息,如姓名、性别、年龄、所在地、教育背景等,①并以此个人信息为基础建立虚拟的网络社交关系。用户通过个人主页进行互相访问,通过页面上的新鲜事更新提示了解好友动态,也可以通过留言点评、一起互动网页游戏等方式与好友互动,建立并维系社交关系。这类社交平台网站具有一定数量的用户基数,可以算作是社交平台网站行业里的主力军。

8.4.2 垂直类社交平台网站

这一类社交网站以兴趣、爱好、职业背景等要素划分并触发社交关系,以更加精准的用户定位为突破点,通过重点集中关注某些领域内的专业性质的内容,积攒口碑和人气,进而吸引更多用户。在垂直类的社交平台网站上,用户可以接收和传递自己感兴趣的话题和内容,并与其他网友深入互动。如LinkedIn 网站,作为职业社交网站的领头羊,已经成为众多用户职业生涯发展的重要工具。而豆瓣网,也由于各种各样的兴趣小组赢得了忠实用户,百合网、世纪佳缘等婚恋交友网站也属于这一垂直类社交平台网站。传统社交平台类网站也纷纷加入了垂直类网站的元素,吸引并稳定自身的忠实用户。

8.4.3 微博类的社交平台网站

虽然微博只能发布 140 字左右的短消息,但依旧没有影响到用户的使用热情,因为最早与移动终端互联,用户可以随时随地地把自己的生活分享在微博上,超高的互动性、及时性与开放性是其主要特色与魅力,也为广大用户提供了更多更有价值的信息来源。不同于国外独立微博网站的发展态势,国内各大门户网站也通过自身强大的影响力与媒体公关资源,纷纷开设了自己的微博平台。

---

① 王铂. 社交网站商业模式研究[D]. 哈尔滨工程大学,2013.

除此之外,本研究报告还将社区类网站也划归为了社交平台网站。在2003年以前,中国社会化媒体发展的蛰伏期,论坛、社区类网站的发展进入井喷阶段,人们生活的各个方面都以互联网社区和论坛的形式实现,每个拥有自己独特兴趣爱好的用户都能在专业论坛和社区网站中找到自己想要的资讯和信息,而对于各类门户网站和功能性专题网站来说,也都更加愿意开设自己的论坛和社区,在促进网友之间更深入、更全面交流的同时,增强网站的互动性与趣味性,丰富网站内容,从而培养网站忠实用户,创造更大的商业价值和社会价值。社区类网站从创建发展至今,网络社区和网络论坛的开放性、互动性和共享性成功吸引了海量用户,逐渐成为网民发表观点、发布言论、获取资讯、互动交流的重要渠道和平台。在综合类社区网站的基础之上,依据兴趣爱好、身份特征、职业教育背景等标准划分形成的各类专业性社区网站,更是为有些具有特定需求的用户搭建了更为专业的沟通平台,在这里,网友可以更为便捷地获取有效信息、提升信息获取效率、减少沟通成本,也更容易建立起与自身兴趣爱好相同、身份职业教育背景相似的交际圈。这适应了社区类、论坛类网站用户需求进一步细分的现实需求。基于特定用户需求的社区服务模式也进一步成熟,社区营销、电子商务、虚拟物品、社区网络游戏等多种盈利模式齐头并进。

8.5　社交平台网站商业价值排名

社交平台网站的商业价值由于其盈利模式的多样化与模糊化,通过量化统计较难整理与呈现。本报告对于社交平台商业价值的测量采用层次分析法得出综合得分,并以此为依据进行排名。

8.5.1　社交平台网站商业价值 TOP50

该综合得分主要由百度收录页面数量、平均响应时间、日均访问量、人均页面浏览量、竞价次数和广告均价等指标构成,充分考虑了社交平台的特征、优劣势与商业价值。TOP50 的社交平台总排名如下表所示:

表 8-1 社交平台网站商业价值 TOP50

排名	网站名称	排名	网站名称
1	新浪微博	26	凯迪社区
2	天涯社区	27	重庆购物狂
3	百度贴吧	28	常熟零距离论坛
4	中华网社区	29	威锋网
5	豆瓣	30	中国儿童资源网
6	又拍网	31	宝宝地带亲子网
7	新浪博客	32	信用卡论坛
8	宝宝树	33	六一儿童网
9	淘宝论坛	34	重庆购物狂论坛
10	晋江论坛	35	卡饭网
11	3DMGAME 论坛	36	CNTV 博客
12	领英	37	猫扑网
13	企业微博	38	CSDN 论坛
14	水木社区	39	凤凰博报
15	央视网微博	40	LOFTER
16	个性网	41	5068 小游戏
17	珠宝大家坛	42	汽车之家汽车论坛
18	吾爱破解论坛	43	机锋论坛
19	西祠胡同	44	博客园
20	数码之家论坛	45	Discuz
21	腾讯微博	46	麻辣社区
22	育儿网	47	2ch 中文网
23	开心网	48	CSDN 博客
24	61 宝宝网	49	A9VG 电玩部落论坛
25	凯迪网络	50	世纪佳缘

在总排名的分布方面,TOP50 内的社交平台大致可以分为三个梯队:第一梯队是新浪微博、天涯社区、百度贴吧、中华网社区和豆瓣;第二梯队为又拍

网、新浪博客、淘宝论坛等网站(第6至第25名);第三梯队为常熟零距离、威锋网、卡饭网等(第26至50名)。

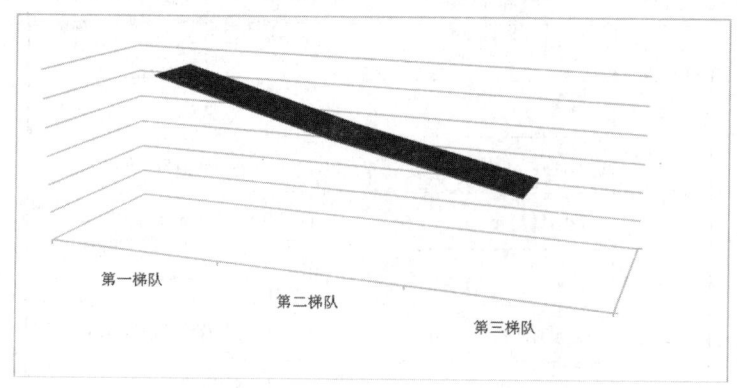

图8-1 社交平台网站梯队间最大得分差

也就是说,第一梯队中社交平台的差距最大,两极分化最为严重。新浪微博与天涯社区总得分相近,之后的百度贴吧、中华网社区和豆瓣网之间的差距较大。而在第二梯队中,以淘宝论坛和晋江论坛差距最大,但只相当于第一梯队中的平均差距,且存在两极分化的现象。最后,第三梯队的最大得分差最小,可谓"齐头并进"。

从这一分析中我们能够看出,社交平台之间商业价值的差距随着排名降低而递减,也即是说,排名越靠后的平台其商业价值越接近。从整个行业和市场的角度来看,社交平台仍旧处于垄断竞争市场之中。在商业价值的对比中,具有寡头优势的新浪微博、天涯社区和百度贴吧等社交平台能够创造的商业价值远高于排名靠后的平台,但这一差距并非是完全垄断的,且寡头之间的差距仍旧存在。而在寡头之下,分布着许多相近的较小规模的社交平台,可以视之为分层的完全竞争市场。在这一市场中,每个社交平台所创造的商业价值相近,故有利于开创新的盈利和商业模式,也使市场能够发挥其配置资源的作用。总体来讲,我国社交平台领域既有历史悠久、发展迅猛的领军平台,也有百花齐放、百家争鸣的中小平台。

8.5.2 社交网站商业价值TOP20

社交网站属于社交平台中较为重要的一部分。与社交平台的分析一样,我们选取商业价值总得分TOP20的社交网站进行排名与数据分析。

表 8-2 社交网站商业价值 TOP20

排名	网站名称	排名	网站名称
1	又拍网	11	百合网
2	领英	12	朋友网
3	开心网	13	幸福婚嫁网
4	世纪佳缘	14	兴趣部落官方网站
5	微信	15	QQ 空间
6	人人网	16	微博认证名人堂
7	中国领英	17	百度空间
8	珍爱网	18	QQ 秀
9	花田	19	QT 语音官方网站
10	知己交友中心	20	坏男孩学院

8.5.3 综合社区网站商业价值 TOP20

表 8-3 综合社区网站商业价值 TOP20

排名	网站名称	排名	网站名称
1	天涯社区	11	吾爱破解论坛
2	百度贴吧	12	西祠胡同
3	中华网社区	13	数码之家论坛
4	豆瓣	14	凯迪网络
5	淘宝论坛	15	凯迪社区
6	晋江论坛	16	重庆购物狂
7	3DMGAME 论坛	17	常熟零距离论坛
8	水木社区	18	威锋网
9	个性网	19	信用卡论坛
10	珠宝大家坛	20	重庆购物狂论坛

8.5.4 微博博客网站商业价值TOP20

表 8-4 微博博客网站商业价值 TOP20

排名	网站名称	排名	网站名称
1	新浪微博	11	网易博客
2	新浪博客	12	搜狐微博
3	企业微博	13	腾讯博客
4	央视网微博	14	博客中国
5	腾讯微博	15	东方财富博客
6	CNTV 博客	16	卢松松博客
7	凤凰博报	17	搜狐博客
8	LOFTER	18	微博台湾站
9	CSDN 博客	19	网易微博
10	喷嚏网	20	中金博客

8.5.5 亲子社区网站商业价值TOP20

表 8-5 亲子社区网站商业价值 TOP20

排名	网站名称	排名	网站名称
1	宝宝树	11	妈妈网
2	育儿网	12	91baby
3	61 宝宝网	13	摇篮网
4	中国儿童资源网	14	宝宝吧
5	宝宝地带亲子网	15	广州妈妈网
6	六一儿童网	16	妈妈圈
7	5068 小游戏	17	太平洋亲子网
8	父母邦	18	中国婴童网
9	播种网	19	有伴网
10	妈妈说	20	妈咪爱婴网

8.5.6 留学社区网站商业价值TOP20

表8-6 留学社区网站商业价值TOP20

排名	网站名称	排名	网站名称
1	51offer	11	新东方前途出国
2	寄托天下	12	澳际教育
3	Zinch 中国	13	东方留学网
4	小站教育	14	贯通日本
5	一起去留学网	15	天道留学
6	中英网	16	艾迪国际教育
7	ChaseDream	17	搜狐出国
8	小马过河教育网	18	尚友网
9	新通国际	19	百利天下留学
10	你好网	20	留学360

8.5.7 科技社区网站商业价值TOP20

表8-7 科技社区网站商业价值TOP20

排名	网站名称	排名	网站名称
1	卡饭网	11	微小网
2	博客园	12	人人都是产品经理
3	果壳网	13	程序员联合开发网
4	钛媒体	14	电子工程网
5	小众软件	15	中国无线门户
6	科学网	16	威锋网
7	爱活网	17	BIOS之家
8	ZEALER	18	极客公园
9	36氪	19	知识库_博客园
10	牛华网	20	爱范儿

8.6 社交网站商业价值分析

以开心网、百度贴吧、豆瓣、百合网等为代表的社交网站,在十余年的发展历程中,一直都在不断尝试探索并创新自身盈利与综合发展模式,不断挖掘自身商业价值潜力,以用户及其人际交往圈为核心资本,不断发挥更大的社会价值,成长壮大为中国互联网生态中的重要力量。

8.6.1 社交网站盈利模式分析

社交网站将人与人之间现实生活中的社交活动与关系在网络平台上实现了模拟和还原,不但为广大用户带来了社会价值,还创造了不可小视的商业价值。为了确保网站的持续性发展,实现盈利是其重要目标。社交网站在其发展初期通过大量资金投入,采取提供免费服务的方式,吸引海量用户,建立起自己的用户基础,更多会关注用户的体验和兴趣,比如提供组件、应用、娱乐游戏等产品,目的都是增强用户粘性,提高用户对网站的忠诚度。而当资金投入到一定程度,如果没有一定的盈利业务来弥补大量资金投入造成的网站亏损,就很容易造成网站资金链的断裂,使得网站走向衰落。因此,在大量用户的基础上,社交网站如何选择合适的盈利业务和推广模式,将用户资源转变成网站盈利资源,同时减少对用户体验的影响,都变得尤其重要。综合来看,目前国内社交网站的盈利模式可以归纳为如下几类。[①]

(1) 广告

广告的本质是传播,是为了实现某种特定需要,通过一定形式的媒体,公开向公众广泛传递信息的传播手段。随着互联网用户数量的快速增长,网络广告细分领域的营销方法也进一步体系化,逐渐形成了搜索引擎广告、综合门户广告、网络视频广告、网络社区广告、广告联盟与广告网络[②],而社交网站广告就属于其中的网络社区广告一类。目前,广告业务作为社交网站最原始的盈利模式,是其最为核心的业务类型和主要收入点。

社交网站的广告业务有很多种类型,比如在社交网站的首页顶部或者两边放置宣传文字、图片或动画格式的广告,以最直接的方式进行宣传;或者为

[①] 李广春. 社交网站盈利模式与发展探讨[J]. 技术经济与管理研究, 2013(9).

[②] 刘晓丽. 中国社交网站 SNS 盈利模式研究[D]. 西南石油大学, 2012.

某个企业建立专门的品牌主页,在主页上进行营销业务的推广;也有发布相关产品的促销信息,或在游戏、娱乐模块进行广告的植入宣传,抑或提供在线活动赞助等各种广告业务。① 根据社交网站的具体情况,可以将社交网站广告分为如下四种类型。

网页广告。社交网站的网页广告一般出现在用户登录页面、用户个人主页、页面两侧和页面底端等区域,是最常见的广告形式。与门户网站、垂直网站相比,前者在广告位的多少、分布、受众的关注程度上都具有比较优势。然而凭借较高的用户数量、点击率,以及实名制、高活性、强针对性等特性,社交网站还是吸引了大量的广告投放,并且创造了较为有效的广告传播效果。

精准投放式广告。实名制是社交网站的一大特点,基于较为完备的用户个人信息,追踪用户浏览内容与行为成为可能,可以了解到用户深层次的习惯与偏好,有利于广告的精准投放。因此,精准投放式广告可以算作社交网站最有潜力的利润来源。把广告投放在与产品最为相关的兴趣群组或者直接进行赞助,是企业在社交网站中进行广告精准投放的最常见方式。

植入式广告。社交网站拥有庞大的用户基数,而植入式广告将商品品牌融入娱乐元素中,具有较高的隐蔽性,二者结合,更加容易取得用户的认同感与好感,消除用户观看广告时的反感心理,在潜移默化中接受品牌广告。组件植入是中国社交网站植入广告的最主要渠道。植入式广告在抓住用户的高效注意力资源上具有较强优势,有利于广告接触质量的提高,为广告商带来巨大的广告效益。但同时也要注意到,植入式广告比较适合具有较高受众认知度的知名品牌。

公共主页广告。公共主页广告自 2010 年左右成为中国社交网站中出现的新型广告形式。公共主页最早的内容以明星、媒体和社会组织为主,除了构建基本的社交网络以外,还提供了用户与明星之间的沟通渠道。社交网站利用公共主页的优势进而保持用户的忠诚度以及自身的商业化运作。同时,广告主也向公共主页持续投入资金来进行企业的品牌拓展。

(2)注册用户收费

向部分注册用户提供收费服务是社交网站盈利的重要途径之一。在操作层面,主要有两种方式,一是直接向用户收取费用,为付费用户提供更多个性化的升级服务。腾讯最早创建了会员收费模式,针对用户偏好差异将 QQ 会员

---

① 李广春. 社交网站盈利模式与发展探讨[J]. 技术经济与管理研究,2013(9).

进行细分,如针对游戏用户的蓝钻、音乐用户的绿钻、空间用户的黄钻等。新浪微博也向"微博会员"按月收取资费,为其提供有偿的专属服务。二是鼓励用户购买虚拟货币等进行虚拟物品交易,以获得更多增值服务。这种方式通常与社交网站的特定用户群和网站定位相结合,如世纪佳缘、百合网等婚恋网站,高级别的会员可以享受到查看更多用户照片等服务,而网页游戏则依托社交网站庞大的用户基础吸引新玩家,主要通过购买虚拟货币进行虚拟交易,获取收益。

(3)与第三方应用利润分成

通常来看,社交网站建立初期,都采用自身开发应用程序的方式,但随着网站规模的发展壮大,人力资源、资金流、开发风险等制约因素都促使社交网站普遍选择开放应用程序接口(API),吸引更多的开发者,为其提供现有平台,合作利润分成。简单来说,就是社交网站开放平台,提供一定数量的 API 接口,允许第三方开发的应用软件接入到自己的社交网站中,将获取的利润进行一定比例的分成。这种模式既可以满足网站和网站用户的需求,又可以为开发者带来盈利收入。最常见的就是在社交网站上开发社交游戏,这类社交游戏种类繁多、简单易操作、趣味性强,有利于增强用户之间的互动和交流,同时也在玩游戏的过程中不断添加好友,进一步扩大了社交网站的用户基础。除此以外,电信运营商、手机厂商等也与社交网站进行合作,主要是社交网站与电信运营商和其他金融机构合作收取服务费。①

(4)电子商务模式

流量资源是社交网站和电子商务结合的最大优势所在,因此很多社交网站选择把电子商务作为新的盈利突破口。电子商务具有多种类型,包括 C2C、B2B、生活服务等。社交网站充分利用自身网站的用户资源,根据不同层次、不同类别的用户群体,发布具有较强针对性的电子商务信息,不仅满足了网站用户的购买和生活需求,同时也拓展了社交网站自身的多重服务功能,也为商家和广告主提供了高效的传播平台,通过使商家的虚拟店面进驻到社交网站上,收取租金,以成功交易量为核时报酬的方式②,实现双方的盈利目标。人人网就曾经推出"人人分期"服务,专门为在校大学生提供分期付款的购物平台,所涉物品包括服饰箱包、数码产品、美容护肤产品等多样商品,而合作商家则包

---

① 李广春. 社交网站盈利模式与发展探讨[J]. 技术经济与管理研究,2013(9).
② 李广春. 社交网站盈利模式与发展探讨[J]. 技术经济与管理研究,2013(9).

括京东、国美、亚马逊等知名电商平台。除此以外,团购也是社交网站开展电子商务服务的一种形式。

8.6.2 社交网站SWOT分析

社交网站在我国网民中的覆盖率为61.7%,微博覆盖率为43.6%。整体来看,用户呈现年轻化、高收入、高学历的特征,其中即时通信用户年龄则相对较大。

社交网站、微博、即时通信这三类应用既有社交类应用的基本属性,又有其各自的特点,社交网站、即时通信偏于沟通、交流、互动,微博则更偏向信息传播,让人们从中获取新闻资讯,三类应用互为补充。33.7%的网民同时使用社交网站、微博和即时通信工具这三类产品来满足他们不同的需求,用户的重合度高。①

社交网站对新闻网站、电子商务网站、视频网站等都有流量带动作用。

社交类应用与新闻资讯类网站:社交类应用普及后,网民网上收看新闻资讯的渠道从单一的新闻资讯类媒体转变成以新闻资讯类网站为主体,微博、社交网站并存的格局。② 当用户网上浏览新闻资讯时,除了新闻资讯类网站以及新闻客户端外,21%的网民会通过微博关注新闻,13.9%的网民会通过社交网站关注时下发生的热点问题。③

社交类应用与网络购物:当前网民的社交购物意愿和意识还不高,23.8%的网民愿意分享购物信息,35.8%的网民愿意购买别人推荐的产品。网民的社交购物习惯尚需不断培育,才能发展壮大。④

社交类应用与网络视频:65.8%的网络视频用户会在微博或社交网站里收看别人推荐的视频,55.1%的人愿意在微博或社交网站里点击进入视频网站收看视频。社交类应用对于网络视频的推广来说是一个非常好的选择。

总的来看,社交网站的优势主要表现在以下几个方面:

第一,社交性与互动性强。社交网站及其功能应用都基于用户的社交关

---

① CNNIC:2014年7月中国社交类应用用户行为研究报告—大数据观察。
② 黄楚新、王丹. 媒体融合时代下的传统媒体转型[J]. 中国传媒科技,2014(21).
③ 原黎黎. 社会主义核心价值观的"微"传播路径[J]. 赤峰学院学报哲学社会科学版,2015(2).
④ CNNIC:2014年7月中国社交类应用用户行为研究报告-大数据观察。

系和社交需求,社交性是社交平台网站的最大特点,也是最为显著的优势之一。通过文字、图片、视频等内容和好友分享日常生活与心情内容,是社交网站最主要的功能性特征,使得现实社交关系得以在互联网的虚拟平台上延伸并加强,将社交功能这一网站的从属性功能转变成了网站的核心业务类型,创造了互联网平台应用的新生态。

第二,具有较高的商业价值。用户及其需求是广告主的核心盈利点,而用户同时也是社交网站最根本性的优势资源。社交网站上拥有大量用户,并通过病毒性传播的方式,用户数量得以不断扩展。社交网站利用其用户可以为广告主提供前所未有的用户资源。此外,社交网站上多以兴趣等内容划分用户群组,更有利于产品广告的精准到达,提高广告传播的有效性。海量用户数量和较为细分的用户群组特征使社交网站具备了其他网站不可比拟的商业价值。

同时,社交网站的劣势主要表现在以下几个方面:

第一,网站内容设计同质化导致用户流失。由于社交网站上用户社交圈都是基于自身的现实社交关系而建立并加以扩展的,因此在用户的社交圈扩大到一定程度之后,新用户的增长速度就会放慢。而社交网站内容设计的高度同质化,容易在短时间内导致用户兴趣与使用新鲜感的丧失。当网站内容没能继续扩展或丰富,用户流失速度就会增快,对网站运营产生极为不利的影响。

第二,实名制与网民追求互联网中的虚拟性体验产生矛盾。为了保证社交网站上的个人信息真实可信,加强对社交网站安全性的管理,确保广大用户的个人安全和利益,我国目前的社交网站普遍实行实名制注册登录制度。用户只有使用真实有效的个人信息注册登录之后,才能享受网站提供的所有内容和服务。这一点无法满足网民对与现实生活中不同的虚拟性与隐蔽性体验的需求。

社交网站的机遇主要表现在以下几个方面:

第一,社交网站未来发展前景广阔。纵观近几年的中国互联网发展报告,中国的网民数量仍然在持续增长,而使用社交平台网站的用户数量也在不断增加,这为社交网站的发展提供了广阔前景。伴随着互联网的继续深入普及,在网络平台上进行社交关系的拓展和维护日益成为普通人的日常需求,与此同时,社交网站的功能和应用也在不断丰富和发展。

第二,相关条例规范日益完善和用户媒介使用素养不断增加。由于与现实生活存在较为密切的关联和联系,社交网站在众多类型的网站中具有最高的安全风险。相关规范和条例的日益完善为确保用户个人信息安全和网站自身的成熟发展都提供了重要保障。而用户媒介使用素养也在不断提高,信息保密、个人隐私保护等意识都在不断增强,为自身虚拟社交关系的维护和未来社交网站的持续发展保驾护航。

社交网站的威胁主要表现在以下几个方面:

目前,移动端的社交应用对传统类型的社交网站来说是最大的发展威胁。相关调查报告显示,我国移动网络用户数量的增长速度仍然居高不下,而使用手机、平板电脑等移动平台登录社交应用也逐渐取代了传统的在 PC 端浏览社交网站。相较于社交网站,移动端社交应用更能满足用户随时随地收发好友信息、与好友跨越时间空间阻隔进行活动的更深层次、更广范围的社交需求。而移动端的社交网站登录过程繁琐,也在逐渐被用户所摒弃。此外,伴随着手机网络功能的日益完善,传统 PC 的功能日益被商务性、功用性功能所侵占,而移动端的娱乐、社交属性正在逐渐占据主流,这些都对传统社交平台类网站的未来长足发展造成了一定的威胁。

8.6.3 社交网站代表网站分析

虽然社交网站在我国起步较晚,但发展速度非常可观,先后出现了开心网、人人网等行业领军者,在中国掀起了一次次社交网站发展热潮。本报告选取开心网和百合网作为典型案例进行分析。

(1) 开心网

美国社交网站 Facebook 的巨大成功启发了一众国内本土社交网站的建立和发展,开心网是其中最为成功的典型代表。2008 年,程炳皓正式创办开心网,网站的愿景是"与朋友、同学、同事、家人分享你的生活和快乐",希望能帮助更多人开心一点。网站自从开办以来一直致力于为中国网民提供一个开心的互动平台,在这个平台上与朋友、同学、家人等维系现实中的亲密关系,及时了解他们的动态,通过在线分享心情、照片、日记和相互评论转载等轻松方式互动传递最为简单和纯粹的快乐。开心网一直秉承实名注册的原则,虽然在网站内容上对 Facebook 进行了一定程度的复制,但凭借对用户独特用户体验的重视,迎合了国内用户的使用心理和需求,在某些组件上加入了创新之举。综合来看,开心网不仅融合了传统的博客、BBS、电子邮件、即时聊天等多种形式的网络服务和工具,还在此基础上添加了各种应用程序,形成了自己独具特色的网络传播形式,构建了基于用户需求的综合化服务平台。RSS 订阅机制则通过订阅与好友的链接,在第一时间将好友的内容更新以及别人对"我"的任何回应都显示在 RSS 订阅器上,是一种及时、高效的交流反馈模式,任何内容信息都是建立在用户自己对信息的把关上,充分体现了网络时代信息传播的特点。

(2)百合网

自从 2003 年效仿美国婚恋交友网站的成功模式,婚恋交友类的社交网站在我国广泛流行开来,巨大的市场潜力和用户规模都冲击和挑战着传统的婚恋交友模式,形成了一类具有良好发展前景的新兴产业[①],百合网就是其中发展模式较为成熟的典型代表。百合网在创立之初从美国引进了心灵匹配测试系统,通过对 3000 多对现实夫妻的调研,设计了一套独立的心理测试题目,只有完成 200 道测试题才能在网站上注册成功。网站首页主题色是柔和温暖的橙色,提供在线会员、最新会员、爱情搜索、我的百合等多样服务;用户还能通过提升身份级别,查看视频认证、优先排名、搜索优先、反向搜索等服务满足自身的网站使用需求。网站针对不上网的用户和高端 VIP 用户还提供线下服务,创办实体相亲店,覆盖区域包括上海、北京、深圳、杭州、大连等大中城市。发展至今,网站实行会员实名注册制,非实名认证用户在网站功能使用权限上将受到极大限制,例如不能主动向别人发信,付费 VIP 会员也必须通过实名认证,否则无法完成支付。除此以外,百合网还在尝试将产业链延伸到婚姻家庭咨询,和全国妇联一起向人力资源和社会保障部提请设立了"婚姻家庭咨询师"这一全新的国家职业资格,在行业内特色鲜明。

8.6.4 社交网站问题及趋势分析

用户是社交网站立身之本,无论是网站内容设计还是盈利模式的选择,都应该紧紧围绕用户的需求来进行。社交网站最终都将盈利作为自身发展的重要目标,如何将营销信息渗透到用户的线上和线下人际关系网络之中,让每个用户都成为自觉的网站品牌传播者引发病毒式扩散效应,成为社交网站最大化成就其自身价值的重要挑战。综合来看,社交网站主要存在如下几大问题:

---

① 胡瑕. 中国婚恋网站的盈利模式研究及建议[D]. 上海师范大学, 2012.

(1) 用户粘性不够

用户粘性指的是用户对一个网站的使用程度,包括依赖度、深入度、忠诚度等指标。目前,使用并注册社交网站的用户数量在不断增多,然而用户的网站实际访问量增长缓慢,活跃度降低。通常在发展初期阶段,社交网站都比较重视用户的社交需求,为用户建立起强大的社区归属感。但伴随着用户群的固定,为了进一步吸引和刺激现有用户,社交网站往往会更加注重其娱乐功能的拓展,忽略交友的基本职能,这容易导致网站自身服务和功能定位不准确,与其他类型的网站同质化倾向严重,很容易失去用户。同时,个人隐私和信息安全问题是社交网站一直被诟病的两大局限,这些障碍也导致了用户粘性的下降。

(2) 网站设计同质化倾向日益严重

综合国内社交网站的发展历史和经验,我国社交网站的出现和发展往往受到了国外优秀社交网站成功经验的启发,这也就导致国内社交网站在设计、功能与盈利模式等方面都存在模仿西方网站的现象。这些网站在页面风格、板块设置、服务内容上大同小异,使得用户在使用这些社交网站时常常产生熟悉之感,长此以往,用户会因为丧失使用时的新鲜感而降低对社交网站的依赖程度。

(3) 盈利模式单一,传统盈利模式无法焕发新生力量

目前,网络页面广告依然是社交网站的主要盈利方式,但实际上在以人际关系为核心资源的社交网站上集中投放品牌广告的方式产生的效用很低。再加上,为了不影响用户的使用体验,广告往往被放在网页的四周,真正能够吸引到用户注意力的广告数量极少。而日渐兴盛的注册会员收费制度也存在一定的发展瓶颈,在用户付费使用有偿服务的意愿不强的前提下实行这种盈利模式,很容易导致用户量的流失。造成目前社交网站盈利模式单一低效的一个重要原因是社交网站的价值链普遍较短,社交网站以用户的人际关系和交际圈为主要资本,但盈利点并不应该仅仅局限在这一核心资源基础上,社交网站的价值链越长,可衍生的盈利模式就会愈加丰富。

基于以上问题和目前的互联网生态,国内社交网站为取得长足发展,需要继续深化基于用户核心需求的应用和服务,深化自身服务内容和产品性质定位,在对用户群体及其使用习惯进行细分的基础上满足用户特定的个性化需求,不断追求产品和应用服务的多样化,延长价值链,不断为用户带来新鲜感,增强用户粘性与忠诚度;要开发新型广告模式,基于特定用户面貌进行精准营

销;以电子商务为导向,依托用户及其交往人际圈实现持续盈利,保证网站的更新与发展。

8.7 综合社区网站商业价值分析

伴随着网络生态的发展成熟和网络用户规模的不断发展壮大,综合社区类网站更深层次地嵌入到了人们学习、生活和工作的方方面面,用户根据共同的兴趣爱好、职业身份、专业经验等交流沟通,分享信息和感想,相互帮助并建立关系。而对于网站本身来说,在这样一个具有较强综合性、互动性与虚拟性的网络平台上,如何保持更深层次的用户间互动,维系老用户的同时成功吸引新用户,并利用用户对网站的依赖与卷入度开发其商业价值,进而选择更好的盈利模式,都值得社区网站经营者本身深入思考。

8.7.1 综合社区网站盈利模式分析

综合社区类网站作为电子商务的一种商业模式已经获得了广泛认同,也创造了广泛的商业价值。但在此基础上,如何更好地挖掘综合社区网站的商业价值并获得相应的投资回报,成为综合社区网站经营的核心问题。综合社区网站要实现商业价值,必须选择能够实现盈利的主要收入来源方式。① 总的来看,综合社区类网站的盈利模式主要有如下几类。

(1)广告

将广告作为自身最为核心的盈利方式是目前国内很多综合社区类网站的主流选择。社区网站由于聚合着企业的目标顾客而更容易得到企业的青睐,越来越多的企业也选择将广告投向综合社区类网站。社区网站的广告收入直接与网站的流量挂钩,网站流量越大,相应地广告收入也就越高。相较于用户量广大的社区网站,一些刚刚起步的不知名的社区网站,通常碍于点击流量小,而造成广告收入也比较有限。此外,综合社区类网站的广告收入还受到网民特征的影响,企业和广告主是否向社区网站投放广告主要取决于该社区网站的主要网民是否恰好和企业的目标顾客相吻合。

综合社区网站的广告模式主要包括:在首页或网页两侧、顶端、底端等位

---

① 王建业,马玉洁. 国内社区网站盈利模式探索[J]. 商业经济,2010(10).

置刊登传统的文字与图片广告;品牌植入式广告;与品牌合作开展的互动营销式广告,通过将产品与用户结成好友而开展进一步的互通共通。由于植入式广告的隐蔽性较好,对于用户在使用社区网站过程中的体验直接影响较小,因此被用户接受的程度较高。但目前来看,品牌植入式广告还只是大量存在于社区网站的一些游戏内容当中,很容易受到用户对游戏本身是否有兴趣的影响。

(2)提供收费服务

凭借自身社区网站内用户的独特性,提供其他社区所无法提供的独特的产品和服务,也是目前综合社区类网站盈利的一种主要模式。具体方式多种多样,包括通过网站销售产品,实行注册会员收费制,提供个性化、定制化的有偿服务,产品招商、信息整合,付费推荐和抽成盈利等多种方式。[1] 综合大多数社区类网站的发展历程来看,这种盈利模式更适合于已经处于发展后期的网站。在社区网站发展前期,收取会员费用会直接抑制用户数量的增长。而社区网站的生命力源自网站用户的踊跃程度,聚集的人数越多,用户间的互动越频繁,浏览社区和注册会员数量也就越多。而只有在较大数量的用户规模基础上,社区用户对社区网站才会产生强烈的忠诚度和服务需求,向注册会员提供有偿的服务才能确保商业价值的实现。否则,在用户规模较小、用户忠诚度欠佳的发展阶段提供有偿服务,容易导致服务或产品无法对用户形成足够的吸引力,该模式也就不能给社区网站带来盈利。

需要注意的是,目前多方用户调研结果都显示,大多数网民都不愿意接受线上会员收费的制度,这一方面是因为大多数国内的综合社区网站都尚处于发展初期,免费的服务模式培养了用户免费享受网络服务的习惯;另一方面也反映出了各个网站提供的服务和产品差异化较小,服务项目和产品并不能吸引用户主动为其支付费用。

(3)网页游戏

游戏类产品一直享有较好的用户基础,而越来越多的社区类网站也将网页游戏作为其盈利模式的重要组成部分。与广告本身相比,网页游戏本身具有较强的互动性和趣味性,能吸引用户的同时为网站带来丰厚收益,同时为社区网站提高用户活跃度和流量,对该类网站本身的经济收入和网站用户粘性都能产生较为显著的帮助。有调查显示,一旦用户选择某款网页游戏并体验

---

[1] 王建业,马玉洁. 国内社区网站盈利模式探索[J]. 商业经济, 2010(10).

过后,通常会持续玩一年以上。基于此,网页游戏将有可能发展为综合社区类网站新的利润增长点。但同时也应该注意到的是,网页游戏相比其他类型的游戏缺乏对用户的长期强效吸引力,这一点将在一定程度上影响该盈利模式的持久效用。

8.7.2 综合社区网站 SWOT 分析

综合社区网站由早期的 BBS 逐步发展而来,至今仍有海量的活跃用户,是陌生人社交、兴趣社交的主要平台。较有代表性的综合社区网站包括百度贴吧、天涯社区、豆瓣社区、铁血社区、西祠胡同等。综合社区网站近年受到社交网站等的冲击,增长率不容乐观。2012 年的时候,CNNIC 发布的《第 29 次中国互联网络发展状况统计报告》显示,2012 年社区/论坛用户为 1.4469 亿人,增长率为负 2.3%,是综合社区网站诞生十多年来的首次负增长。

综合社区网站的优势主要表现在以下几个方面:

第一,能够满足网民虚拟性体验的网络使用需求。在综合社区类网站发展初期,用户的姓名、性别、年龄、身份、职业等个人信息都是被隐藏的,网民只是以虚拟化的符号或代号出现。这种虚拟性与网民最初的互联网使用需求是相契合的,而且还在一定程度上避免了用户因身份、社会阶层不同等因素的限制而产生的社交阻隔。这种被隐匿的快感给用户造成了一种与现实社会脱离的感觉,现实中的压力与不满得以在互联网中被宣泄和倾诉。

第二,前所未有的开放性。互联网"去中心化"的特点在综合社区类网站上得到了充分体现,严密的层级制和繁琐的规章条例的约束都不复存在,社区管理员的职责范围也较为灵活宽泛。不同性别、地域、年龄、身份、职业、教育背景、社会阶层的海量网民,跨越这种种障碍实现了彼此之间的交往和互动。以兴趣等为标准划分出的各种细分群组,使得专业信息能更加精准地进行传递,传统的中心化控制的传播方式被消解,平等、自由、开放的信息交流空间得以被建立。

综合社区网站的劣势主要表现在以下几个方面:

第一,个人隐私与信息安全是综合社区网站发展的弱点。极大的开放性使得各类用户可以无门槛地进入社区网站,成为社区网站用户群的一员。与此同时,个人信息安全与隐私保护成为社区网站发展的一大限制因素。高互动性与高认同感使得在各个细分社群之内的用户具有强烈的凝聚力与归属感,过多私密信息的暴露对用户个人隐私安全带来威胁。

第二,综合社区网站成为谣言的温床。互联网平台使得谣言的传播比以往更加快速、范围更大、影响更深、危害更重。综合社区类网站人员类型复杂,各类思想意识形态汇聚,其中不乏思想偏激的用户利用该平台恶意传播谣言。社区类网站中人际传播的快捷、及时反馈等特性为谣言的滋生和传播助力。

综合社区网站的机遇主要表现在以下几个方面:

第一,社区类网站功能应用不断细分,盈利模式不断丰富。为了吸引新用户,同时增强已有用户粘性与参与度,综合社区类网站通常会选择细分的发展道路,通过更多划分标准将用户分为更多群组,有利于通过核心话题吸引并维护强卷入用户。由此,社区网站的商业价值也可以得到进一步的开发,盈利模式不断丰富完善,为综合社区类网站的长足发展提供动力。

第二,相关法律规章与制度性条例不断完善。隐私保护、个人信息安全等因素限制了综合社区网站类的持续发展,为此,及时针对相关具体问题出台有效的管理条例和规章制度,有利于维持社区网站内公开有效的信息传播,肃清有毒有害信息的无节制传播,保障社区网站用户的个人信息安全与绿色互动生态。

综合社区网站的威胁主要表现在以下几个方面:

综合社区类网站往往成为民众自主表达意愿的自由园地,如果不加规范和引导,非常容易滋生偏激、极化的群体意识,而群体意识持续发酵则容易导致群体性社会事件的发生。在长时间的互动交流过程中,社区网站的用户彼此之间建立了深刻的社交关系,这种社交关系与身份、地位、个人利益等无关。而一个社区内的用户对彼此之间都有很深的情感认同,容易产生信赖感,作为一个"共同体"往往更加容易产生并激发群体意识,并在内外力因素的刺激激发下发展成为群体性社会事件,甚至从线上延伸到线下。这一点使得社区网站内的信息传播规制成为必要举措,同时有利于引导社区网站朝着更加积极的方向发展。

8.7.3 综合社区网站代表网站分析

论坛社区又称网络论坛 BBS,是互联网上的一种电子信息服务,提供一块公共的电子白板,用户在上面发布信息,交流个人看法,更像是一种交互性强、内容丰富、反馈及时的电子信息服务系统。[①] 在中国互联网十余年的发展历程中,社区类网站的发展进入一个井喷期,提供多种服务的综合类社区网站和各种细分领域的社区网站纷纷出现,本报告选择天涯社区和豆瓣网进行具体分析。

(1)豆瓣网

2000年,随着Web 2.0的提出与发展,国内社区类网站逐渐向专业化方向发展,目标用户和受众日益精准,社区网站日益小众化、专业化。豆瓣网就是2000年专业社区论坛网站发展的产物之一,网站以产品和技术为核心,生活和文化为内容,提供创新的网络服务。具有较高学历和教育背景的都市青年群体是豆瓣的核心用户群,他们热爱生活,喜欢阅读、音乐、旅行、音乐会,活跃于不同的兴趣小组,热衷于参与各种线上线下活动。在用户引导上,豆瓣强调用户的深度参与,参与越多,收获和感想也就越多。[②] 用户路线上,网站采用分散的集中模式,线上产品分布是分散,不同功能都被排布到了相应的产品页面上,而集中则体现在对用户的管理上。豆瓣非常擅长的是在海量的用户行为中挖掘和创造新的价值,并通过多种方式返还到用户自身[③],凭借独特的使用模式、持续的创新和对用户的尊重,豆瓣被公认为国内最具影响力的Web2.0网站和行业中具有极大发展潜力的创新企业。豆瓣的主要盈利模式是品牌广告、互动营销以及不断建设和增长中的围绕电子商务行业的渠道收入。

(2)天涯社区

1993年3月天涯社区网站正式成立,网站的自身定位是"全球华人的网上家园",开放、包容、富有道义和人文气息等特色是其吸引用户的关键和核心理念。相关调查数据显示,2000年3月1日天涯社区的注册用户仅为104人,而到了2010年3月,注册用户已经达到了3500多万,天涯社区网站也逐渐发展成为以论坛、博客、部落为基础交流方式,综合提供相册、音乐、分类信息、站内信息、虚拟商店、问答等系列功能和服务的,以人文气息和情感交流为纽带的综合网络社交和信息沟通平台。从天涯的发展历程可以窥见,中国网络社区用户群从精英人士到草根人士逐渐过渡,越来越多的网民掌握了在网络上表

---

① 汤晶伟. 病毒视频广告的受众分析[D]. 厦门大学,2009.
② 赵双. 基于豆瓣网站思路的高校图书馆学科馆员知识整合研究[J]. 大学图书情报学刊。2013(6).
③ 付春梅,陈涛. 高校图书馆基于SNS的学科知识服务社区建设研究[J]. 网络安全技术与应用,2014(6).

达自己声音的主动权,参与到网络社区的互动讨论、情感交流和答疑解惑的过程之中。

8.7.4 综合社区网站问题及趋势分析

在社会化媒体的发展过程中,社区类网站的主要特性体现在两个方面:

(1)前所未有的开放性和平等性

社区类网站充分体现了互联网去中心的重要特点,严密的层级管理机构和繁琐的规章制约条例都不复存在,社区管理员的职责范围也比较宽泛,网民则跨越了不同的地域、身份、年龄、职业、教育背景等,在网络平台上实现了与不可能在现实生活中遇到的人进行交往,进入与退出也非常自由,基本不受限制。社区类网站各种特征迥异的人群和团体,无障碍沟通,资源平等共享,传统传播方式中的中心化控制被消解,真正为网民创造了平等、自由、开放的信息交流空间。

(2)极大发挥了互联网的虚拟性

在早期的综合社区网站中,网民的性别、样貌、年龄、身份、职业、教育背景等个人信息都被隐藏,符号、数字、图标等元素代替了真实的人的身份,这种虚拟性在一定程度上填补了因为身份、职业、社会阶层、教育背景的不同而导致的人际交往鸿沟。可以说,在初代社区网站发展历程中,网民在享受快速传递信息与互动服务的同时,能感受到更多的自我隐匿、自我实现和满足的快感。

当然,隐私安全、社交安全等问题也严重影响和制约着国内社区网站的进一步发展,建立有效的法律法规与行业自律规章制度,依法打击和规制网络社区中的不正当行为,与此同时,网民也要提高自身的媒介素养,讲究诚信与自我克制,共同维护社交网站的晴朗与透明。

随着社区类网站盈利模式的逐渐成熟和营收水平的日益提高,社区类网站必将会突破盈利瓶颈,社区网站的市场也将逐渐走向完善和成熟。在之后的发展阶段中,社区网站用户的网络需求将进一步细分,基于用户需求的社区服务模式将继续实现创新完善,社区营销、电子商务、虚拟物社区网络游戏等多种盈利将齐头并进,各领风骚。而基于用户面貌和个性化使用习惯的广告精准投放,虚拟网络社区与现实符合和产品的深度融合,虚拟社区与电子商务与移动产品的进一步结合,都将成为未来社区类网站的未来发展方向。

第 9 章　信息服务网站商业价值排名及分析

在信息化时代，各类信息通过网站这一共享平台实现低成本、高效率的流通，从而满足人们日趋旺盛的信息获取需求，改变人们的生活方式，提升人们的生活品质。

9.1　信息服务网站概述

信息服务类网站是利用计算机和网络虚拟平台等现代科学技术对信息进行生产、收集、处理加工、存储、传输、检索和利用，并以信息产品为社会提供服务的专门网站，在网络中常见的信息服务类网站主要有信息提供类及信息搜索类网站。其中，信息提供类包含面最广，通过把自身的信息或整个网络中的相关信息进行整理和归纳，并把这些信息作为服务提供给网站浏览者；信息搜索类网站为用户提供相应的各类信息，为他们现实生活的搜索提供便利，此类网站形式各不相同，但他们的主要功能都是通过网络这个虚拟平台完成特定信息的搜索、提供、组织和发布。

9.2　信息服务网站发展历程

存储大量的信息和及时有效的搜索信息是网站用户在进行信息活动中两种最常见的也是最重要的行为，因此本研究将利用互联网向网络用户提供信息服务活动的网站统一划分为信息服务网站，如电子邮件网站、搜索引擎网站、分类导航网站等。

按照时间轴顺序来看，我国的网站发展大概经历了如下几个阶段，即门户网站阶段、搜索引擎阶段、分类网站阶段。我国最早使用互联网的记录要追溯到 1987 年，正是在那一年，北京计算机应用技术研究院发出了第一封电子邮件，从此，中国通过互联网与世界网络更加紧密地联系起来。随着互联网技术的不断发展，电子邮件也以其传输速度快、传输形式多样、信息量大等特点在公众信息服务中扮演着越来越重要的角色,电子邮件网站免费为用户提供通用信息,用户可以选择自己所需的信息,定期接收,也可以直接进行信息的检索、查询。

互联网上的信息纷繁复杂,想要在互联网中迅速搜索到所需要的有用信息,简直像大海捞针。为了解决这个问题,搜索引擎作为信息搜索工作顺应网络用户的需求诞生了。2000 年到 2003 年是中国国内中文搜索引擎的市场培育时期,在这段时期里,各家中文搜索引擎主要以合作方式共同培育市场。2001 年 1 月,李彦宏在北京中关村创立百度公司,并于 2001 年 8 月发布 Baidu.com 搜索引擎 Beta 版,而此前 Baidu 只为其他门户网站提供搜索引擎服务。2005 年是国内搜索引擎竞争最为激烈、发展最为猛烈的一年,这一年里,搜索引擎市场发生了诸多颇具影响力的事件。例如,搜狐以 930 万美元的价格收购了 Go2Map,新浪推出了全新的社区化搜索引擎产品——爱问搜索,阿里巴巴成功收购雅虎中国之后,更是将业务重点转向搜索领域。2007 年,网易推出了其自主研发的有道搜索技术,并且合并了原来的综合搜索和网页搜索,在博客搜索及网络词条搜索领域独树一帜。在这个以技术为导向的行业,各搜索引擎网站都专注于搜索技术的研发,从初期的分类目录式查找和页面关键词搜索,到页面链接等级搜索,再到互动式个性化搜索,搜索引擎不断试图连接用户的需求,努力提供大范围、更新迅速的精准信息,不断朝着智能化、人性化的方向发展。

国内最早的分类导航网站是哪一个无从考究,但在其发展历程中,专业化、个性化、人性化,一直是分类导航网站的发展主线。可以说,分类导航网站是连接用户和各类专门网站的直通车,出现了越来越多的综合性或者垂直化专业性的分类导航网站,他们也因自身的独特性受到用户的关注和青睐。

据中国互联网络信息中心(CNNIC)发布的《2014 年中国网民搜索行为研究报告》显示,调查统计用户搜索行为显示,当用户存在查找或下载电影、音乐、书籍、游戏等娱乐需求时,进行搜索的比例高达 79.7%,另 70% 左右的用户在有购物需求时、在工作和学习时、在寻找软件应用时,以及在新闻、热点事件发生时会进行搜索[①]。随着用户需求的增大,各类信息服务网站应运而生,如用于提供各类资源下载的下载站点或资源分享网站,用于提供各类专门信

---

① 《2014 年中国网民搜索行为研究报告》,http://www.cnnic.cn/hlwfzyj/hlwxzbg/ssbg/201410/P020150104458751710463.pdf.

息查询的网站,用于获取知识的问答网站、百科网站等。显而易见,互联网不断深入公众生活的各个角落,已经改变了公众的生活模式,逐步形成了固定的信息获取习惯,为各类信息服务网站培育了黏性强大的用户群体,信息服务网站的发展也必将朝着多样化、专业化、以用户为中心的方向发展。

9.3 信息服务网站整体规模

随着互联网对日常生活的渗透程度日益加深、互联网应用的极大丰富和数据信息量的爆炸式增长,通过网络搜索来获取信息已经成为公众生活的常态,信息搜索行为贯穿在网络生活的各个角落。而移动互联网的快速发展,更加使随时随地任意搜索成为可能。因此,搜索用户的规模持续增长,截至2015年12月,我国搜索引擎用户规模达5.66亿,使用率为82.3%,用户规模较2014年底增长4400万,年增长率为8.4%①。就本研究而言,信息服务网站整体规模具有如下特点:

从数量上看,本研究选取网站样本总量包含信息服务为668个网站,其中电子邮件网站27个,分类导航网站52个,设计素材网站132个,搜索引擎网站21个,下载站点网站182个,信息查询网站43个,站长工具网站46个,知识获取网站114个,资源分享网站51个。

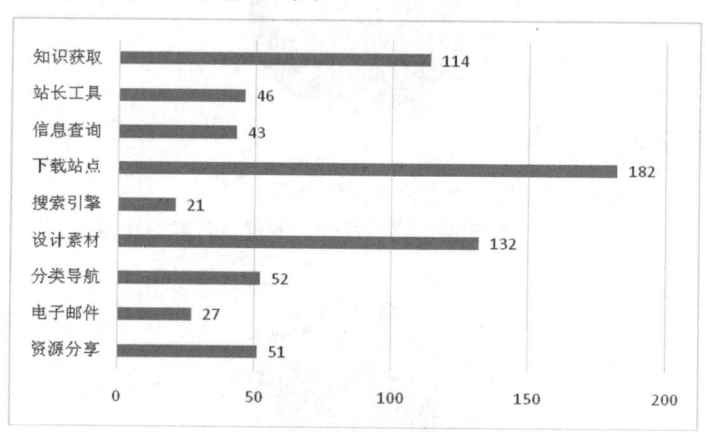

图9-1 信息服务网站分类频数统计

---

① 中国互联网络信息中心,《第37次中国互联网络发展状况统计报告》[R]. 2016年1月.

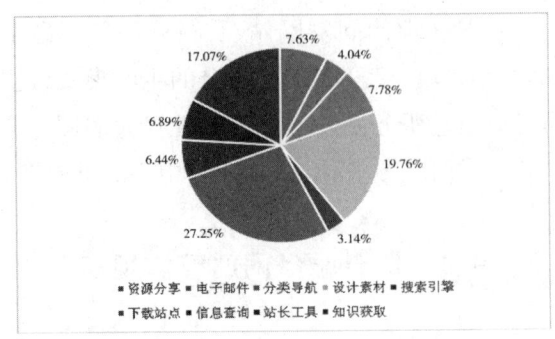

图9-2　信息服务网站分类比重统计

就用户角度而言,本研究通过网站 PV、独立访问 IP 数和人均页面浏览量三个重要指标,从网站整体流量、访问人数、内容质量三个角度考量网站的用户黏性,也在一定程度上反映了网站的潜在用户价值。研究所抓取的 668 个信息服务网站中,日均访问量过万的网站有的网站 623 个,高达信息服务类网站总量的 93.26%,日均独立 IP 数过万的网站有 605 个,占信息服务类网站总量的 90.57%,足见信息服务类网站用户流量之大。

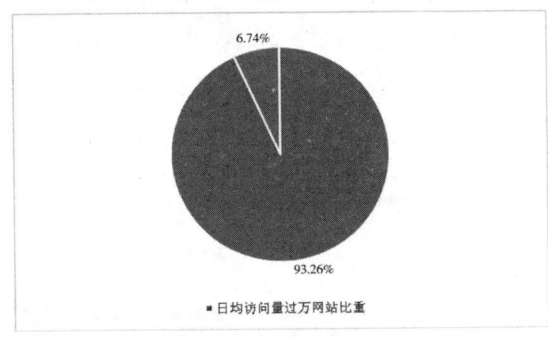

图9-3　信息服务网站日均访问量过万网站比重

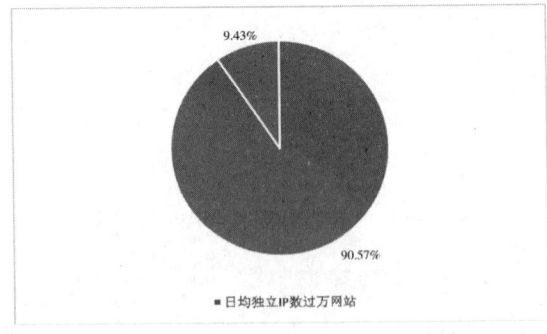

图9-4　信息服务网站日均独立 IP 数过万网站比重

9.4 信息服务网站分类

本研究综合网站服务对象及服务内容将信息服务网站分为以下九类：

知识获取：包括维基、翻译、词典等多种提供知识的网站。

搜索引擎：指按照一定的策略，基于特定的计算机程序，在互联网上对相关信息进行搜集、检索，并对信息进行组织和处理后，将用户所需要的信息结果提供给用户的网站。

分类导航：此种网站是一定数量网址的集合，通常情况下，网站会将一定量的网址按条件分类，以方便用户获取有用网址。

下载站点：直接提供文字、音视频、应用程序下载资源的网站。

资源分享：用户上传、分享、下载资源的网站。

站长工具：提供网站统计、域名注册、服务器租用等建站基础服务的网站。

设计素材：提供各类网站、程序设计素材的网站。

电子邮件：互联网中联网计算机间相互传送消息的网络服务，提供电子邮件服务的网站。

信息查询：提供天气等公共服务信息查询的网站。

9.5 信息服务网站商业价值排名

网站的商业价值与用户规模、用户忠诚度、网站广告收入、用户付费情况这几个因素相关，为了使评价结果客观合理，本研究将与网站商业价值相关的影响因素量化为反向链接数、百度 PR、网站 PV、独立访问 IP 数和人均页面浏览量、网站的平均页面加载时间、广告请求次数、广告竞价次数、广告展示次数、广告均价和月均广告总收入等定量指标，进而对信息服务网站进行评估。

9.5.1 信息服务网站商业价值 TOP50

信息服务网站商业价值 TOP50 中稳居首位的是开创中国搜索时代的中文搜索引擎网站百度，这也与其在搜索引擎网站中所占的市场支配地位相一致；其次为分类导航网站中的 58 同城，这家网站以广告词"一个神奇的网站"作为营销手段为公众熟知；紧随其后同样是分类导航网站赶集网，该网站与 58 同城在业务内容、营销手段上有颇多相似之处,2015年两家公司合并,但根据双方协议,合并后的两家公司依旧保持品牌的独立性,网站及团队也继续保持独立发展与运营。

从信息服务网站商业价值TOP50中各类网站的分类频数及比重上看,设计素材网站12个,包括昵图网、站酷、素材中国、图片百科、昵图网素、天牛3D网等,搜索引擎网站8个,包括百度、360搜索、搜狗、淘宝搜索、微博搜索、阿里巴巴商务搜索、化学信息搜索、好搜等,知识获取网站7个,分类导航网站6个,站长工具、下载站点及资源分享网站均为5个,信息查询网站2个,而电子邮件网站没有任何网站进入前50名。

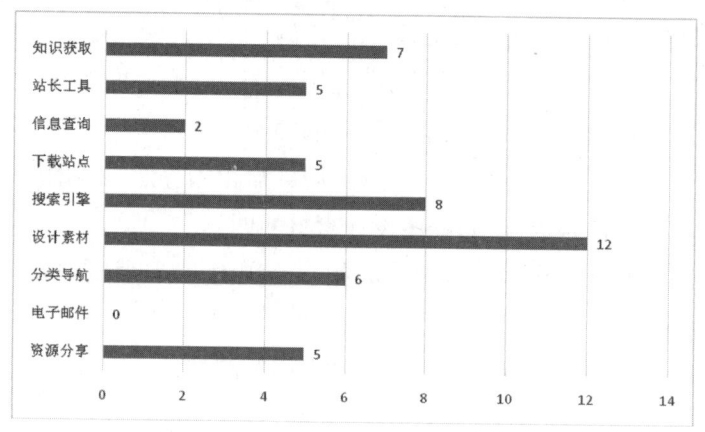

图9-5 信息服务网站商业价值TOP50分类频数统计

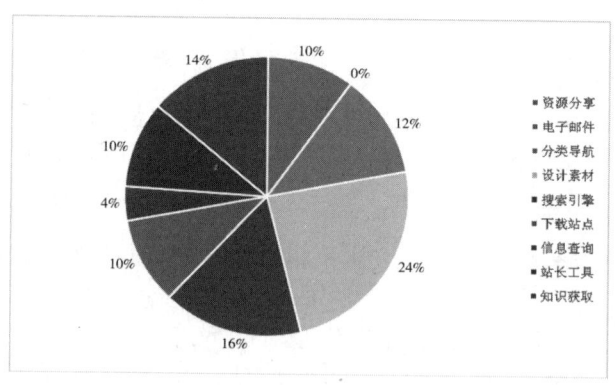

图9-6 信息服务网站商业价值TOP50分类比重统计

从信息服务网站商业价值TOP50中各类网站的访问量上看,其中48个网站的日均访问量过百万,20个网站日均访问量过千万,更有5个网站的日均访问量过亿,即 2 个搜索引擎网站——百度、360 搜索,2 个知识获取网站——百度文库、好搜百科,1 个分类导航网站——hao123。

表 9-1 信息服务网站商业价值 TOP50

排名	网站名称	排名	网站名称
1	百度	26	化学信息搜索
2	58 同城	27	好搜百科
3	赶集网	28	站长素材
4	360 搜索	29	好搜
5	搜狗	30	CSDN 下载频道
6	互动百科	31	毒霸网址大全
7	百姓网	32	PC6 下载站
8	昵图网	33	w3school 在线教程
9	Q 友乐园	34	海词词典
10	CSDN	35	我要啦
11	2345 网址导航	36	脚本之家
12	百度文库	37	天极图片
13	hao123	38	懒人图库
14	站酷	39	道客巴巴
15	360doc 个人图书馆	40	Alexa 网站排名查询
16	淘宝搜索	41	虎扑图片中心
17	微博搜索	42	千图网
18	驱动之家	43	MBA 智库
19	百度云	44	ZOL 桌面壁纸
20	站长之家	45	第一 PPT
21	素材中国	46	中国天气网
22	阿里巴巴商务搜索	47	SooPAT 专利搜索
23	图片百科	48	爱站网
24	豆丁文库	49	西西软件园
25	天牛 3D 图库	50	华军软件园

9.5.2 搜索引擎网站商业价值TOP20

搜索引擎网站如今作为公众获取各类信息的主要渠道,在信息服务网站占据着重要的地位。其中百度以其起步早、发展快、技术高的先天优势稳居榜首,360搜索位居第2,搜狗紧随其后,居于第3。

表9-2 搜索引擎网站商业价值TOP20

排名	网站名称	排名	网站名称
1	百度	11	爱奇艺搜索
2	360搜索	12	有道
3	搜狗	13	搜库
4	淘宝搜索	14	必应
5	微博搜索	15	三脉购物搜索
6	阿里巴巴商务搜索	16	慧聪商务搜索
7	化学信息搜索	17	谷歌中国
8	好搜	18	搜搜
9	儒豹手机搜索	19	问财财经搜索
10	中国搜索	20	宜搜

从日均访问量大小看,搜索引擎网站商业价值TOP20中有18个网站的日均访问量过百万,高达90%,而日均访问量过亿的2个网站为百度、360搜索。从日均访问量份额来看,百度以31.056亿人次在搜索引擎网站商业价值TOP20所有网站日均访问量中遥遥领先,在整个搜索引擎行业占有绝对优势。

9.5.3 分类导航网站商业价值TOP20

分类导航网站前三名均为分类信息网站,此类网站以海量信息的发布来满足用户对不同信息的需求。2000年后,国内分类信息网站迅速兴起,通过对互联网信息资源进行细分重组,为广大网民提供个性化、精准化服务,分类信息网站愈受欢迎。

表9-3 分类导航网站商业价值TOP20

排名	网站名称	排名	网站名称
1	58同城	11	酷易搜
2	赶集网	12	爱帮
3	百姓网	13	北京本地宝
4	2345网址导航	14	黄页88网
5	Hao123	15	中国十大品牌网
6	毒霸网址大全	16	今题网
7	114啦	17	8684生活网
8	久久信息网	18	广州本地宝
9	8684公交网	19	列表网
10	易登网	20	hao360网址导航

9.5.4 下载站点网站商业价值TOP20

下载站点网站排名前三的分别为驱动之家、CSDN下载频道、PC6下载站。从日均访问量看,下载站点网站商业价值TOP20中的网站第一名驱动之家的日均访问量接近一千万,用户粘性强,第六名以后的网站日均访问量差距不大,趋于平缓。

表9-4 下载站点网站商业价值TOP20

排名	网站名称	排名	网站名称
1	驱动之家	11	游侠网下载站
2	CSDN下载频道	12	下载之家软件站
3	PC6下载站	13	电脑之家下载中心
4	西西软件园	14	莲山课件
5	华军软件园	15	科大讯飞股份有限公司
6	比特网软件与服务	16	东坡下载
7	绿茶软件园	17	起点软件下载
8	标准分享网	18	统一下载站
9	安卓网	19	求字体网
10	中关村下载	20	当下软件园

9.5.5 信息查询网站商业价值TOP20

信息查询网站前三名分别为我要啦、中国天气网、IP地址查询。此类网站内容一般与公众生活息息相关，前20名中天气类查询网站有6个，IP查询网站有4个，这两类网站占据了信息查询网站商业价值TOP20的一半。

表9-5 信息查询网站商业价值TOP20

排名	网站名称	排名	网站名称
1	我要啦	11	全国车辆违章查询网
2	中国天气网	12	搜狗天气预报
3	IP地址查询	13	活动行
4	天气网	14	邮编查询网
5	123CHA	15	hao123天气预报查询
6	911查	16	IP地址查询
7	51240便民查询网	17	飞常准
8	2345天气预报	18	IP.CN
9	红酒世界网	19	新浪天气
10	全国交通违章查询	20	北京交通查询网

9.5.6 站长工具网站商业价值TOP20

站长工具网站前三名为CSDN、站长之家、脚本之家，通过这类网站可以准确及时地掌握自己网站的收录情况、PR值等。

表9-6 站长工具网站商业价值TOP20

排名	网站名称	排名	网站名称
1	CSDN	11	金名网
2	站长之家	12	易名中国域名管理平台
3	脚本之家	13	DNSPod
4	Alexa网站排名查询	14	主机点评网
5	爱站网	15	Godaddy
6	爱名网	16	易名中国

(续表)

排名	网站名称	排名	网站名称
7	百度开发者平台	17	域名城
8	百度站长平台	18	Oray
9	新网	19	51Yes 网站流量统计
10	新浪微博开放平台	20	金米网

9.5.7 知识获取网站商业价值TOP20

知识获取网站前三名为互动百科、百度文库、好搜百科，其中百度文库及好搜百科都是依托原有的一级搜索引擎网站发展而来的，搜索引擎作为流量入口带来的访问量相对具有一定的优势。

表9-7 知识获取网站商业价值TOP20

排名	网站名称	排名	网站名称
1	互动百科	11	中国科普博览
2	百度文库	12	萌娘赛高基金会
3	好搜百科	13	爱拼网
4	w3school 在线教程	14	CNKI 翻译助手
5	海词词典	15	爱词霸
6	MBA 智库	16	问卷星
7	SooPAT 专利搜索	17	问卷网
8	古诗文网	18	知乎日报
9	开源中国	19	维基百科
10	三联素材	20	法语在线辞典

9.5.8 资源分享网站商业价值TOP20

资源分享网站前三名为 Q 友乐园、360doc 个人图书馆、百度云，在前 20 名中，云盘作为互联网存储工具，以其安全稳定、海量存储的特点得到公众的青睐，共有 7 个云盘性质的网站跻身前 20 名。

表 9-8　资源分享网站商业价值 TOP20

排名	网站名称	排名	网站名称
1	Q友乐园	11	金山快盘
2	360doc 个人图书馆	12	腾讯云
3	百度云	13	115 网盘
4	豆丁文库	14	百度云
5	道客巴巴	15	VeryCD
6	阿里云	16	中国知网
7	时代互联	17	一品威客网
8	七牛云存储	18	火车头采集器
9	QQ 相册	19	飞速网
10	万方数据知识服务平台	20	知网空间

9.5.9　电子邮件网站商业价值 TOP20

电子邮件网站前三名为 163 网易免费邮箱、QQ 企业邮箱、QQ 邮箱。电子邮件作为互联网应用最广的服务,是传统通信方式在互联网的延伸,但互联网技术又拓展了它的服务内容,综合了电话通信和邮政信件的特点,同时又赋予它新的特点,使电子邮件不仅仅是公众通信交流的工具,也是获取信息咨询的平台。从日均访问量来看,目前的电子邮件市场格局以网易和 QQ 占主导地位。

表 9-9　电子邮件网站商业价值 TOP20

排名	网站名称	排名	网站名称
1	163 网易免费邮	11	Foxmail
2	QQ 企业邮箱	12	单车迷
3	QQ 邮箱	13	263 个人邮件
4	126 网易免费	14	Outlook 邮箱
5	新浪邮箱	15	网易 VIP163 邮箱
6	阿里云邮箱	16	189 邮箱
7	网易免费企业邮	17	21CN 邮箱
8	网易免费邮箱	18	188 财富邮
9	网易企业邮箱	19	新浪企业邮箱
10	yeah 邮箱	20	hotmail 邮箱

9.5.10 设计素材网站商业价值TOP20

设计素材网站前三名为昵图网、站酷、素材中国,互联网技术的发展带动了公众对各类素材的需求,设计素材类网站也应运而生,此类网站多以图片素材为主,前20名的网站中仅有第一PPT、站长字体两个网站不是图片类素材网站。

表9-10 设计素材网站商业价值TOP20

排名	网站名称	排名	网站名称
1	昵图网	10	ZOL桌面壁纸
2	站酷	11	第一PPT
3	素材中国	12	TOPIT.ME
4	图片百科	13	花瓣网
5	天牛3D图库	14	站长字体
6	站长素材	15	壁纸之家
7	天极图片	16	全景图片网
8	懒人图库	17	16素材网
9	虎扑图片中心	18	EASYICON
10	千图网	19	天堂图片网

9.6 搜索引擎网站商业价值分析

9.6.1 搜索引擎网站盈利模式分析

信息本身已不再稀缺,只有完成了对信息的甄别、加工、提纯,从海量信息中发现真正的知识,才能带来信息的价值提升。[①] 高性能的搜索引擎能够充分发掘并利用网站的资源来为商务、教育、科技等各种领域服务,搜索引擎正在引领一种新的信息经济。

对于搜索引擎来讲,它的盈利点并不在于它的一般个体用户,网民通过搜

---

① 彭鹏. 搜索革命[M]. 企业管理出版社,2004,第7页.

索引擎获取信息通常都是免费的。搜索引擎网站的收益来自使用该搜索引擎技术的互联网公司以及利用搜索引擎网站来推广自己产品的公司,这就使搜索引擎网站的盈利模式定位于两大块,即技术授权和广告收入。其中广告收入主要包括固定排名广告、竞价排名广告、关键词广告。除此之外,搜索引擎还有网络实名和网站登录等盈利模式。

(1) 技术授权

网民对搜索引擎的日益依赖,使得许多公司不得不使用搜索引擎技术。但是,由于搜索引擎涉及的技术和算法极为广泛,其研发成本投入较大,大多数主营业务不是搜索服务的公司都不愿意在搜索引擎的研发上投入过多的人力、物力。因此,这类既对搜索引擎技术有需求又不热衷于研发该技术的公司通常倾向于向搜索引擎技术较为成熟的公司购买搜索引擎技术,但是这种购买行为一般较少发生。比如百度曾经向新浪转让搜索引擎技术,但双方于2003年4月结束了合作关系。近几年,也有越来越多的互联网巨头凭借自身技术优势,发力抢夺搜索引擎市场,比如搜狗、腾讯等都已研发了自己的搜索引擎。

(2) 固定排名

固定排名指的是用户在搜索引擎网站搜索关键词或者主题词时,搜索引擎网站会把向自己支付费用的公司、企业的相关链接放置在搜索结果页面的固定位置。这些固定位置是各公司通过竞价与搜索引擎网站订立合同购买的,并且在合同有效期内,这些位置是固定保持不变的。由于这种模式下位置的排序基于预设的关键词,一旦双方订立合同,就不能对预设关键词进行修改,不能够及时应对变化的市场。通常情况下,那些市场占有率不高、广告资源又相对匮乏的搜索引擎网站多采用这种盈利模式。

(3) 竞价排名

第一家使用这种方式的公司是雅虎子公司Overture,该公司于2000年推出这种竞价排名的广告收费模式之后,各搜索引擎网站纷纷效仿,短时间内就成为搜索引擎网站主流的盈利模式。我国最先使用该模式的是百度,之后其他搜索引擎网站也开始使用。

竞价排名的收费标准主要按照用户的点击量,参与排名的企业广告内容会被搜索引擎网站优先放置于用户搜索页面,当然,此优先位置是根据参与排名的公司出价高低排列的。如果用户点击该链接,则搜索引擎网站根据用户的点击次数向广告投放公司收取费用,如果用户不点击,则广告投放公司无需向搜索引擎网站支付费用。由于这种方式相对于固定排名更加灵活,广告投放公司可以依据用户点击量判断自身广告的投放效果,及时调整营销策略,提高了广告定位和投放的准确度,受到许多公司的青睐。

(4)关键词广告

这类广告主要依据用户在搜索引擎网站输入的关键词和主题词,这是当前许多搜索引擎网站都在采用的一种盈利模式。具体来说,就是用户在搜索引擎网站通过输入想要查找的信息的关键词或主题词,网站会相应地显示相关链接,而其中一部分链接指向的是与用户搜索的关键词和主题词相关的广告推送,当然这些广告都是需要广告主支付费用的。这类关键词广告通常会被搜索引擎网站单独列在网页右侧,这样既不影响用户的搜索体验,也达到了广告推送的目的。用户可以根据自己的需要,自主决定是否浏览这些广告推送链接。

(5)网络实名

经历了 IP 地址上网、域名上网之后,现在已经步入了新一代的网络访问阶段,即网络实名,这是一种快捷、方便的网络访问方式。在这种模式下,用户在搜索引擎网站直接输入公司在现实中的名称、品牌、产品等,就可以得到相关链接,直接访问相关网站,大大提高了网站的访问量,这时搜索引擎网站主要是靠出售"网络实名"来盈利。网络实名与传统的网络营销方式(如网络广告)相比,大大降低了营销成本。同时,网络实名让公司原有品牌的现实影响力延伸到虚拟的网络世界,让互联网用户更加快捷地找到公司。

(6)网站登录

在 1999 年以前,国内搜索引擎网站起步不久,尚处于市场的培育期,为了开拓市场,扩大自身数据库规模,搜索引擎网站往往主动联系一些企业、公司、机构,邀请其将自己的网站和相关信息登录到自己的搜索引擎数据库。只有越来越多的网站登录,才能使搜索引擎的搜过结果越来越完善、准确,才能提高搜索引擎网站的影响力,培养互联网用户的黏性。因此,这一阶段的分类目录登录是免费的。

随着搜索引擎网站的不断发展,其在信息搜索市场的垄断优势地位越来越明显,逐渐扭转了之前的被动地位,有需求的企业、公司需要主动联系搜索引擎网站,支付一定费用才能被收录进入各主要目录索引搜索引擎和关键词搜索引擎。

9.6.2 搜索引擎网站SWOT分析

互联网的本质是信息,几乎所有互联网行为都离不开搜索,所以其技术扩散范围遍及整个网络,甚至正在向传统社会经济领域渗透,且随着互联网生态体系的建立,作为核心技术和基础服务提供者的搜索引擎对流量价值的挖掘也在进一步加深。

搜索引擎网站的优势体现在如下两方面:

第一,从用户规模来看,搜索引擎用户量庞大,且增速明显。

截至2015年12月,我国搜索引擎用户规模达5.66亿,使用率为82.3%,用户规模较2014年底增长4400万,增长率为8.4%;手机搜索用户数达4.78亿,使用率为77.1%,用户规模较2014年底增长4870万,增长率为11.3%。① 可见,2015年,移动端搜索市场依然延续了2014年迅猛的增长势头,用户数量增速明显。

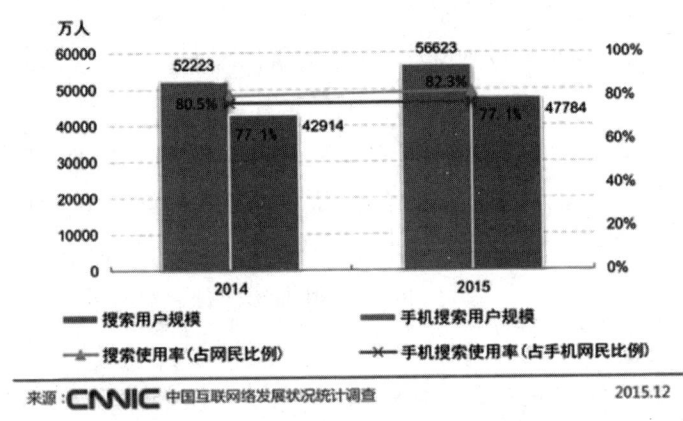

图9-7 2014-2015年搜索/手机搜索用户规模及使用率

第二,从市场定位来看,多种技术融合推动搜索引擎网站由单一信息服务提供者向多样性生态化平台转变,多元化专业性垂直细分市场格局形成。

市场源于用户需求,用户使用黏性的增强有赖于服务质量的提升。各大搜索引擎网站在满足普通用户一般搜索的基础上,不断开发富有个性化的特

---

① 中国互联网络信息中心,《第37次中国互联网络发展状况统计报告》[R]. 2016年1月.

色服务。据《第37次中国互联网络发展状况统计报告》显示,现阶段,各大搜索平台融合多种先进技术,依托原有的搜索业务,将地图导航、购物消费、新闻推送、社交沟通等多项生活服务内容紧密联系起来,并利用大数据技术,评估用户行为,多角度提升搜索产品性能,不断改善用户体验。① 在满足特殊用户的特殊搜索需求、确保用户在最短时间内获得最精准的搜索结果的同时,也在流量、营收等多个方面获得新的利益增长,实现更多的收益。

搜索引擎的劣势体现在如下两方面:

第一,搜索引擎产品同质化严重,缺乏创新性,羊群效应显著。

我国搜索引擎市场带有显著的"羊群效应",百度瓜分了搜索引擎市场这块蛋糕的绝大部分,占据绝对的优势地位,凭借其技术上的领先优势,吸引了众多客户。其他的搜索引擎网站在狭小的市场空间艰难地求生存,用户资源不足,又缺乏雄厚的资金支撑,导致发展后劲不足,无力通过技术创新改善网站的发展困境。

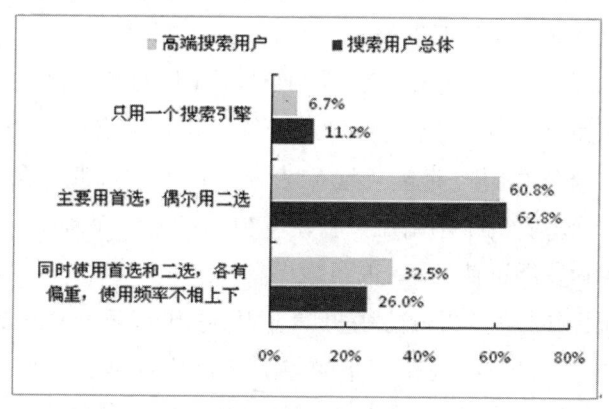

图9-8 高端用户首选与二选搜索品牌的侧重

第二,高端用户的品牌忠诚度低。

对于搜索引擎网站而言,高端用户往往更具购买力,其潜在的消费意向如果得以挖掘,会给网站创造意想不到的价值。然而,培养高端用户对搜索引擎网站的忠诚度并不是一件容易的事情。就目前来看,高端用户对搜索引擎网站的选择更加多元化,他们在选择一个搜索引擎网站作为常用网站之外,还有

---

① 中国互联网络信息中心,《第37次中国互联网络发展状况统计报告》[R]. 2016年1月.

许多备选的搜索引擎网站。一旦他们在某个搜索引擎网站不能获得满意的用户体验,往往会选择别的搜索引擎网站,造成用户分流。

搜索引擎的机会体现在如下三方面:

第一,大数据与智能技术相结合推动搜索技术发展,扩大互联网数据规模,搜索引擎成为主动信息分发端口与生活服务平台,深挖流量价值。

据互联网络信息中心《第37次中国互联网络发展状况统计报告》显示,一方面,基于网站合作计划与搜索开放平台,深网、暗网内的海量优质内容正逐步纳入搜索引擎的爬取收录范围,搜索质量在潜移默化中得到提升;另一方面,在线下经济向线上转移、物联网与互联网相互融合的趋势下,搜索场景碎片化、信息结构复杂化,且用户的搜索需求也更加多元化。① 这两方面说明,搜索引擎网站的发展将随着互联网技术的不断革新迎来广阔的发展机遇。由于积累了大量的用户数据,这为大数据分析提供了可能。通过深入挖掘用户需求,搜索引擎网站不再满足于等待用户搜索信息,开始了主动向用户推送信息的模式,逐步成为主动信息分发端口。

同时,得益于用户搜索需求的多元化,搜索引擎网站不断深挖用户流量价值,整合网站资源和内容,着力将自己打造升级为生活服务平台,通过开展团购等特色服务,将网站的用户流量落地成为现实的客户流量,形成了线上搜索—线下消费的闭环,实现了网络用户需求与供给的有效对接。

第二,手机搜索发展迅速,入口重要性提高。

随着移动互联网的发展和智能手机的普及,手机搜索发展迅速。根据中国互联网络信息中心CNNIC最新发布的《第37次中国互联网络发展状况统计报告》数据,截至2015年12月,我国搜索引擎用户规模达5.66亿,使用率为82.3%,用户规模较2014年底增长4400万,增长率为8.4%;手机搜索用户数达4.78亿,使用率为77.1%,用户规模较2014年底增长4870万,增长率为11.3%。② 智能手机的普遍使用,手机性能的不断提升,功能越来越强大,手机用户可以通过移动互联网即时搜索信息,突破了空间、时间限制,这种便利性促使更多的手机用户养成了利用手机搜索信息的习惯,这也为搜索引擎网站

---

① 中国互联网络信息中心,《第37次中国互联网络发展状况统计报告》[R]. 2016年1月。

② 中国互联网络信息中心,《第37次中国互联网络发展状况统计报告》[R]. 2016年1月。

带来新的利润增长点。

第三,搜索引擎技术向公共管理领域渗透。

得益于搜索引擎网站海量的数据资源,政府部门也开始利用大数据和云计算与搜索引擎网站在医疗卫生、文化教育、交通出行等方面展开全方位的合作。现在,全国多个城市都在大力建设智慧城市、智慧出行、智慧医疗等公共项目,改善公共服务质量,提高公共服务效率,为公众带了切实的便利。如武汉市的智慧公交项目,通过手机搜索,可以查找实时公交信息,方便市民出行。

搜索引擎发展的威胁体现在如下几方面:

第一,受负面事件影响,网民对搜索引擎信任不足,公信力下降。

搜索引擎问世以来,网民就将其默认为是公正准确快速有效获得信息的一个通道,用户使用搜索引擎的基本目的就是为了获取自己想要的信息。信息提供的可靠性也就成了搜索引擎网站发展的基石,因此,作为以盈利为目的的商业网站,搜索引擎网站遇到的最大问题就是客观高效提供信息与商业利益的取舍。"魏则西事件"一度成为各大新闻头条,随着在网络上不断发酵,引发了对搜索引擎、医疗广告等问题的思索。如洪水般的舆论冲击着用户对搜索引擎的信任。百度的搜索引擎成了众矢之的,各大吐槽的帖子,铺天盖地而来,遭遇了迄今为止最大的信任危机,公信力基本荡然无存。对搜索引擎推广信息或广告表示信任的用户占比不足6%,高达57.2%的用户对搜索引擎广告抱有不信任态度,而购物搜索用户中无一对购物搜索的广告或推广信息是完全信任的,不信任的用户占比达32.1%。①

第二,搜索引擎属于受技术驱动的技术密集型行业,对技术和人才要求都比较高,行业进入壁垒高,容易形成寡头垄断。

搜索引擎营业收入的"二八"原则非常明显,排名靠后的企业盈利很困难。排名第一的百度营业收入占据了整个行业80%的份额,其他份额靠后的搜索引擎盈利也十分困难。从广告主来说,也有较强的粘性,如果在排名靠前的搜索网站上投放广告效果较好,广告主会持续增加在该网站上的广告投入,不太会冒险尝试投放一些新的搜索网站,这也进一步加剧了搜索引擎营收的马太效应。

此外,搜索引擎行业用户的聚集效应明显,搜索引擎用户选择越来越集中,排名靠后的企业份额较小。根据CNNIC调查显示,截至2013年6月,在被

---

① 《2014年中国网民搜索行为研究报告》。

用户列为首选搜索引擎的企业中,排前五位的企业占据了98.8%,其他搜索引擎仅占1.2%。其他搜索引擎要么作为首选搜索引擎的补充,要么就是被用户排除在首选搜索引擎之外,要争取更多用户变得非常困难。

第三,国家相关部门接连出台针对互联网信息搜索服务的规定,对搜索服务进行规制。

搜索引擎网站的发展在给公众提供便利的同时,也一直备受争议。对于那些充满色情、暴力等违法信息的搜索结果,以及一些违背客观事实、容易使公众产生误解并作出错误选择的搜索结果,国家相关部门必须加强监管,维护网络空间的健康发展。国家互联网信息办公室2016年6月25日发布《互联网信息搜索服务管理规定》以规范互联网信息搜索服务,促进互联网信息搜索行业健康有序发展。国家工商行政管理总局2016年7月8日发布了《互联网广告管理暂行办法》规范互联网广告活动,促进互联网广告业的健康发展,维护公平竞争的市场经济秩序,保护消费者的合法权益。此前颇受争议的付费搜索被列为互联网广告监管,并明确要求付费搜索广告要与自然搜索结果明显区分。

9.6.3 搜索引擎网站代表网站分析

(1)百度

百度作为搜索引擎网站,在业界享有绝对的地位,其服务内容也多种多样,不仅能够满足大众需求,也关注细分领域用户的小众需求。目前,百度的

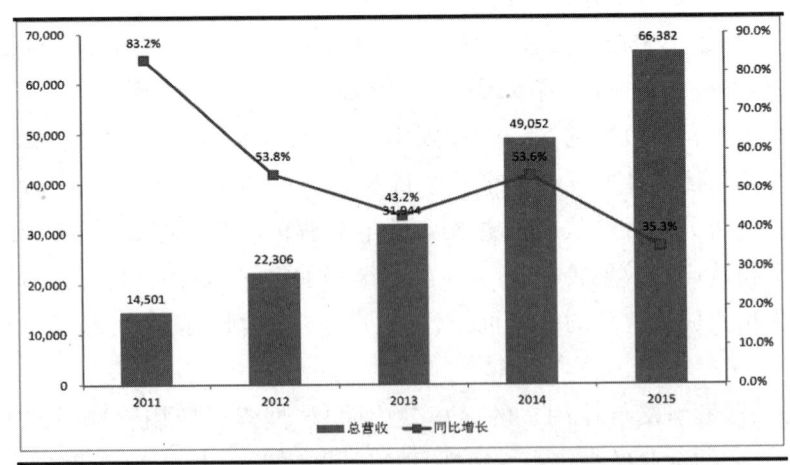

资料来源:第一上海整理

图9-9 百度2011-2015年总营收(百万人民币)

主打产品主要仍旧停留在"应用型"和"社区型",并力求将这两款产品做强做大。前者主要是基于关键字广告的搜索竞价排名,这是百度一直以来获取收入的主要业务内容。而"社区型"产品则主要是百度贴吧、百度知道等互动性较强的带有人际社交性质的平台。多样化的产品与服务也为百度带来了丰厚的收入,2015 年百度总营收为 663.82 亿元人民币,同比增长 35.3%。其中运营收入 116.72 亿元人民币,同比下降 8.8%;净利润 336.64 亿元人民币,同比增长 155% 全年来自移动端收入占比为 53%,去年同期为 37%;流量获取成本为 88.61 亿元人民币,占总营收的 13.3%,去年同期为 12.9%。

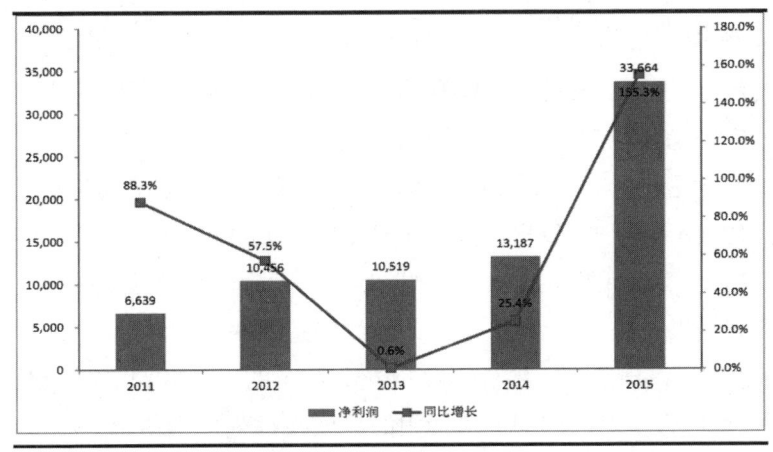

资料来源:第一上海整理

图 9 - 10　百度 2011 - 2015 年净利润(百万人民币)

(2)搜狗

搜狗搜索是搜狐公司于 2004 年 8 月 3 日推出的全球首个第三代互动式中文搜索引擎,域名为:www.sogou.com。搜狗搜索引擎以搜狐门户网站作为支撑,利用前期搜狐门户网站积累的用户资源及知名度,不断成长起来。

搜狗搜索立足于用户需求,设计新的人工智能算法,通过分析用户的潜在查询意图,对搜索结果进行归类,将相同的搜索结果聚合在一起,在用户搜索到搜索引擎反馈结果的过程中,帮助用户更加精准、快捷地得到自己所需要的结果。这项技术在搜狗搜索得到了普遍应用,如网页搜索、音乐搜索、新闻搜索等,也正是由于这项技术,搜狗成为全球首个第三代互动式中文搜索引擎,这为搜索引擎技术发展历程添加了浓墨重彩的一笔,具有里程碑式的意义。

(3)360 搜索

2012 年 8 月 16 日,奇虎 360 推出综合搜索。依托 360 母品牌在网民中积聚的品牌形象,360搜索从推出开始,就一直主打安全、可信赖的口号,以期与其他同类搜索引擎形成差异化竞争。同时,360母品牌积累的庞大用户群给360搜索带来了巨大的流量入口资源,使得360搜索在问世之初,就带有先天的用户资源优势,极大地冲击了原有搜索引擎市场。但是,就360搜索的整个发展来看,其用户资源过分地依赖于浏览器,而且不断的更名也降低了品牌在用户群中的识别度及用户对网站的忠诚度。

9.6.4 搜索引擎网站问题及趋势分析

随着网络媒体的迅猛发展,搜索引擎在信息传播方面的优势日益突出,但由于发展历程、法律法规及社会监管的不足,出现了较多问题。

(1) 广告隐蔽性带来信息混乱及虚假信息

对于广告主通过竞价排名发布的广告,搜索引擎网站将其与自然搜索结果混合排列显示给用户,而且还挤占在显著的靠前位置,严重干扰了正常的信息搜索。这样一来,用户在搜索过程中,对于搜索到的信息是竞价排名广告还是自然搜索结果无法有效识别,很容易给用户造成困扰和误导。

除此之外,由于搜索引擎网站对广告主发布的广告并没有进行严格的审核,而是根据广告主对关键词支付费用的高低来排列搜索结果,导致这类广告推送鱼龙混杂,充斥着不少虚假广告,很容易给用户带来损害。用户基于对搜索引擎网站的信任,通常对信息搜索结果靠前的信息更为认可,这也给那些支付高昂费用排名靠前却实为虚假广告的信息带来了可乘之机。

(2) 网络信息霸权与数字鸿沟的加深

如今的搜索引擎网站已经成为用户在搜索信息时的第一选择,深深地影响人们的生活方式,搜索引擎网站占据了人们获取信息的主要渠道,并且具有不可撼动的地位。搜索引擎网站所拥有的海量信息源,在信息传播中具有绝对的霸权性,其人为操控搜索结果,也在很大程度上影响着网络舆论乃至社会舆论。从社会实际情况来看,搜索引擎网站在互联网信息搜索上的霸主地位已经显而易见,其对信息资源的垄断使信息偏离了正常的传播轨道。而当信息的获取权被控制在少数人手里,势必会损害普通民众平等接受信息的权利,不同群体信息获取能力差异性不断扩大,不可避免地会产生"数字鸿沟"问题。

(3) 用户隐私信息保护受到威胁

当用户在搜索引擎网站输入关键词进行信息查询时,搜索引擎网站会将用户终端地址、搜索的关键字以及用户浏览的网页信息等自动"记录"、保存。利用搜索引擎后保存的这些用户信息,搜索引擎可以分析出用户的上网习惯、个性特点、关注点或者兴趣所在,甚至能追踪出用户较为私密性的个人身份信息。这些海量的用户信息被保存在搜索引擎网站的数据库,而这些数据的安全性谁都不敢确保,这无形中给互联网用户造成了不小的心理负担,因为一旦用户信息泄露或者被有心之人利用,必将造成严重的后果。

(4) 知识产权侵权多样化,加剧数字困境

搜索引擎网站的技术在不断升级、更新,这一方面给用户带来了便利,日益成熟的搜索引擎技术带来的是搜索服务的提升和搜索内容的丰富多样。但同时值得注意的是,搜索结果所呈现的内容,经常会涉及知识产权的问题,而开发者对知识性权利的漠视,使侵犯知识产权的行为愈演愈烈。

虽然搜索引擎的发展面临着诸多的问题,但搜索引擎网站已经在人们生活中扮演着越来越重要的角色。搜索引擎网站的发展也必然继续以用户需求作为出发点,向着综合化发展,不断提升用户的搜索体验,使用户能够更加便捷、及时、有效地获取信息。搜索引擎网站将不再仅仅是把搜索结果简单地排列呈现给用户,而是在用户的网页搜索结果中融入更多其他类型的搜索结果,将分散的不同信息结果进行整合,给用户以全新的搜索体验。

9.7 分类导航网站商业价值分析

9.7.1 分类导航网站盈利模式分析

(1) 广告收益

为了提高用户访问量,增加网站的知名度,分类导航网站一般都会向用户提供免费的或者公益性质的链接。当完成了人气的原始积累,吸引了一批具有相当规模的用户群体,分类导航网站便会在它的首页或者内页上"悄悄"植入广告,这种广告的形式可能是图片、文字、动画,也可能是弹出式的小窗口,从而达到收取广告费的目的。

(2) 网址排名

由于分类导航网站在网址收录类型上的相似度高,因此在网址收录中,可以通过对网站的排名来收取相对应的费用,收费高低与排名名次成正比。分

类导航网站通常会收录许多同性质的、业务类型相似的，甚至具有竞争关系的网站，这些网站为了在同类网站中更具吸引力，产生更多的用户流量，大都愿意向分类导航网站支付一定的费用，让分类导航网站将其放置在更为显眼的位置或获得更靠前的排名，这一点与搜索引擎网站的竞价排名有些类似。除了在排名或者位置上进行调整，分类导航网站还会对支付相应费用的网站网址加以特殊的标记，以突显该网址，达到增强用户注意力的目的。

(3) 网址收录收费

正常情况下，对于网址的收录只需要经过特定的审批流程即可。但是，对于一些权重高的网站，可以进行收录收费。通过这种方式，不仅可以提高各个中小网站的流量，而且可以提供网站优化所需要的权重，还可以提高网站的信任度。

(4) 收入分成

通过提供丰富的网址及内容资源，分类导航网站也成为用户重要的消费入口，如电商等。通过分类导航导入的流量中，一旦用户产生购买等消费行为，网址导航服务提供商即可从中抽取收入提成。

9.7.2 分类导航网站SWOT分析

互联网监测分析机构 ComScore 发布的数据显示，如今，中国分类信息行业网站平均增长率高于门户网站及房产等行业网站，成为继门户类网站、搜索引擎类网站之后，第三个快速增长的互联网领域。综合来看，分类导航的导航网站的优势体现在如下两个方面：

第一，用户主动获取信息，广告投放更加精准。

分类导航网站的用户在网上获取信息是主动的，只要对某种产品或服务感兴趣，按照自己的需求点击相关链接，就能更加深入地了解更多、更加详尽的信息，从而使用户能够按照自己的选择亲身体验产品、服务。同时，网站可以通过访客流量统计系统精确统计出每条信息的浏览次数及用户浏览习惯、信息内容需求，这些量化的数据有助于广告主及时调整广告策略，精准营销。

第二，汇聚海量信息，实时更新，更加全面、高效。

相较于传统的纸质分类目录，分类导航网站对于信息的容量几乎是无限的。利用超级链接，使用详细的分层类目，分类导航网站可以容纳海量的信息，构建庞大的数据库，给用户提供最详尽的信息。

此外，信息在计算机设计制作完成以后，可即时发送到网络进行发布，而且可随时更改信息内容。这样的话，广告主就可以根据需要不间断地调整信息，即时将最新的信息传播给用户。

分类导航的导航网站的劣势体现在如下几个方面：

第一，产品或服务差异化不明显，用户粘性较弱。

网址导航产品之间差异化的不明显决定了其用户粘性相对较弱，因此，在部分网址导航产品进行推广时，如果通过非法篡改导航首页会容易造成用户流失，从而增加用户获取成本。所以，分类导航网站要想维护用户的规模，关键在于对网站页面防御能力的增强。

第二，技术要求低，行业进入门槛低，竞争激烈。

分类导航网站对技术要求不高，易学性很高，导致大量同类型的网站在短时间内迅速涌现，瓜分市场，业务重叠不可避免。虽然现有分类导航网站市场格局相对稳定，但相类似的产品的竞争，也使得分类导航网站之间用户竞争激烈。

分类导航的导航网站的竞争机会体现在如下几个方面：

第一，智能手机带来的用户向移动端迁徙。

随着用户向移动端迁徙的趋势增强，充分利用在 PC 端获取的用户，引导 PC 端及移动端两个入口之间的无缝转移，从而减少用户获取成本。

第二，发展趋于成熟，市场格局逐渐稳定，容易带来融资入股。

随着 PC 端、移动端的发展，分类导航网站在产品形态上逐渐探索出成熟的为市场接受的模式，市场格局方面逐渐进入一个相对稳定的阶段。整体分类导航网站主要向几家大型网站集中，占据市场的主要份额，且用户对品牌已经形成相对稳定的认知，有一定的产品粘性。拿本地生活服务信息分类导航网站来讲，其市场格局已经比较固定，58 同城、赶集网和百姓网三家网站占据了市场的绝对份额。如果再有网站试图进入这类网站市场，投资入股将会成为必然选择，这也将为原有市场注入新的活力，解决分类导航网站巨大的营销成本引发的资金链问题。

第三，大数据时代，深挖用户资源。

互联网的发展迎来了大数据时代，分类导航网站积累了大量的用户数据，包含用户的基本信息和在网站上的行为信息，这个庞大的数据库成为非常珍贵的资源。分类导航网站能通过分析这些数据把握用户的喜好和需求，将其与广告主的营销策略及时地进行精准对比、匹配，为用户提供优质的服务体验,实现更加良好的精准营销效果,最终吸引更多的广告主入驻网站。

分类导航的导航网站的发展威胁体现在,虽然分类导航在市场格局方面逐渐趋于稳定,但是在市场依然具有客观价值空间开采的情况下,依然会有新的竞争者不断涌入。在市场侵入的过程中,由于在推广渠道上容易滋生恶意捆绑等方式强迫用户进行页面篡改,因此,对于分类导航服务商而言,需要不断加强其安全壁垒,防止不良厂商对产品进行恶意篡改,避免造成用户的流失。

9.7.3 分类导航网站代表网站分析

(1) 58同城

58同城作为分类导航网站的典型代表,服务内容十分广泛,涉及了公众社会生活的方方面面,可以说是衣食住行全覆盖,如房屋租赁、二手房买卖、二手车交易、招聘兼职、餐饮美食、家政服务等,而且服务范围遍及全国几乎所有的大中型城市。

58同城立足于建设一个免费为公众提供真实可靠、交互性强的信息服务分类导航平台,在推广营销上下足了功夫。充分利用明星代言,在各种渠道全面铺排营销广告,使"58同城,一个神奇的网站"的广告词深入人心。除了免费为个人提供信息服务,58同城还致力于为企业提供营销策划方案,并在网站设置广告位,为入驻网站的商家进行形象推广。58同城推出的"名店推荐"在分类导航网站界是一个创举,对于解决一直困扰网络时代在线商业的信用问题来说,"万元先行赔付计划"对于用户具有很大的说服力。

(2) 赶集网

赶集网与58同城无论在服务内容、服务辐射地域及运营模式上都有着很大的相似性,两者都成立于2005年,都以提供专业分类信息为目标。据统计,截至2014年年底,活跃在赶集网上为用户提供各类生活服务信息的商家有一千万家之多,而这其中的付费商家又超过了百万家。随着2015年,58同城战略入股赶集网,这两家分类导航多年来的激烈竞争局面也随之结束,战略合作后,这两家网站在分类导航市场上将占据绝对的份额。但根据双方协议,合并后,58同城和赶集网依然会保持品牌独立性,网站及团队均继续保持独立发展与运营。

(3) 百姓网

2008年4月22日,eBay全资子公司、分类信息网站客齐集中国公司悄然启动新域名更名为"百姓网",成为 eBay 全球首个本土化品牌。8 年之后,2016年 3 月,百姓网挂牌新三板,成为国内分类信息第一股。百姓网一直致力于建设"连接所有生活需求"的信息服务网站,正如它的名字一样,与 58 同城和赶集网不同,百姓网的交易双方是普通百姓,主要以二手商品作为主要的交易标的物。百姓网不仅摆脱了商家与用户进行交易的商业模式,而且开创了其独特的交易方式,即当面交易。交易双方通过网站搭建的桥梁,来约定时间、地点,买方可以实地查看交易物品,以决定是否最终购买。

9.7.4 分类导航网站问题及趋势分析

随着网络技术的发展,各种各样的分类导航网站如雨后春笋大量涌现,发展迅速,备受人们关注。但是分类导航网站仍然存在一些问题,面对这些问题,分类导航网站应该向品牌化、个性化、内容及价值多元化发展,提高产品的安全性防御能力,促进分类导航网站快速发展。

(1)信息审查不严,质量良莠不齐

信息质量对于分类导航网站的生存可以说是攸关其能否长足发展的决定性因素,如果没有可靠的信息,势必会造成客户的流失,最终导致网站的没落。现如今,分类导航网站信息量巨大,但质量堪忧。信息内容的真实性与可靠度一直是困扰此类网站发展的最大问题,虚假信息也是导致用户大量流失的重要原因。如同搜索引擎网站所面临的问题一样,分类导航网站同样面临着用户对网站诚信问题的拷问。

(2)网站安全保障不足,用户隐私保护欠缺

分类导航网站往往通过追踪用户的在线活动来实现精准营销,但如果不注重保护用户的个人信息,就会给用户带来麻烦,同时也会降低用户对网站的粘性。

(3)商业模式同质化严重,急需寻找新的利润增长点。

无论是在产品还是商业模式上,分类导航网站之间几乎是完全同质化的,行业的竞争壁垒不高,竞争格局几乎取决于资本的多少,一旦出现恶性竞争,网站的营销费用将大幅上涨,利润大幅下降在所难免。

(4)推广费用及人力成本高带来巨大的资金压力

互联网是烧钱行业是众所周知的,而分类导航网站更是如此,其高额的成本主要包括运营成本和人力资源成本。广告费的不断攀升带来的必然是运营

成本的节节升高，但是收入却并没有跟上成本上升的增幅，这也给网站后续的运营带来巨大的资金压力。

随着分类导航网站的不断发展，用户的使用习惯逐渐形成，新的分类导航网站的用户获取成本不断增加，很难从现有分类导航网站分割已有客户。面对相对稳定的市场格局，分类导航网站应更加注重对网站内容的差异化经营，不仅仅要满足用户对信息资源量的需求，更要满足用户对信息资源质的需求，这就需要分类导航网站不断提高信息提供与用户需求的匹配度，充分利用大数据分析技术，对用户进行精准定位，主动推送用户更感兴趣的内容。与此同时，不可忽略的是分类导航网站移动端潜藏价值的挖掘。

第10章 生活服务网站商业价值排名及分析

随着国内互联网发展加速,在用户日常生活服务需求方面,互联网在位置信息、交易便捷等方面具有相当大的优势,从而吸引越来越多的用户通过生活服务类网站来进行各类生活服务。

10.1 生活服务网站概述

生活服务类网站即关注公众日常生活,依托互联网,将日常生活中各类服务通过网站提供给用户,针对生活中的具体需要进行指导、帮助和具体服务,为人们日常生活提供工作、旅游、挂号、票务及酒店预订、金融理财等生活相关的服务信息,满足用户对日常生活服务的需求的网站。

10.2 生活服务网站发展历程

在经济快速发展的中国市场上,提高生活品质、获得更为便捷周到的服务,是人们日益追求的目标。由于互联网的普惠、便捷、共享特性,公众对生活服务提升的追求逐渐从线下转向线上,第三产业生活服务商家的纷纷触网,各类生活服务网站也随之出现,不断渗透到公众生活的方方面面,公众最终步入网络时代的生活服务,这对于促进民生改善与社会和谐是大有助益的。

生活服务网站是在公众消费需求的刺激下逐渐兴起的,互联网对个人生活方式的影响进一步深化,融入旅游、家居、医疗、交通等民生服务中,也意味着更多生活服务领域商家融进互联网发展模式中,从而促进整个第三产业的网络化转型。比如在旅游消费高速增长带动下,在线旅游行业迅速发展,大批的旅游网站应运而生。

依赖于 Internet/Intranet 技术的 WEBGSI,地图与先进的可视化信息技术及网络技术相融合,电子地图找到了其传播和使用的新载体——因特网,这样便产生了网络电子地图,进而发展成为专业的地图服务网站。2005 年是我国互联网地图市场的萌芽期,在这一时期,诸多网站开始提供地图搜索服务。国内第一家专业地图搜索网站 Mapbar 于 2005 年 1 月投入运营,其后搜狐和新浪也分别在同年 4 月和 6 月推出自己的地图搜索服务。

近几年互联网理财市场用户规模继续扩大,产品格局已由发展初期的活期理财产品"包打天下"转变为活期、定期理财产品共同发展,与此同时,网络支付快速向线下支付场景延伸和拓展,这都促使在线金融网站不断转型升级。随着互联网对公众生活的不断渗透,生活服务网站的类型将更加多样化,服务对象也将更加多元化。

10.3 生活服务网站整体规模

从数量上看,本研究选取网站样本总量包含生活服务类 1063 个网站,其中地图服务网站 58 个,法律网站 8 个,挂号问诊网站 80 个,家居生活网站 64 个,健康网站 143 个,酒店预订网站 71 个,快递网站 15 个,旅游网站 338 个,票务网站 118 个,问答网站 25 个,在线金融网站 75 个,招聘网站 68 个。其中旅游网站占生活服务类网站比重最大,达到 32%,健康网站次之,占比为 13%,此两类网站总计接近生活服务类网站的一半。众所周知,人们生活水平不断提高,更多人追求生活的质量,外出旅游成为人们度假休闲、放松身心的首选,

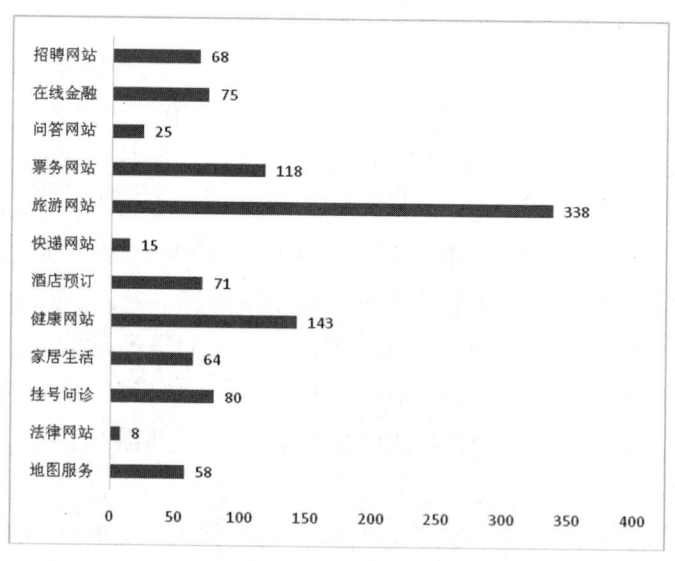

图 10-1 生活服务网站分类频数统计

巨大的市场需求刺激了旅游网站的兴起、发展。同样，随着公众对健康的关注，对健康意识的觉醒，近几年全民掀起了一股"健身热"，使得大家加强了对健康信息的关注和需求，而以养生健康咨询为主要服务内容的健康网站也自然成为人们获取健康咨询的主要渠道。

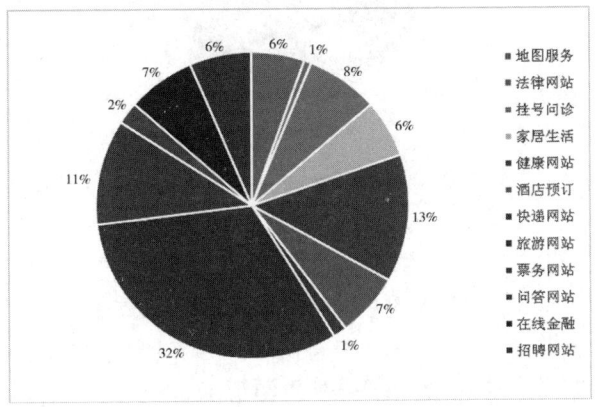

图 10-2 生活服务网站分类频数统计

从用户角度来讲，主要生活服务类应用的用户规模不断增长，网民使用率也在逐渐提高，人们的行为习惯在慢慢发生变化，随着用户群的深入培养，生活服务类网站市场前景是十分广阔的。以旅游类、酒店预订、票务类相关在线产品为例，CNNIC 统计数据显示，截至 2015 年 12 月，在网上预订过机票、酒店、火车票或旅游度假产品的网民规模达 2.6 亿人，较 2014 年底增长 3782 万人，增长率为 17.1%。本研究所抓取的 1063 个生活服务类网站中，日均访问量过万的网站比重为 72%。

表 10-1 2014—2015 中国网民主要生活服务类互联网应用的使用率

应用	2015 年		2014 年		
应用	用户规模（万）	网民使用率	用户规模（万）	网民使用率	全年增长率
网站支付	41618	60.5%	30431	46.9%	36.8%
网上银行	33639	48.9%	28214	43.5%	19.2%
旅游预订	25955	37.7%	22173	34.2%	17.1%
互联网理财	9026	13.1%	7849	12.1%	15.0%
网上炒股或炒基金	5892	8.6%	3819	5.9%	54.3%
互联网医疗	15211	22.1%			

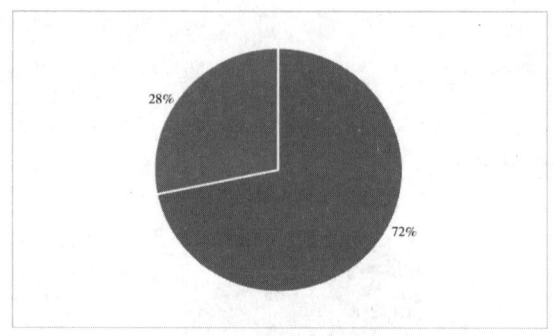

图 10 – 3　日均访问量过万网站比重

10.4　生活服务网站分类

家居生活:提供家居、装修、缴费等生活服务的网站。

在线金融:提供网上银行、支付、保险、证券、基金、理财等金融服务的网站。

旅游网站:提供旅游信息、旅游攻略、户外活动等服务的网站。

招聘网站:提供招聘服务的网站。

健康网站:提供健康、中医养生相关信息服务的网站。

挂号问诊:提供挂号、在线问诊、疾病查询、用药指导、医院信息等服务的网站。

问答网站:用户在线提问和回答他人提问的网站。

快递网站:提供快递查询、寄件等服务的网站。

票务网站:在线查询票务信息、预订及购买车票、演出票等的网站。

酒店预订:提供在线预订酒店服务的网站。

法律网站:提供法律条文、法理知识、法律在线咨询的网站。

地图服务:提供地图浏览、公交路线、行车路线以及对目标地点简介服务的网站。

10.5　生活服务网站商业价值排名

利用可操作化的反向链接数、百度 PR、网站 PV、独立访问 IP 数和人均页面浏览量、网站的平均页面加载时间、广告请求次数、广告竞价次数、广告展示次数、广告均价和月均广告总收入等定量指标,本研究对生活服务网站进行了评估。

10.5.1 生活服务网站商业价值TOP50

生活服务网站商业价值TOP50中百度知道位居榜首,而在前五名中有3个是健康网站,分别是39健康网、99健康网、39养生堂。可见健康是人们最原始的需求,在马斯洛需求理论中,人类对医疗的需求和对衣食住处于同一地位,这是保障人类生存的基本服务,随着人们生活水平的提高,大家对健康的需求及对健康资讯的关注有增无减。

表10-2 生活服务网站商业价值TOP50

排名	网站名称	排名	网站名称
1	百度知道	26	知乎
2	寻医问药	27	我爱我家网
3	39健康网	28	悦美整形网
4	99健康网	29	心食谱
5	39养生堂	30	去哪儿
6	好搜问答	31	健康安全网
7	美食天下	32	我爱卡
8	智联招聘	33	三茅人力资源网
9	应届生求职网	34	快递100
10	搜搜问问	35	广西人才网
11	好豆网	36	车问
12	丁香人才网	37	银率网
13	爱问	38	闻康网寻医问药社区
14	下厨房	39	钱宝网
15	猎聘网	40	伊秀生活网
16	豆果网	41	同城旅游
17	597厦门人才网	42	蚂蜂窝
18	导医网	43	雪球
19	携程旅行网	44	博雅旅游网

(续表)

排名	网站名称	排名	网站名称
20	职友集	45	中国建设银行官网
21	同花顺金融服务网	46	慧择保险网
22	缤客	47	酷家乐
23	前程无忧	48	indeed 求职网
24	英才网联	49	有问必答网
25	百度经验	50	顺丰快递官网

从生活服务网站商业价值 TOP50 中各类网站的分类频数及比重上看,招聘网站 11 个,包括智联招聘、应届生求职网、丁香人才网、猎聘网、597 厦门人才网、职友集、前程无忧、英才联网、三茅人力资源网、广西人才网、indeed 求职网;家居生活网站 8 个,包括美食天下、好豆网、下厨网、豆果网、我爱我家网、心食谱、尹秀生活网、酷家乐;在线金融网站、问答网站及健康网站均有 7 个跻身前 50 名;而票务网站、法律网站及地图服务网站没有任何网站进入前 50 名。

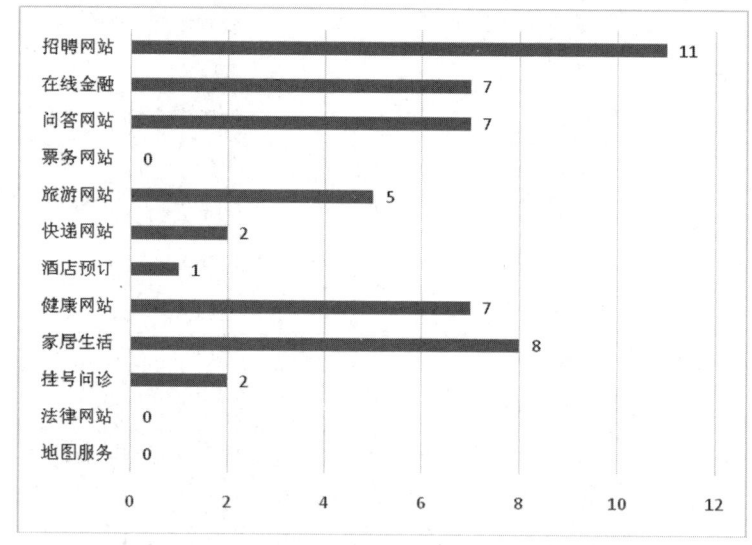

图 10-4 生活服务网站商业价值 TOP50 各类频数统计

从生活服务网站商业价值 TOP50 中各类网站的访问量上看,网站的日均访问量均过百万,11 个网站日均访问量过千万,4 个网站的日均访问量过亿,分别是 2 个问答网站——百度知道、好搜问答,1 个酒店预订网站——缤客,1 个招聘网站——indeed 求职网。不难看出,百度知道依靠百度这个占据市场份额最大的搜索引擎将大量页面收录进索引库,使普通客户很容易就通过百度搜索到百度知道网站。

10.5.2 地图服务网站商业价值TOP20

随着互联网的进一步普及和互联网基础设施的升级,互联网地图服务市场正以前所未有的速度发展。地图服务网站商业价值TOP20前三名分别为图吧、城市吧、好搜地图。

表10-3 地图服务网站商业价值TOP20

排名	网站名称	排名	网站名称
1	图吧	11	爱帮公交网
2	城市吧	12	上海地铁
3	好搜地图	13	丁丁网
4	E都市	14	地球在线
5	博雅地名网	15	百度地图
6	查查吧	16	船讯网
7	高德地图	17	广州坐车网
8	腾讯地图	18	西安公交网
9	搜狗地图	19	腾讯地图开放平台
10	SOSO地图	20	北京地铁

10.5.3 法律网站商业价值TOP8

在互联网的变革大潮下,拥抱互联网成为传统法律行业转型升级的必选之路,律师营销、法律服务在线化和法律大数据已经成为传统律师行业破局的利器。法律网站商业价值TOP8中前三名是110法律咨询网、找法网及律师365。

表10-4 法律网站商业价值TOP8

排名	网站名称
1	110法律咨询网
2	找法网

（续表）

排名	网站名称
3	律师365
4	深圳市律师协会官方网站
5	华律网
6	法制网
7	法邦网
8	中顾法律网

10.5.4 挂号问诊网站商业价值TOP20

医疗行业对互联网的利用已经颇为常见,越来越多的医生通过在线平台为患者服务,包括健康咨询、预约问诊、诊后随诊等。挂号问诊网站商业价值TOP20中前三名为寻医问药、导医网、医护网。

表10-5 挂号问诊网站商业价值TOP20

排名	网站名称	排名	网站名称
1	寻医问药	11	求医网疾病专题频道
2	导医网	12	医院大全
3	医护网	13	就医助手
4	新氧	14	浙江省医院服务平台
5	微医	15	浙江省预约诊疗服务平台
6	爱爱医	16	好大夫在线
7	就医160挂号网	17	中康体检网
8	名医汇	18	糖尿病网
9	爱康国宾体检	19	华夏医界网
10	医网	20	问大夫

10.5.5 家居生活网站商业价值TOP20

家居生活网站涉及公众生活的多个方面,如饮食、装修、各类缴费等,将线下的生活行为习惯转移到线上。这类网站商业价值TOP20中前三名是美食天下、好豆网、下厨房,均为饮食类网站,充分印证了"民以食为天"这个颠扑不破的道理。

表 10-6　家居生活网站商业价值 TOP20

排名	网站名称	排名	网站名称
1	美食天下	11	香哈网
2	好豆网	12	宜家官网
3	下厨房	13	中国联通网上营业厅
4	豆果网	14	美食杰
5	我爱我家网	15	和家网
6	心食谱	16	网易家居
7	伊秀生活网	17	编织人生
8	酷家乐	18	土巴兔装修网
9	中国菜谱网	19	舒适100网
10	美乐乐家具网	20	订餐小秘书

10.5.6　健康网站商业价值 TOP20

健康网站以传播健康、养生咨询为切入点,提供多种医疗健康保健知识供用户自行获取。此类网站商业价值 TOP20 前三名为 39 健康网、99 健康网、39 养生堂。值得注意的是,当下公众审美的变化,也使得美容整形的相关网站迅速崛起。

表 10-7　健康网站商业价值 TOP20

排名	网站名称	排名	网站名称
1	39 健康网	11	健客网
2	99 健康网	12	6681 养生网
3	39 养生堂	13	丁香园
4	悦美整形网	14	寻医问药网疾病频道
5	健康安全网	15	MSN 健康频道
6	闻康网寻医问药社区	16	21 保健品网
7	有问必答网	17	久久健康网
8	飞华健康网	18	中医世家
9	携手健康网	19	乐哈健康网
10	大众养生网	20	正佳养生网

10.5.7　酒店预订网站商业价值TOP20

无论旅游或是出差,住宿是人们必须要解决的问题,在网上在线预订酒店是大多数人的一个选择,正是基于消费者这种旺盛的出行住宿需求,酒店预订市场越发火爆。酒店预订网站商业价值TOP20中前三名是缤客、去哪儿酒店、木鸟短租。虽然酒店仍然是消费者出行住宿的主流选择,非标准住宿在整体住宿市场所占的比例还比较低,但不可否认的是,非标准住宿在个性化体验方面的相对优势仍然存在。根据Analysys易观产业数据库监测显示,2016年第一季度,在线非标准住宿预订平台发展迅速,2016年2月,木鸟短租宣布完成B轮融资。

表10-8　酒店预订网站商业价值TOP20

排名	网站名称	排名	网站名称
1	缤客	11	艺龙酒店
2	去哪儿酒店	12	IHG
3	木鸟短租	13	如家酒店连锁官网
4	蚂蚁短租	14	法国雅高酒店集团
5	喜达屋酒店及度假村	15	百酷网
6	凯悦酒店集团官方网站	16	锦江旅行
7	到喜啦	17	中国青年旅舍官网
8	安可达	18	住哪网
9	小猪短租网	19	香格里拉酒店集团官网
10	携程酒店预订	20	酒店哥哥

10.5.8　快递网站商业价值TOP20

近年来,我国快递行业实现了持续高速增长。2014年我国快递业务量完成139.6亿件,最高日处理量超过1亿件,业务量首次超越美国,成为全球第一快递大国。但低门槛也使得快递业早已进入到白热化的竞争状态,由价格战引发的恶性竞争成为摆在快递行业面前的一大痛点。

快递网站商业价值TOP20前三名为快递100、顺丰快递官网、中国邮政速递物流。快递物流公司繁多,互联网浩瀚芜杂,使消费者不能迅速获取所需信息,于是便给了提供一站式的快递查询服务的快递100网站生存的空间,该网站提供快递单号查询、价格查询、网点查询、保存查询记录、邮件和短信提醒等一站式快递查询服务,同时提供向快递公司在线下订单的服务,为B2C、C2C、团购等网络应用提供免费的快递查询接口(API)。

表10-9 快递网站商业价值TOP10

排名	网站名称
1	快递100
2	顺丰快递官网
3	中国邮政速递物流
4	中国邮政网上营业厅
5	全球物流查询平台
6	申通快递
7	快递之家
8	国通快递
9	宅急送官方网站
10	韵达快递官方网站

10.5.9 旅游网站商业价值TOP20

基于国家政策环境利好,人均GDP水平提升,带薪休假制度进一步深入落实,从经济和时间方面为在线旅游行业的发展创造了有利条件。国家旅游局数据显示,2015年中国国内旅游、出境旅游人次和国内旅游消费、境外旅游消费均列世界第一。越来越多的国家针对中国游客推出便利的签证政策,激发国人更高的旅游消费热情,从而加速中国旅游产业的发展。

就目前来看,旅游网站市场依然是携程旅行网和去哪儿两家老牌的网站领跑市场。但随着在线旅游的繁荣发展,新模式和新对手层出不穷,携程旅行网和去哪儿面临的挑战也越来越复杂和严峻,原有市场格局很可能被打破。

表 10-10　旅游网站商业价值 TOP20

排名	网站名称	排名	网站名称
1	携程旅行网	11	米胖网
2	去哪儿	12	欣欣旅游网
3	同城旅游	13	春秋旅游网
4	蚂蜂窝	14	央广网旅游频道
5	博雅旅游网	15	穷游网
6	驴妈妈旅游网	16	要出发旅行网
7	飞客茶馆旅行网	17	悠哉旅游网
8	畅游天下同行网	18	途牛旅游网
9	网易旅游频道	19	上香港网
10	铁友网	20	到到网

10.5.10　票务网站商业价值 TOP20

票务网站商业价值 TOP20 的前三名分别为火车网、网易电影、聚橙网，同时值得注意的是，前 20 名中一半以上为航空机票网站。劲旅咨询—劲旅智库监测数据显示，2015 年，中国机票预订在线市场规模达 3431.5 亿元，较 2014 年 2316.6 亿元同比增长 48.1%，在线渗透率为 76.7%，较 2014 年 59.2% 高出 17.5 个百分点。

表 10-11　票务网站商业价值 TOP20

排名	网站名称	排名	网站名称
1	火车网	11	春秋航空
2	网易电影	12	去哪儿网机票
3	聚橙网	13	坐车网
4	携程机票	14	中国东方航空
5	客运站	15	国泰航空
6	中国南方航空	16	阿联酋航空
7	厦门航空官网	17	信天游
8	大麦网	18	国家大剧院官方网站

(续表)

排名	网站名称	排名	网站名称
9	南方航空	19	携程火车票官网
10	大韩航空官方网站	20	英国航空

10.5.11 问答网站商业价值 TOP20

由于对互联网的依赖,公众已经习惯了从网上直接提出疑问获取答案的处理事务方式,互联网已经成为知识分享的一个重要平台,这预示了问答领域的需求越来越多。问答网站商业价值 TOP20 的前三名为百度知道、好搜问答、搜搜问问。

最开始,公众借助门户网站来获得需求信息,但这样的结果是内容质量差、针对性低;搜索引擎出现之后,公众就可以针对问题来搜索信息。然而很多通用搜索引擎在专家问答方面是失败的,人们需要垂直型问答网站来解决特定行业、特定领域的专业问题,比如前 20 名中我的异常网立足于提供权威的软件开发程序错误解决方案。

表 10-12 问答网站商业价值 TOP20

排名	网站名称	排名	网站名称
1	百度知道	11	深交所互动易
2	好搜问答	12	SEO 综合查询
3	搜搜问问	13	搜狗问问
4	爱问	14	新东方问吧
5	百度经验	15	PCbaby 快问
6	知乎	16	我的异常网
7	车问	17	爱问知识人
8	SegmentFault	18	YY 客服中心
9	天涯问答	19	SketchUp 吧
10	搜外问答	20	答疑网

10.5.12 在线金融网站商业价值 TOP20

在线金融网站商业价值 TOP20 前三名为同花顺金融服务网、我爱卡、银率网,在线金融网站的产品搜索和比较成本、交易成本均远低于实体金融网点,同时作为一个自助服务的无时间和地域限制的销售平台,其时间、空间延展性,非实体金融网点可比,这也是消费者越来越青睐在线金融网站的原因。

表 10-13 在线金融网站商业价值 TOP20

排名	网站名称	排名	网站名称
1	同花顺金融服务网	11	泰康人寿
2	我爱卡	12	向日葵保险网
3	银率网	13	太平洋保险官网
4	钱宝网	14	中信金融网
5	雪球	15	中国工商银行官网
6	中国建设银行官网	16	保险网购新一站
7	慧择保险网	17	支付宝
8	中民保险网	18	中国平安官方直销网站
9	拍拍贷	19	私募排排网
10	PayPal 中国	20	招商银行官网

10.5.13 招聘网站商业价值 TOP20

招聘网站商业价值 TOP20 中前三名为智联招聘、应届生求职网及丁香人才网,这其中智联招聘作为综合类招聘网站是行业内最早的一种模式。综合类招聘网站靠广告以及人力资源服务为主要盈利点,用户体验较差,且用户粘性并不是很理想。但因其自有的规模效应,获取单个用户的成本已经非常的廉价,网站活跃度仍处于不断上涨的趋势,综合招聘网站在一定时期内仍将是市场的主导者。

而在垂直领域,拉勾和猎聘的迅猛发展进一步验证了变革来自长尾细分领域,同时也表明了用户更愿意为对自己提供个性化需求的服务买单。

表 10-14 招聘网站商业价值 TOP20

排名	网站名称	排名	网站名称
1	智联招聘	11	indeed 求职网
2	应届生求职网	12	592 招聘网
3	丁香人才网	13	拉勾网

(续表)

排名	网站名称	排名	网站名称
4	猎聘网	14	大街网
5	597厦门人才网	15	河北搜才网
6	职友集	16	新疆人才网
7	前程无忧	17	云南招聘网
8	英才网联	18	事业单位招聘网
9	三茅人力资源网	19	卓博人才网
10	广西人才网	20	中国人才热线

10.6 在线金融网站商业价值分析

在线金融网站凭借自身优势在竞争激烈的互联网领域求得了一席之地,并依靠其优于传统金融更加高效,也更加灵活的业务模式,找到了适合其生存并长期发展的土壤。

10.6.1 在线金融网站盈利模式分析

在线金融网站是线下金融产品的延伸,就金融产品本身的收入方式而言,互联网技术的引入并没有给金融产品带来太多的改变,收入模式依然集中在利差和手续费两方面。然而由于互联网金融更好地满足了长尾客户的金融需求,有效聚集了大量的客户流量,转而从互联网行业本身的盈利方式中获得大量的利润。

(1)支付手续费+备付金存款利息

这种盈利模式主要是针对支付类在线金融网站而言的。通常情况下支付平台通过银行支付网关或快捷支付接口实现与各家银行的资金对接,需向银行支付一定的结算服务手续费。而后,支付平台将整合后的统一支付平台打包输出给需要网上支付服务的电商客户,收取的费用远高于银行接口成本。于是形成了手续费差额收入,这一收入随平台支付交易量的加大而增加,构成支付平台主要营业收入来源。同时,因客户备付金在支付平台形成一段时间的逗留,从而使支付平台备付金专用账户中长期保有较为稳定的资金沉淀,而相应的存款利息收入则归平台所有。

(2) 利差 + 管理服务费

对于以经营类存款产品作为业务的在线金融网站以及 P2P 网站,主要通过利差及收取管理费、服务费来实现盈利。

一般来说,以经营类存款产品作为业务的网站将客户资金汇集后,通过基金公司包装货币基金,而后通过资金市场将资金提供给银行,由于客户投资期限与银行拆借期限之间存在期限错配,为确保产品连续性,网站实际支付给客户的收益低于资金拆借利息平均收入,其间的差额就形成了产品的利差收入。同时,基于货币基金的本质特性,基金公司将按照市场通行的行业惯例和标准对客户收取一定的管理费和服务费。然而在互联网金融模式下,基金公司与销售平台之间往往是合资或合伙关系,因而这部分收益也构成了此类网站的收入。

与前述传统银行存贷款之间产生利差收益类似,P2P 平台对外出售投资项目提供给投资人的收益率均低于融资方承诺支付的融资利息,通过资金进出价额差赚取收入。同样的,P2P 平台为融资方运作融资项目,一旦项目成功,作为平台运营管理工作的固定报酬,平台会向融资人收取一定的项目管理费。一般该项费用可采取前端收费方式,即平台方成功归集项目资金后,直接扣除管理费,将资金净额划转融资方;也可采取后收费方式,即平台将项目归集的所有资金一次性交付融资方,融资方给据双方约定费率将管理费返还 P2P 平台。此外,P2P 平台除销售自行营销的投资项目外,还有可能与银行或资信状况较好的其他平台合作代理销售对方 P2P 项目,通过代理销售的方式,被代理方将按照一定比例向代理销售方支付手续费。

(3) 客户流量变现

成熟的互联网金融平台,客户流量资源十分丰富。通过在有效客户流量上叠加产品、服务,甚至广告都可派生出新的收入。最直观的一种形式就是平台广告,特别是产品流程内的植入性广告,价值极高。目前,互联网金融平台流量销售收入水平往往远超过其金融主营业务收入。

10.6.2 在线金融网站 SWOT 分析

在互联网金融界,通常认为 2013 年开启了互联网金融迅速发展的序幕,因而,2013 年也被认为是"互联网金融元年"。互联网思维一方面给传统金融业注入新的活力,带来新的利润增长点,另一方面互联网金融业给传统金融业带来新的挑战,不断冲击着传统金融业的业态形式,重新塑造金融界的市场布局。经过短短几年的发展,互联网金融以其强劲的发展势头引发了广泛的关注。2014年,"促进互联网金融健康发展"被首次写入政府工作报告。然而,我国互联网金融的发展仍处于初期阶段,下面对我国互联网金融在发展过程中存在的优势和劣势,以及可能面临的机会和威胁进行分析。

在线金融网站的优势体现在以下几个方面:

第一,交易成本低。在线金融网站的运营主要是利用线上平台提高交易效率,其成本投入主要体现在前期搭建平台,一旦完成平台建设,后期的运营主要利用大数据和云计算,将会大幅降低成本。而且,在互联网金融行业,几乎所有的业务环节都能够在网上完成,在线金融网站不需要像传统的金融机构一样开物理网点、做海量广告、雇优秀销售人员,节省了交易双方时间成本,自然也大大降低了双方的交易成本。

第二,金融产品创新性。在线金融网站作为传统金融业与互联网相结合的产物,它的问世本身就带着创新的印记,事实也确实如此。在线金融网站不断利用互联网技术,贴合用户需求,创新产品,打破传统金融业既有的盈利模式,把触角伸向传统金融业够不着的或者无奈放弃的地方。在线金融网站相比传统金融业在细分领域的拓展更新更具优势,基于互联网技术,在线金融网站可以在细分领域挖掘更深、更专业,创造出更多细分市场的金融产品。

第三,便捷性。客户通过在线金融网站进行交易、理财,突破了传统金融业物理营业网点的限制,客户主要通过登录网站,在网站的提示或者客服的帮助下就可以随时随地自主完成业务流程,做到足不出户就可以让资金流动,大大节省了原来到实体网店排队等待的时间。客户可以根据自己的时间合理安排交易时间,充分利用空闲时间比对理财产品并办理相关业务。

第四,信息对称。由于信息不对称,在传统金融业务模式下,资金的供需双方不能实现有效对接,导致资金拥有者因为没有合适的投资项目而闲置资金,资金需求者融资渠道有限而无法获取资金。在线金融网站恰好解决了这个难题,为资金的供需双方搭建了交易合作的平台。资金的供需双方各自在网站输入自己的条件,平台根据要求来查到匹配的信息,将交易双方连接在一起,透明的交易要素、合理的定价也进一步促进了交易的快速完成。

在线金融网站的劣势体现在以下几个方面:

第一,安全问题突出。由于金融业是与用户资金打交道的行业,对于用户而言,自己的财产安全稳妥是最关注的问题,因而在线金融发展的最大问题就是如何保证用户资金的安全。由于互联网的虚拟性,用户对在线金融网站一直持有怀疑。不断被报道的网络金融诈骗,对在线金融网站的发展更是雪上加霜。虽然一些保险公司也相继推出了针对在线金融类账户的安全险种,但此举并不能完全打消用户对在线金融安全性的疑虑。

第二,易陷入流动性问题。在线金融网站为保证其独有的便捷性,允许客户随时随地支取账户中的资金。这种模式下,一旦大量客户在同一时间发生大面积大额款项支取,很容易导致在线金融网站因资金量急剧减少而陷入流动性问题。这主要是因为在线金融网站的资金循环利用率比传统金融机构要高得多,使得资金流也比较脆弱。

在线金融网站的机会体现在以下几个方面:

第一,有助于推进利率市场化改革。在线金融网站在推广阶段,通常会以高回报率作为吸引用户注册账户的主要手段,使大量资金从传统金融机构,如银行等渠道流入在线金融网站,减少了市场对传统金融机构的资金供应量,这无形中会促进利率的市场化。

第二,与商业银行合作共赢。通常情况下,人们总是认为在线金融网站与商业银行属于竞争关系,双方在金融市场上争夺、分割用户。但实际上,两者也存在着合作共赢。在线金融网站可以利用商业银行对资金的高风控能力,将线上资金转到线下商业银行的监管之下,以降低自身的风险。商业银行又可以借助在线金融网站这个平台革新信贷模式,发展不同的客户群体。

在线金融网站的威胁体现在以下几个方面:

第一,用户操作风险。在线金融网站的安全性一直都被公众所关注,由于互联网开放性的发展模式,通过在线金融网站交易的用户可能会与不同的交易主体发生联系,在这些交易中的信息保护就显得尤为重要,而许多用户缺乏个人信息保护意识,一些别有用心之人一旦获取用户在网站注册的账户、密码,很容易给用户造成损失。这种潜在的安全隐患如果得不到解决,对在线金融网站的长远发展必将是很大的威胁。

第二,法律监管风险。互联网行业起步晚,但是发展速度很快,在其高速发展过程中,我国现行法律难免存在一定的滞后性。一方面,对于在线金融网站的规制缺乏深入的、具有可操作性的法律法规,使得在实践中许多问题因为没有可参照的法律法规而产生纠纷。另一方面,由于缺乏有效监管,一些在线金融网站的某些业务很容易钻法律漏洞,把互联网当作法外之地,这对于在线金融网站而言是极不健康的。

10.6.3 在线金融网站代表网站分析

(1) 同花顺金融服务网

同花顺金融服务网作为在线金融信息服务综合提供商,主要产品有增值电信业务、广告及互联网业务推广服务、电子商务、软件销售及维护等,为客户提供全面的在线金融信息服务,与国内90%以上的证券公司建立了业务合作关系,覆盖了中国证券市场不同类型的客户群体。

截至2015年12月31日,同花顺金融服务网拥有注册用户约31452万人;每日使用同花顺网上行情免费客户端的人数平均约1000万人,每周活跃用户数约为1500万人。庞大而活跃的用户群提高了公司的品牌知名度,公司产品和服务的推出、升级、更新换代能被市场快速接受,具有突出的客户资源优势。

(2) 我爱卡

作为国内首家信用卡门户网站,我爱卡自2005年上线以来,为消费者提供在线信用卡咨询、比较、申请及其他增值服务,充分利用互联网用户的主动性优势,发展迅速。直接上门的销售人员、呼叫中心、成型的数据库,构成了我爱卡全体系的整合营销平台,不仅可以最大规模覆盖市场,而且由于互联网的一对一定制的优势,我爱卡网筛选出来的都是主动申请的优质客户。

通过我爱卡网站,消费者、银行和商户三方实现了共赢。消费者个人通过网站注册后,可以对各大银行的信用卡业务进行咨询,从而了解不同银行信用卡的政策信息。而且,我爱卡网站还可以对消费者的个人信用进行模拟评审,这对于发卡行来讲也是一个重要的参考。对于银行来说,每一个在我爱卡注册的用户,都是其潜在的开卡客户,可以更加精准地掌握个人对信用卡的申请意向。

(3) 慧择保险网

慧择保险网成立于2006年,经过多年深耕,在互联网保险第三方平台市场占据过半份额,用户规模更是超过百万。通过该网站,用户可以在网上选择适合的保险产品,完成销售、服务、理赔等多个环节,形成一个完整的闭环服务模式。

与传统保险公司相比,慧择保险网作为互联网保险平台,不仅仅为保险公司及客户之间创造了交易的平台,还能通过统计网站后端数据,了解用户的需求,根据用户群体的特点不断革新业务形式,推动保险业向着互联网+的方向不断发展。

10.6.4 在线金融网站发展的问题及趋势

尽管在线金融网站取得了傲人的发展成绩,但仍然存在不少问题,如监管制度暂时缺位,缺乏有效盈利模式及创新等。在线金融网站可以短时间内,通过各种推广策略,吸引了大规模的用户,然而,盈利模式单一也使得各在线金融网站在现阶段经营上呈现出严重的同质化,将盈利的目标伸向了同一块蛋糕,但是蛋糕毕竟有限,在线金融网站面临的现实问题是,必须突破常规的盈利模式,实现差异化竞争,提高可持续盈利能力。

在在线金融网站未来的发展当中,应当按照市场的总体需求,坚持以客户为中心的原则,创新研发适合客户的金融产品。从根本上来讲,互联网金融机构所得到的交易活动数据,能够从整体上强化风险管理和控制的实力,还能够和现阶段所拥有的资金流进行有机地结合,充分挖掘客户在融资方面的需求,深层次地分析客户在融资方面的偏好,促进线上线下的有效互动,将在线金融网站建设成为一个突破行业限制、突破专业限制的全方位金融生态圈。

10.7 挂号问诊网站商业价值分析

与其他生活类服务网站相比,用户对使用挂号问诊类网站的习惯还需要继续培养,但由于挂号问诊与公众的医疗健康紧密相连,其潜藏着巨大的商业价值。

10.7.1 挂号问诊网站盈利模式分析

目前挂号问诊网站主要的盈利模式主要有以下四种:

(1) 广告模式

这种盈利模式与其他网站的广告模式几乎没什么区别,都是在挂号问诊网站专门设置广告位发布广告,广告主向网站支付相应费用。

(3) 用户增值模式

除了通用的服务内容,网站会根据用户需求,向用户提供专门的咨询服务,目前大多数网站都采用了这种模式以提高网站的盈利水平,但收入情况并不乐观,未形成规模收益。

(4) 商保模式

随着我国老龄化社会的加剧,商业保险在医疗支付中将承担越来越重的份额,以弥补基本医疗保险的不足。挂号问诊网站与商业保险公司合作的模式还在不断探索之中,通过开拓商业保险健康险产品,开通商业保险赔付通道等形式,为挂号问诊网站增加收入。

(4) 数据服务模式

数据服务模式主要是挖掘用户数据,通过收集、整理用户在网站的行为数据,与制医、制药等企业合作研发产品,从而将线上业务向线下拓展;或者直接将数据卖给相关企业,但在这个过程中,必须注意保护用户个人隐私,不能触碰用户隐私的红线。

10.7.2 挂号问诊网站 SWOT 分析

挂号问诊网站的蓬勃发展,与我国现阶段医疗资源总量相对不足的现状有关。虽然从总量上看,医疗资源的增长一直都很稳定,但我国庞大的人口基数决定了我国人均医疗资源的占有量十分低下。同时,基层诊疗能力相对不足,这也为挂号问诊网站的发展提供了需求空间。

挂号问诊网站的优势体现在如下几个方面:

第一,效率高,成本低,流程少,资源多。挂号问诊网站借助网络环境下信息的高速传输与高效利用,打破了时间、地点、区域的限制,能够使用户及时得到有效的医疗服务,这对于用户医疗服务获取的时间成本和费用成本的降低是大有助益的。同时,挂号问诊网站与传统医疗机构一样,将医疗服务按照科室类别加以排列,用户可以根据自身需求迅速地搜索到有用信息,避免了盲目就医带来的麻烦。

在就诊高峰期,患者或者家属挤满了医院挂号大厅,彻夜排队挂号的新闻也屡见报端,更有票贩子充斥其中,使得优质医疗资源变得"一号难求"。然而,挂号问诊网站可以将医院门诊流量有效分流,大大节约医院管理成本,实现最佳的社会效益和经济效益。

挂号问诊网站的劣势体现在如下几个方面:

第一,服务内容局限于健康咨询,不能开展诊疗活动。医生想要通过挂号问诊网站行医既需要经过医生所在医疗机构的同意又要受到多种政策的限制。同时,由于医生的身份约束未放开,医生多点执业发展缓慢,无法实现医师资源市场化配置和流转。而且,国家卫计委在发布《关于推进医疗机构远程医疗服务的意见》中明确规定:医务人员向本医疗机构外的患者直接提供远程医疗服务的,应当经其执业注册的医疗机构同意,并使用医疗机构统一建立的信息平台为患者提供诊疗服务。这使得挂号问诊网站目前的主要功能定位为健康咨询,不具备开具处方的资格。

第二,服务人群偏年轻化,对于中老年人口覆盖不足。目前我国老龄化问题越来越严重老年人群体在总人口中占据了相当的一部分比例,在医院中也以老年病人居多,并且由于体质的下降而需要花费较高的医疗费用,可是这类人群能熟练操作计算机的并不多,绝大多数老人对于如何通过挂号问诊实现在线咨询、挂号、缴费等并不清楚。

第三,在线问诊缺乏可信任度和权威性。无论中医还是西医,求诊问药都需要对病人的身体状况做深入的了解。传统医疗模式下,医患双方可以面对面交流,但是挂号问诊网站由于医生无法接触病人,就无法完全做到这一点。鉴于医疗服务的特殊性和复杂性,对于疾病的确诊往往需要很多辅助手段,挂号问诊网站与患者的交流仅仅是在线文字、语音或者视频,并不能及时得到患者的检验结果,也不能全面了解患者的身体状况,这对于病情的确定是十分不利的。也正是因为如此,患者对挂号问诊网站并不信任。

挂号问诊网站的机会体现在如下几个方面:

第一,国家政策利好,相关技术推动。国家接连出台相关政策支持医疗服务业和健康产业,明确支持积极开展互联网在线健康咨询、预约诊疗、候诊提醒、划价缴费、诊疗报告查询等便捷服务,将为挂号问诊网站的发展带来良好的机遇。互联网技术与医疗行业进度融合,为挂号问诊网站的发展拓宽了道路,远程医疗、在线医疗将会在大范围内得到实现,传统的医疗模式将会被颠覆。

第二,资本融入推进。互联网巨头看准在线医疗行业的巨大市场前景,抓紧机会在这个市场跑马圈地,诸多业内人士都对在线医疗行业这块蛋糕产生了极大的兴趣,一时间许多热钱流入互联网医疗行业。通过多轮融资、广告收入等多种筹资渠道为在线医疗带来了充足的发展资金,确保了在线医疗的存续和发展。

挂号问诊网站的威胁体现在如下几个方面:

第一,医疗安全隐患降低用户实际使用率。由于挂号问诊网站没有书面的门诊病例,会诊专家的医嘱的保存问题,以及出于对误诊或治疗不当的责任承担考虑,所以要求网站对就诊信息在一定时间范围内进行存留,作为违规的证据或医患双方定责时使用。因此,如果挂号问诊网站缺乏在线的诊疗相关服务纠纷的处理通道及解决方案将会严重影响用户对网站的实际使用率。

第二,医生资源匮乏,管控机制不完善。首先,在线医疗缺乏医生资源。医生的粘性决定了平台的活跃性,尽可能多的掌控优质医生资源,才能加快在线医疗的迅速发展,然而中国优质的医生资源往往被医院所占有,在院方要求的工作完成之外,才能够处理在线医疗上的病患请求,医生资源匮乏的问题短时间内难以解决。其次,医生的诊疗行为缺乏有效监管。为了对医生的诊疗行为进行监督,在线医疗一方面采用用户评分模式来监督医生的服务品质;另一方面在线医疗平台会制定一个严格的审核考评流程,审核医生执业资格的同时监控医生的响应速度和回复内容。譬如,对发现采用统一答案回复病人提问的医生将可能被立刻取消在线问诊资格。然而由于优质医生资源的稀缺性,很多在线医疗很少会取消医生的在线问诊资格,难以起到有效监管的作用。

10.7.3 挂号问诊网站代表网站分析

(1) 寻医问药

寻医问药网成立于1999年,致力于为广大网民提供实用、便捷的健康服务,构建百姓健康和医疗专业人士服务平台。十多年的运营,网站积累了大量的医生、医院、病患资源,为医患双方搭建了一个交流的平台。用户可以通过网站获取健康资讯,查找所需的医药资源,在线咨询医生。现如今,寻医问药网站主要通过发布广告及为医药企业做招商来获取收入。

总的来说,其业务范围主要集中在两部分,一部分是针对医药企业、医院、医生进行推广营销,利用网站平台来为医药企业、医院及医生完成形象展示。除了基础信息的发布展示,网站还为医药企业搭建在线销售平台,直接向用户销售药品及医疗器械。面向医生的业务包括医学资讯、医生社交、网络招聘以及专业知识(临床指南、药典等)。另一部分主要面对公众,提供在线健康咨询、挂号服务等。面向大众用户的业务涵盖从院外的健康管理、线上自诊、线上问诊、电话咨询、药品查询和购买、预约专家号等,到院内的凭证加号、导诊、陪诊,再到院后康复、院后随诊的完整就医环节。

(2) 导医网

作为专注于预约挂号、远程会诊、健康管理服务的一家高新技术企业,东亚医讯旗下的中国导医网集预约挂号、远程会诊、健康管理于一体,同时为个人、企业、医疗机构、保险公司、银行等合作伙伴提供第三方的健康管理服务以及客户关系管理解决方案。

（3）医护网

医护网是面向社会大众提供专业就诊服务的门户网站,通过线下运营和服务换取深度医院门诊信息资源,以此打造面向医院、医生和患者的就诊服务平台。目前医护网在挂号、导医导诊和转诊等业务上已经深度合作了300家三甲医院,约占全国三甲医院数的28%,并与5万多医生展开了深度合作,新业务微导诊也快速覆盖了500家三甲医院。

通过与百度合作,医护网将能把百度的图像语音识别、技术交互、大数据和人工智能运用至产品和服务中,增强核心竞争力,进一步解决老百姓最关心的挂号、收费等难题,同时借此探索医疗领域O2O新型服务模式及创新运营模式。

10.7.4　挂号问诊网站问题及趋势分析

挂号问诊网站近两年频频发生负面事件,暴露出发展中存在的诸多问题,包括数字化程度不高,泄露患者医疗信息,提供虚假咨询信息等。

（1）患者医疗信息的泄露

相比较传统的医疗行业,挂号问诊网站对患者信息的保护并不到位。与多数网站一样,注册、登录挂号问诊网站都需要填写基本的个人信息。但挂号问诊网站具有特殊性的地方在于,在咨询问诊的过程中,用户会将个人的健康情况、病情资料透露给网站,这部分内容必将被原封不动地呈现给参与在线咨询的医生、网站运营者,如果其中有人职业操守有问题,那么患者的个人隐私就很容易被泄露,从而侵犯患者的个人利益。

（2）为追求利润提供虚假咨询信息,政府监管不足

目前,有相当一部分挂号问诊网站的运营者都不是医疗机构,而是第三方,他们联系医生在网站开展医疗咨询服务。但这类网站都是营利性的,必然会以各种方式来收取费用,其中不免会有网站为了谋其利润向用户推荐不具备网站描述的条件的医疗机构。这种虚假的咨询信息给患者产生了高昂的医疗费用,严重者甚至耽误患者治疗时机,威胁到患者的生命健康。

尽管我国出台了一系列法规规范,但对于在线问诊行为的规定依旧不够具体、详尽,缺乏对挂号问诊网站及从事医疗咨询服务的医生的严格把控。

未来的挂号问诊网站应立足于纵向的重度垂直细分,针对患者定制个性化医疗服务,提高在线问诊的精准度。数据时代的到来,也会极大地改变现有

的医疗模式,医疗机构的业务不仅仅停留在对疾病的诊治医疗,将致力于对个体的健康管理,从而量身定制更为精准的和匹配度更好的个性化医疗服务。

10.8 问答网站商业价值分析

10.8.1 问答网站盈利模式分析

目前的大多数问答网站都在尝试探索能够实现多方共赢并且适合长远发展的盈利模式,以谋求从最初的免费共享平台向商业化转型。

(1)付费服务

继果壳网推出"在行"后,知乎也正式推出付费实时问答功能"知乎Live",开始尝试付费问答。这种付费问答模式在推广之初,提问者为获取答案所付的费用会全部发放至答题人在问答网站注册的账户。当积聚了一定用户数量,用户也接受了付费模式之后,作为中介的问答网站就会从提问者支付的费用中提取一部分作为抽成,并且从答题链接的推广过程中得到一定收益。但是在用户习惯了免费获取答案的模式下,这种免费午餐模式是否能够顺利过渡到收费模式,还需要继续通过实践加以考证,而且这种付费模式能否实现可持续的发展也还是未知。

(2)发布广告

目前比较稳妥的商业模式还是"原生广告",对这个词,Buzzfeed总裁Jon Steinberg曾有一则较为中肯的定义,即一种以内容的形式存在,冠以该平台展示版本的广告方式。这种广告的特点是对用户视觉体验的破坏较小。

(3)周边产品/线下活动

作为发展较为成熟的专业性知识问答网站——知乎在商业化的道路上一直不断探索,其中线下活动的开展和周边产品的设计、制作都比其他同类网站要领先一步。但是就目前来看,线下活动或者周边产品对于网站的盈利收效甚微,更多的是在用户群体形成网站的企业文化,提高用户的粘度。

(4)出版

这主要是指根据某一话题的产生和讨论精编图书,获得版税收入。依然以知乎为例,《创业时,我们在知乎聊什么?》这本书号称"史上最真诚创业书",由500万知乎用户亲自甄选出近百篇知乎创业问答的精华集合出版而成,这是知乎首次尝试把优质内容进行转化输出。

10.8.2 问答网站SWOT分析

从产业演化的格局来看,问答网站并不是一个全新的领域。人们向来有在互联网上寻求答案的习惯,从网站的发展历程就可以看出用户的这一行为习惯。在以门户网站为主的发展阶段,用户主要通过门户网站来查找问题的答案,但相对用户所需的信息,门户网站提供的信息比较泛化,缺乏针对性。随着搜索引擎网站的兴起,用户开始利用关键词和主题词来获取答案,虽然搜索引擎网站显示的搜索结果贴近了用户的提问,但是答案来源并不能得到保证。直到更具专业性的问答网站出现,用户得到的答案才相对权威。问答网站的优势包括如下几个方面:

第一,网站自由度较高,用户互动性强。问答网站上用户与用户间的互动越来越多,用户可以是互动的参与者或者内容的制作者,这些互动也一定程度上提高了信息的传播效果,丰富了网站的内容,提高了网站用户群的活跃度。

第二,开放化的优质信息共享。优质信息的充分共享是问答网站的一大特色,也是这类网站最具竞争力的地方。在问答网站出现之前,高端的专业化知识的分享具有很明显的圈层效应,由于不同圈层的交叉性小、相对封闭,知识得不到流通,无法实现有效共享,而开放性的问答网站让知识的分享逐渐扩展到了各行各业的人。

问答网站的劣势包括如下几个方面:

第一,定位的局限性阻碍商业化转型,盈利能力差。问答网站,特别是社交型问答网站,往往将自身定位为分享型知识社区,而一旦打上分享型知识社区的标签,自然容易被用户在潜意识认为是免费的,这对于问答网站盈利模式的探索及商业化转型都是不利的。更重要的是,对于以知识型产品为主打的问答网站来讲,内容是最重要的也是网站吸引用户的关键所在。因此,问答网站的盈利模式就有很大的局限性,它不能简单粗暴地照抄照搬其他以广告为主要收入的商业网站的盈利模式。

第二,用户规模不断扩大,但内容质量有所下降。随着话题的不断扩大和注册门槛的降低以及产品线的引流效果,用户规模不断扩大,但是由于网络用户本身层次不一,从而导致网站内容质量容易下降。问答网站的存在更多的是希望汇集网络群体智慧,达到知识共享和分享的目的,而如果问答质量无法保证,则会使问答网站与其最初定位发生偏差。尽管问答网站制定了相应的使用原则并增加内容审核程序,但从实际运行情况来看,并没有发挥实质作用。

问答网站的机会包括如下几个方面:

第一,公众对论坛等社区的垃圾信息充满排斥。虽然很多的论坛都设置了回复时间、防灌水机制等一系列手段来防止垃圾信息的出现,但成效并不十分显著。没有一个用户会喜欢待在一个垃圾信息满天飞的论坛里,此时,网络空间相对干净的问答网站给用户带来了良好的体验,吸引了部分论坛用户转向问答网站。

第二,良好的发展前景带来多方资本融入。一些成长性较好的问答网站通常会获得大量风投公司或网络公司的青睐,大部分融资的流入,不仅能够保障网站在运营过程中有足够的现金流,来应对任何可能发生的财务危机或意外事件。最关键的是,雄厚的资本可以保证网站性能和服务的不断完善,打造可以永远保持独特性的、不可替代的产品和服务。

问答网站的威胁包括如下几个方面:

第一,信息获取途径的多样化及结果的精准化导致用户资源分流。当前,搜索引擎在大范围多领域的搜索技术上不断提升,通过对关键词的抓取,获取的搜索结果体量越来越庞大。在这种情况下,如果人工智能和信息挖掘不能实现大的突破性进展,那么搜索引擎势必会通过对相关领域进行细分来使搜索结果更加精准。这样必然会影响问答网站的发展,因为如果能高效且精确地通过搜索行为获取结果,自然没有必要费力费事去提问。

第二,由免费向收费的商业化转型引发用户流失。自互联网问世以来,网民一直都把互联网当作免费获取信息或内容的渠道,问答网站也以免费问答起家,用户也已经习惯了免费获取答案,这必然给问答网站向收费服务转型造成了一定的阻碍。而且问答网站用户参与解答问题也都是免费提供答案的,这种专业性知识共享平台的用户参与互动,更多的是促进知识的传播或者专业交流,而不是为了获取金钱上的利益。如果不能很好地解决免费模式与付费模式之间的转化,必然会造成用户流失,最终影响网站的商业价值。

10.8.3 问答网站代表网站分析

(1)百度知道

百度知道于 2005 年 6 月 21 日发布,是一个基于搜索的互动式知识问答分享平台,由用户自己根据具体需求有针对性地提出问题,通过积分奖励机制发动其他用户,来解决该问题的搜索模式。同时,这些问题的答案又会进一步作为搜索结果,提供给其他有类似疑问的用户,达到分享知识的效果。百度知道提问的领域十分广泛,涉及各个行业,同时具有很强的互动性,发布问题后,可以针对回答进行追问,并对答案进行评论、点赞等。百度知道也在向着更加专业性的方向发展,针对不同的专业设置了不同的版块,如医疗、法律等。此外,还可以申请企业版百度知道,让提问和回答更加精准。

(2) 360问答

360问答于2012年9月22日上线,是360搜索旗下产品,与众多的问答网站一样,360问答也是通过用户提问,其他用户回答,答案又自动成为搜索结果,提供给其他用户。同时,依托于奇虎360强大的安全技术支持,360问答在"反作弊、反广告、反垃圾"方面一直成绩显著,致力于为用户打造一个干净、安全、可靠的问答环境。360问答主要分为问答首页、问题库、问答活动三个版块。问答首页版块主要集中针对社会热点问题,问题库对各类问题进行汇总,方便用户搜索信息,问答活动主要用于提高用户活跃度及参与度,通过赢得iphone吸引用户的关注。

(3) 搜狗问问

依托搜狗搜索庞大的互联网数据储量与海量合作客户的互联互通,融合搜狗"自然语言处理"和知立方"语义理解"技术,搜狗问问为用户提供了专业权威的数据和智能秒答服务,并新增了人物识图和消息盒子辅助功能,以前所未有的搜索和问答体验,成为了面向未来的新一代互联网知识问答互动交流平台。搜狗问问在提问时会进行分类,按照不同的类型有针对性地进行提问,以提高答案的准确度。而网站开通的专家频道让回答更加具有权威性,而QQ号直接登录免去了繁琐的注册过程,也使得搜狗问问可以吸引更多的用户。

10.8.4 问答网站问题及趋势分析

问答网站在发展中存在如下问题:

(1) 恶意攻击行为阻碍知识共享

问答网站的用户构成极具多样性,不同的网民由于不同的需求集中在问答网站,各自有着不同的学历背景、知识结构、人生阅历,必然会有不同的价值取向,观点、看法不一致甚至有冲突在所难免。在比较理想的情况下,各类不同的思想在问答网站交汇,不同的群体在这里交流想法,分享知识,各自有不一样的收获。但现实往往与理想相距甚远,当不理性用户恶意针对某观点有倾向性地引导其他用户进行打压或者批判,就会使问答网站偏离原来传播知识的初衷。

(2)内容不平衡,小众冷门领域缺乏关注

问答网站的用户来自各行各业,他们对内容感兴趣的方向也不尽相同,但总体来说与人们生活息息相关的话题较容易得到关注,相关领域的专家也人数众多。而一些较为小众的领域,在生活中本就不常见,因为关注的人少,关于该领域的问答得不到专业人士的作答而石沉大海。有的提问者甚至还会邀请一些并不擅长此类问题的人来回答,造成答案并不准确或者质量不高。问答网站在满足了大多数人对一般知识的需求,较为小众的那一部分用户的需求却被忽略了,知识传播处于一种逐渐失衡的状态。

(3)优质原创回答版权保护力度不够,纠纷频发

问答网站深知优质的原创内容是互联网时代重要的资源,但网络中存在的各种版权纠纷让广大的知识传播主体的传播积极性受到了很大的打击,最后将会损害整个网络生态环境。提倡用户进行知识传播、追求信息共享又会无形之中让知识产权的归属问题变得难以界定,社会化问答网站出现的版权纠纷在其发展过程中成为日益凸显的问题。

对于问答网站来说,保持、提高其用户的活跃度是其发展的一个重点,只有这样才能确保网站保持应有的生命力。问答网站可以建立多维的关系网络,构建线上社区来提升用户的活跃度,实现问与答的良性循环。

此外,网站盈利模式的探索及盈利能力的提升也是制约其长远发展的一个重要因素,更是摆在问答网站面前亟待解决的现实问题。现阶段,大多数问答网站主要通过获得外界的风险投资来维持运营能力。但要想获得长远的可持续发展,必须依靠内生的盈利能力。作为追求内容质量的问答网站来说,将高质量、有价值的内容当作商品来销售是非常自然的考虑,但并非所有高质量的内容都能引起用户的购买兴趣。一般而言,只有专业性强的、用户急需的并保证回答正确的才可行,而宽泛的知识类问答或是不具备时效性的回答,让用户付费的难度就非常大。从当下各大问答网站的商业化转型进程来看,问答网站的盈利模式探索之路走得举步维艰。

第 11 章 娱乐服务网站商业价值分析

11.1 娱乐服务网站概述

娱乐服务网站指的是具有可以让使用者获得轻松休闲的效用的网站,这一效用所含范围较广,包括且不限于满足受众的好奇心、为受众提供满足感、提供感官刺激、产生愉悦情绪等,而这一效用的提供载体同样类型多样,如艺术作品,包括文学、绘画、电影等,体育比赛,娱乐新闻等,因而娱乐服务网站数量多、类型多、覆盖范围广泛。

11.2 娱乐服务网站发展历程

由于娱乐服务网站的类型过于多样,所以中国娱乐服务网站的诞生并没有公认的时间和确切的第一家网站名称。但由于其类型的丰富和多样,我们可以推断出娱乐服务网站的出现并不晚。

娱乐服务网站的发展历程同样由于网站类型的多样而难以概括,但从整体上看,娱乐服务网站的发展大致经历了从数量少、类型少、用户少到数量多、类型多、用户多的转变,发展历程中新类型的娱乐服务网站不断出现,各类型娱乐服务网站的发展也不断壮大,并且没有衰减的迹象。

从历次《中国互联网络发展状况统计报告》[①]中,我们可以大致看出娱乐服务网站发展的端倪。游戏娱乐类网站作为娱乐服务网站的代表,其存在时间最长,用户人数不断增多,1999 年的报告中,游戏娱乐便已是用户网络应用中重要的组成部分。而从 2000 年到 2015 年,游戏娱乐的用户占比从 13.64%增长到 55.1%,可见游戏娱乐类网站的发展状况相当不错。网络视频于 2002 年正式进入报告统计,2006 年使用用户占比大幅上升,为 37.1%,而 2016 这

---

① 本段落数据均来自相应年度的《中国互联网络发展状况统计报告》。

一数据为72.4%;网络音乐于2006年计入统计报告,用户使用比例为38.3%,发展至2015年,用户使用比例上升至70.8%;网络文学于2010年计入统计报告,用户使用比例为42.3%,其后几年网络文学的用户使用比例保持平稳,2015年这一比例为43.3%。根据这几类主要娱乐服务网站的发展情况,我们可以大致推断出娱乐服务网站在我国的发展情况良好,且有不断壮大的趋势。

11.3 娱乐服务网站整体规模

从总体上看,娱乐服务网站的整体规模较大。娱乐服务网站的具体数量虽无法确定,但由于其种类的多样,可以推断出娱乐服务网站的数量并不少。而从用户规模来看,根据《第38次中国互联网络发展状况统计报告》,截止到2016年6月,网络游戏的用户使用比例为55.1%,网络视频的使用比例为72.4%,网络音乐的使用比例为70.8%,网络文学的使用比例为43.3%[①],这几类主要的娱乐服务网站用户规模均不在少数,并且大型的娱乐服务网站的日均访问量和独立IP量均达到千万以上,因而可以推断出娱乐服务网站的用户规模较大。而从娱乐服务网站在整体网站的地位上看,娱乐服务网站是整体网站中不可或缺的一部分,其网站数量多,网站类型多,用户数量多,在整体网站中具有一定的地位。

11.4 娱乐服务网站分类

根据娱乐服务网站的内容类型和服务对象作为分类依据进行划分,娱乐服务网站可大致分为15类,即音乐网站、体育网站、时尚女性网站、阅读网站、视频网站、在线直播网站、网络游戏网站、动漫网站、电影网站、图书音像网站、博彩网站(已被国家叫停,不纳入分析)、星座命理网站、幽默笑话网站、摄影网站、艺术古玩网站。

11.5 娱乐服务网站商业价值排名

根据日均访问量、独立IP数量、广告收入数据等指标,本研究将娱乐服务

---

① 数据来源:第38次《中国互联网络发展状况统计报告》。

网站的商业价值进行了评估,并列出了排名。以下为娱乐服务网站商业价值排名及分析、各二级分类娱乐服务网站的排名及其分析。

11.5.1 娱乐服务网站商业价值 TOP50

娱乐服务网站商业价值 TOP50 排名,如下表所示。第 1 名为视频网站的龙头爱奇艺,其次为同为视频网站的央视网、优酷网和土豆网,其余二级分类中排名最高的为体育网站的领头羊虎扑网。前 10 名中,视频网站占据五席,体育网站和网络游戏网站各占两个位置,阅读网站晋江文学城也名列前 10。前 10 名网站的日均访问量均超过千万,日均独立 IP 数除晋江文学城外均超过百万。

表 11-1 娱乐服务网站商业价值 TOP50 排名

排名	网站名称	排名	网站名称
1	爱奇艺	26	17173.com
2	央视网	27	3DMGAME
3	优酷网	28	电视猫
4	土豆网	29	爱西柚
5	虎扑体育	30	PPS 网络电视官方网站
6	4399 小游戏	31	直播吧
7	acfun 弹幕视频网	32	酷 6 播客
8	游民星空	33	搜狗哈哈
9	虎扑体育论坛	34	央视网电视剧台
10	晋江文学城	35	风之动漫
11	酷 6 网	36	搜狗影视
12	搜狐视频	37	PPTV
13	CBox 央视影音	38	华数 TV 网
14	豆瓣电影	39	起点中文网
15	凤凰视频	40	嘻嘻哈哈
16	360 影视	41	CCTV7 农业军事频道官网
17	战旗 TV	42	第一女人网
18	1905 电影网	43	九酷音乐网
19	游侠网	44	糗事百科

(续表)

排名	网站名称	排名	网站名称
20	网易体育	45	360 影视
21	中央电视台春晚官网	46	动漫之家
22	哔哩哔哩弹幕视频网	47	酷我音乐
23	腾讯体育	48	凤凰网时尚
24	7k7k 小游戏大全	49	YY 经典小游戏
25	风行网	50	bt 天堂

前50名中,视频网站一家独大,有24家视频网站名列前50,包括爱奇艺、优酷网、土豆网、酷6网、搜狐视频、凤凰视频、acfun 视频网、哔哩哔哩弹幕视频网等。其次是网络游戏类网站,有7家网站排名前50,包括4399小游戏网站、游民星空网站、游侠网等。第3位是体育网站,虎扑体育、网易体育、腾讯体育位列其中。电影网站、幽默笑话网站各占据3席,阅读网站、动漫网站、时尚女性网站、音乐网站前50名中各有两家,在线直播网站、图书音像网站、博彩网站、星座命理网站、摄影网站、艺术古玩网站并未有网站进入前50名。

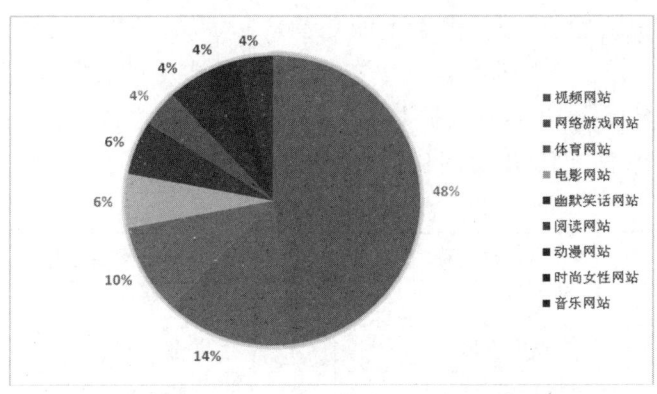

图11-1 娱乐服务网站TOP50各类网站比重

11.5.2 视频网站商业价值TOP20

视频网站中商业价值排名第1的是爱奇艺网站,其次为官方媒体代表央视网,原视频行业龙头优酷网和土豆网分列第3和第4,第5名为新近崛起的弹幕网站代表acfun弹幕视频网。前20名中不乏知名度很高的门户网站旗下的视频业务网站,如搜狐视频、凤凰视频等,而央视网除了一级域名名列第2

外,旗下的二级域名春晚官网及电视剧台也位列视频网站前20名。

表11-2 视频网站商业价值TOP20排名

排名	网站名称	排名	网站名称
1	爱奇艺	11	战旗TV
2	央视网	12	中央电视台春晚官网
3	优酷网	13	哔哩哔哩弹幕视频网
4	土豆网	14	风行网
5	acfun弹幕视频网	15	电视猫
6	酷6网	16	爱西柚
7	搜狐视频	17	PPS网络电视官方网站
8	CBox央视影音	18	酷6播客
9	凤凰视频	19	央视网电视剧台
10	360影视	20	搜狗影视

11.5.3 阅读网站商业价值TOP20

阅读网站中商业价值排名第1的是晋江文学城,该网站在娱乐服务网站中排名第10。排名第2的是起点中文网,且该网站在娱乐服务网站中位列前50名。第3名至第10名分别是17k小说网、2k小说、潇湘书院、书香门第、56听书网、红袖添香、创世中文网和顶点小说。

表11-3 阅读网站商业价值TOP20排名

排名	网站名称	排名	网站名称
1	晋江文学城	11	言情后花园
2	起点中文网	12	散文网
3	17k小说网	13	听中国
4	2k小说	14	SF轻小说
5	潇湘书院	15	飞卢中文网
6	书香门第	16	飞卢小说网
7	56听书网	17	2345小说大全
8	红袖添香	18	新浪读书
9	创世中文网	19	日记大全
10	顶点小说	20	红薯中文网

11.5.4　音乐网站商业价值TOP20

音乐网站中九酷音乐网排名第1,2至5位分别为酷我音乐、CNTV音乐台、百度音乐和虾米音乐网,荔枝FM作为新近崛起的代表排名第7,其中九酷音乐网和酷我音乐位列娱乐服务网站前50名。

表11-4　音乐网站商业价值TOP20排名

排名	网站名称	排名	网站名称
1	九酷音乐网	11	中国原创音乐基地
2	酷我音乐	12	清风DJ音乐网
3	CNTV音乐台	13	豆瓣音乐
4	百度音乐	14	5ND音乐网
5	虾米音乐网	15	腾讯QQ影音
6	一听音乐网	16	DJ耶耶网
7	荔枝FM	17	hao123音乐
8	音悦台	18	九天音乐网
9	酷狗音乐	19	炫音音乐论坛
10	今生缘音乐网	20	爱音乐网

11.5.5　体育网站商业价值TOP20

体育网站中排名第1的是体育网站细分领域的领军网站虎扑体育。第2位是虎扑体育的二级域名虎扑体育论坛,这也足以彰显虎扑网在这一领域的优势地位。第3至第10名分别是网易体育、腾讯体育、直播吧、CCTV5体育频道官网、凤凰体育、新浪体育、90分钟足球网和虎扑新声。

表11-5　体育网站商业价值TOP20排名

排名	网站名称	排名	网站名称
1	虎扑体育	11	摔角网
2	虎扑体育论坛	12	中国太极拳网
3	网易体育	13	NBA98篮球中文网
4	腾讯体育	14	健网

(续表)

排名	网站名称	排名	网站名称
5	直播吧	15	球探网
6	CCTV5－体育频道官网	16	捷报比分网
7	凤凰体育	17	虎扑 NBA 中文网
8	新浪体育	18	2014 巴西世界杯_新浪体育_新浪网
9	90 分钟足球网	19	虎扑体育社区
10	虎扑新声	20	中羽在线网

11.5.6　时尚女性网站商业价值 TOP20

时尚女性网站商业价值排名第 1 位的是第一女人网，排名第 2 的是凤凰网时尚频道，二者也进入了娱乐服务网站的前 50 名。第 3 至第 10 名分别是爱美网、伊秀女性网、新娘网、海报时尚网、无忧爱美网、二丫网、尚之潮网和 FACE 妆点网。

表 11－6　时尚女性网站商业价值 TOP20 排名

排名	网站名称	排名	网站名称
1	第一女人网	11	网易女人
2	凤凰网时尚	12	尚趣官方时尚网站
3	爱美网	13	漂亮女人
4	伊秀女性网	14	央视网时尚频道
5	新娘网	15	爱丽时尚
6	海报时尚网	16	MSN 中文网时尚频道
7	无忧爱美网	17	发型屋
8	二丫网	18	YOKA 男士网
9	尚之潮网	19	七丽女性网
10	FACE 妆点网	20	伊秀服饰网

11.5.7　在线直播网站商业价值 TOP20

在线直播网站商业价值排名第 1 的是虎牙直播，第 2 至第 10 名分别是爱拍原创、6 间房、yy 语音、龙珠直播、CC 直播吧、PLU 游戏娱乐传媒、310 直播网、559体育、酷狗繁星网。在线直播网站中并设有网站名列娱乐服务网站TOP50。

表 11-7 在线直播网站商业价值 TOP20 排名

排名	网站名称	排名	网站名称
1	虎牙直播	11	章鱼 TV
2	爱拍原创	12	时时直播吧
3	6 间房	13	斗鱼 TV
4	yy 语音	14	比分 199 直播吧
5	龙珠直播	15	华数 TV 网直播频道
6	CC 直播吧	16	网易 CC
7	PLU 游戏娱乐传媒	17	直播吧
8	310 直播网	18	包卜
9	559 体育	19	爱看 NBA 中文网
10	酷狗繁星网	20	35 体育

11.5.8 网络游戏网站商业价值 TOP20

网络游戏网站商业价值排名第 1 的是 4399 小游戏网站,第 2 位是游民星空网站,这两家网站排名进入了娱乐服务网站前 10 强。游侠网、7k7k 小游戏大全、17173.com、3DMGAME 网站、YY 经典小游戏网站分列网络游戏网站第 3 位至第 7 位,这 5 家网站进入了娱乐服务网站的前 50 名。第 8 至第 10 名分别是 52PK 游戏网、多玩游戏网、游戏狗手机游戏网。

表 11-8 网络游戏网站商业价值 TOP20 排名

排名	网站名称	排名	网站名称
1	4399 小游戏	11	电玩巴士
2	游民星空	12	央视网游戏频道
3	游侠网	13	逗游网
4	7k7k 小游戏大全	14	游久网
5	17173.com	15	游迅网
6	3DMGAME	16	4399 游戏资讯

(续表)

排名	网站名称	排名	网站名称
7	YY经典小游戏	17	178游戏网
8	52PK游戏网	18	太平洋游戏网
9	多玩游戏网	19	战网
10	游戏狗手机游戏网	20	5173网络游戏平台

11.5.9 动漫网站商业价值TOP20

动漫网站商业价值排名第1的是风之动漫，排名第2的是动漫之家，这两家网站也进入了娱乐服务网站的前50名。第3位至第10位分别是央视网动画片台、动漫之家漫画网、kuku动漫网、腾讯动漫、可可动漫、有妖气网、2345动漫大全和动漫屋。

表11-9 动漫网站商业价值TOP20排名

排名	网站名称	排名	网站名称
1	风之动漫	11	动漫之家在线动画站
2	动漫之家	12	火影忍者中文网
3	央视网动画片台	13	漫漫看
4	动漫之家漫画网	14	天上人间动漫网
5	kuku动漫	15	暴走漫画
6	腾讯动漫	16	i尚漫
7	可可动漫	17	百田网
8	有妖气	18	极速漫画
9	2345动漫大全	19	78动漫模型玩具
10	动漫屋	20	漫客栈

11.5.10 电影网站商业价值TOP20

电影网站商业价值排名前3位的是豆瓣电影、1905电影网和bt天堂，这3家网站也进入了娱乐服务网站的前50名。第4名至第10名分别是迅播影院、电影港、2345电影大全、CNTV电影大全、Mtime时光网、时光网发现频道和西瓜电影。

表 11-10　电影网站商业价值 TOP20 排名

排名	网站名称	排名	网站名称
1	豆瓣电影	11	电影网
2	1905 电影网	12	剧情吧
3	bt 天堂	13	蜘蛛网电影票
4	迅播影院	14	V 电影
5	电影港	15	飘花电影网
6	2345 电影大全	16	影音先锋
7	CNTV 电影大全	17	Mtime 时光网新闻频道
8	Mtime 时光网	18	万达电影
9	时光网发现频道	19	迅雷看看电影频道
10	西瓜电影	20	皮皮网

11.5.11　图书音像网站商业价值 TOP20

图书音像网站商业价值的前 10 名分别是豆瓣读书、china-pub 网上书店、中国图书网、孔夫子旧书网、博库网、凤凰读书、中国论文网、中国知网数字出版物超市、腾讯文学畅销图书和淘书网。图书音像网站没有任何网站名列娱乐服务网站前 50 名。

表 11-11　图书音像网站商业价值 TOP20 排名名

排名	网站名称	排名	网站名称
1	豆瓣读书	11	杂志铺
2	china-pub 网上书店	12	当当图书
3	中国图书网	13	世纪开元网上冲印
4	孔夫子旧书网	14	99 网上书城
5	博库网	15	蔚蓝书店
6	凤凰读书	16	中国高校教材图书网
7	中国论文网	17	文轩网
8	中国知网数字出版物超市	18	龙源期刊网
9	腾讯文学畅销图书	19	书香中国
10	淘书网	20	宝宝地带绘本故事

11.5.12 星座命理网站商业价值TOP20

星座命理网站商业价值的前10名分别是星座屋、美国神婆、第1星座、安康网、腾讯星座、网络中国、非常运势网、太平洋时尚网星座频道、祥安阁风水网、中华取名网。星座命理网站未有任何网站名列娱乐服务网站前50名。

表11-12 星座命理网站商业价值TOP20排名

排名	网站名称	排名	网站名称
1	星座屋	11	卜易居
2	美国神婆	12	360星座
3	第1星座	13	三藏算命网
4	安康网	14	浮屠塔
5	腾讯星座	15	1518姓名测试
6	网络中国	16	网络中国生活频道
7	非常运势网	17	K366华易网
8	太平洋时尚网星座频道	18	美名腾智能起名网
9	祥安阁风水网	19	星座123
10	中华取名网	20	新浪星座

11.5.13 幽默笑话网站商业价值TOP10

幽默笑话网站商业价值第1名是搜狗哈哈网站,第2名和第3名分别是嘻嘻哈哈和糗事百科网站,这三家网站进入了娱乐服务网站的前50名。第4名至第10名分别是捧腹网、煎蛋网、哈哈.MX网、百思不得姐、笑话集、2345每日一乐和有意思吧网站。

表11-13 幽默笑话网站商业价值TOP10排名

排名	网站名称
1	搜狗哈哈
2	嘻嘻哈哈
3	糗事百科
4	捧腹网

（续表）

排名	网站名称
5	煎蛋
6	哈哈.MX
7	百思不得姐
8	笑话集
9	2345每日一乐
10	有意思吧

11.5.14 摄影网站商业价值TOP10

摄影网站商业价值前10名分别是色影无忌、图虫网、迪派影像、中国摄影在线、网易摄影、蜂鸟网、中国摄影图库、新摄影、太平洋摄影部落和蜂鸟摄影论坛。摄影网站设有任何网站进入娱乐服务网站前50名。

表11-14 摄影网站商业价值TOP10排名

排名	网站名称
1	色影无忌
2	图虫网
3	迪派影像
4	中国摄影在线
5	网易摄影
6	蜂鸟网
7	中国摄影图库
8	新摄影
9	太平洋摄影部落
10	蜂鸟摄影论坛

11.5.15 艺术古玩网站商业价值TOP20

艺术古玩网站商业价值前10名分别是张雄艺术网、雅昌艺术网、博宝艺术网、卓克艺术网、雅昌艺术品拍卖网、中华古玩网、古泉园地、赵涌在线、华夏收藏网、手工客官网。艺术古玩网站未有任何网站进入娱乐服务网站前50名。

表 11-15　艺术古玩网站商业价值 TOP20 排名

排名	网站名称	排名	网站名称
1	张雄艺术网	11	搜艺搜
2	雅昌艺术网	12	博宝艺术品拍卖网
3	博宝艺术网	13	博宝古玩城
4	卓克艺术网	14	99 艺术网
5	雅昌艺术品拍卖网	15	吉他中国
6	中华古玩网	16	新浪收藏
7	古泉园地	17	一尘网
8	赵涌在线	18	盛世收藏网
9	华夏收藏网	19	中国舞蹈网
10	手工客官网	20	中国古玩网

11.6　视频网站商业价值分析

视频网站作为娱乐服务网站目前最重要的组成部分,其用户的使用比例逐年攀升,关注热度也不断上升。尽管视频网站有着巨大的商业价值,但这种商业价值如何能得到发挥,视频网站的发展前景何在仍有待研究。

11.6.1　视频网站盈利模式分析

目前,视频网站的盈利途径多种多样,主要有融资上市、广告盈利、会员收费等盈利模式。

(1)融资上市模式

首先,应澄清的是,融资上市严格说来并非是一种盈利模式。之所以将融资上市作为盈利模式纳入分析,是因为目前有为数不少的视频网站依靠融资的资金维持网站的正常运营。上市作为视频网站的追求目标,是否能够成功有很大的不确定性。除此之外,融资上市所带来的股权稀释,长远来看对网站的发展和决策具有难以估计的影响。而长时间依靠融资资金维持运转,也显然并不现实。

(2)广告盈利模式

广告盈利模式,对于目前我国的视频网站而言,是最稳定和最成熟的盈利模式。而其他盈利模式均处于发展时期,尚未进入成熟阶段。因此,视频网站的盈利模式面临着广告收入过重的问题,广告收入的轻微波动即可能对整个网站的收入造成重大影响。

(3)用户付费模式

除了以上两种模式之外,会员收费模式也是目前视频网站正在致力于建设的盈利模式。在国内免费视频占主导的大环境下,会员收费模式的发展面临着相当大的挑战和障碍。而这一模式并非没有立足之地,优质的网络节目、电视剧、电影,加上足够丰富的带宽资源的配合,消费者也会选择付费进行观看。近期,这一模式取得了一定的突破,除院线大片和优质电影资源外,优质电视剧的出现也为这一模式注入了强心剂,如《太阳的后裔》、《最好的我们》等优质电视剧便为爱奇艺带来了相当多的会员收入。

11.6.2 视频网站 SWOT 分析

视频网站经过长期的资本运作、版权大战、自制内容发展,已取得了广阔市场。截至 2015 年 12 月底,国内视频网站付费用户规模达到 2200 万,较 2014 年的 945 万增长 133%。保守估算,2016 年这一数字可达到 3500 万左右。整体来看,自 2014 年起,各家视频网站在付费会员人数上都实现了大幅度增长。其中,爱奇艺在 12 月初宣布付费会员突破 1000 万,占行业用户规模的 45%,在一众视频平台中处于领先。[①]

近年,中国在线视频行业收入规模不断攀升,2015 年前三季度已超过 270 亿元。尽管广告仍是主要的收入来源,但付费市场的崛起令人感到惊喜。根据艺恩研究统计,2014 年国内视频行业付费市场收入为 13.82 亿元,其中前三季度增长较为缓慢,第四季度实现爆发式增长,较第三季度翻一番。2015 年,随着付费用户规模的持续增长,付费收入进入了"高速增长期",截至第三季度已较 2014 年初增长 463%,预计全年这一规模可达 40 亿元。[②]

视频网站的优势在于以下几个方面:

第一,交互性的突出。网络视频摆脱原有电视等大众传播的以信源为主

---

① 《2015 中国视频行业付费研究报告》[EB/OL]. http://www.entgroup.cn/Views/29930.shtml.

② 《2015 中国视频行业付费研究报告》[EB/OL]. http://www.entgroup.cn/Views/29930.shtml.

导的线性传播模式限制，突出了交互性的属性，从而促进了网络视频的强势发展。用户可以不再被动地接收信息，而是可以主动地选择和搜索信息。而弹幕的出现再一次增强了交互性的属性，用户的评论甚至可以被视作视频节目的一部分。

第二，平台功能丰富。网络视频不仅仅打破了传统大众媒介的传播限制，更是将自身打造成了一个功能丰富的平台。视频，作为一种信息载体，通过不同内容和形式的添加，为用户提供了功能丰富的信息服务。随着社会的发展，科技的进步，网络视频的功能已经渗入到人们工作生活的各个方面，甚至在改变着人们的生活。

第三，直接的反馈性。网络视频高效的反馈性对于内容生产者的生产和产业的发展具有相当重要的意义。用户观看网络视频时，用户的观看行为、偏好、停留时间等数据均可被记录下来。这些信息被传递给内容生产者，便可被采纳为内容生产的重要参考意见，从而实现用户的细分，为不同用户生产不同的内容，有利于内容生产者找准自身的市场定位，以及企业的长远发展。

视频网站的劣势在于以下几个方面：

第一，版权成本增加。盗版问题始终是我国网络视频市场难以绕开的问题。随着网络视频市场的正规化，免费的盗版资源必须得到清理。因此，为赢得用户关注和维护企业声誉，各大网络视频网站纷纷走上了正版化的道路，购买热门电影、电视剧等网络视频产品的正版版权。优质资源的有限触发了各大视频网站的竞争，正版版权价格也在不断升高，版权成本成为视频网站的重要劣势之一。

第二，盈利模式单一。目前网络视频网站的盈利模式较为单一，只有广告盈利模式较为成熟，并且仅依靠这一模式，多数网络视频网站尚未实现盈利。而其他盈利模式中融资上市从长远来看具有相当大的不确定性，会员付费模式尚处在发展阶段。盈利模式的单一对视频网站的发展十分不利。

视频网站的机遇在于以下几个方面：

第一，潜在市场广阔。中国网民的数量相当庞大，且网络视频的使用比例居高不下，这为网络视频的发展提供了广阔的前景。移动互联网的出现又使得网络视频的市场潜力得到了大幅度的提升，PC端和移动端的结合为网络视频网站注入了新的活力。而弹幕的出现，更使网络视频内容质量得到了提高，弹幕形式的观众互动为网络视频增加了新看点，也可以增强用户忠诚度和粘性。

第二,法律法规完善。从 2006 年开始,我国已经陆续颁布了多个与视频网站相关的管理条例和政策建议,对我国网络视频行业起到促进和规范的作用。这些国务院和国家广电总局颁布的各种法规与条例,从知识产权保护、淫秽色情、网络视频传播的无序、网络视频传播的许可证等多个角度规范了视频网站的发展,在制度上最大限度地降低网络视频的不良内容,促进了视频网站的发展。

而视频网站的威胁在于金融危机促使投资回归理性以及市场竞争的白热化。自全球金融危机以来,视频网站同样面临着融资的困境。尽管目前的经济状况已实现了一定程度的改善,但投资方的投资依然以理性为主,而视频行业盈利模式的单一化问题也使得这一问题愈加严峻。目前的网络视频市场进入了红海阶段,爱奇艺、乐视、优酷土豆等各大网络视频网站的竞争已经进入了白热化,优秀版权资源和用户成为竞争的焦点。

11.6.3 视频网站代表网站分析

(1)爱奇艺

爱奇艺起初移植了国外视频网站"免费 + 正版视频 + 广告"的经营模式。而与其他视频网站最大的不同是,爱奇艺背后拥有着强大的资源和平台,并非像其他网站仅以内容生产起家。作为百度公司的旗下企业,用户在用百度搜索视频时,爱奇艺总是被放在最前面的推荐位置上。利用百度作为中国搜索行业垄断厂商的地位和资源,爱奇艺尽管成立时间并不长,但却显示出了强大的能力,在本次排名中名列娱乐服务类网站第一名就足以说明这一点。而同时,也正是由于占据了渠道资源,爱奇艺不得不花费大量资金采购正版内容,以弥补内容生产的不足。最近,爱奇艺在网络节目和网络剧上均走上了自制道路,《奇葩说》和一系列优质网络剧的成功使得爱奇艺开始弥补内容生产的不足,并有将其转化成优势的迹象,为自己的今后发展奠定了一定的基础。

(2)搜狐视频

作为门户网站下属业务的代表,搜狐视频曾取得了一定的成功。由于门户网站本身就是一个媒体平台,除了可为视频业务提供必要的资金支援外,更可为视频网站的广告盈利提供平台。搜狐的门户网站、微博、邮箱、游戏等各个平台均是非常不错的平台。就视频内容而言,网络营销渗透到搜狐的各个环节,配合新片发布、电影首映、明星活动等,产业链条被延展开来,宣传效果也更显立体和多元。

正版化是搜狐视频另一大优势。2012年,搜狐视频在原有版权资源基础上,开始全面进攻美剧市场,成为国内正版美剧更新最快、剧集最多的视频网站。并且从2009年开始,搜狐视频就开始了自制剧的尝试并产生了一定的影响力,也生产了不少较为不错的自制剧作品。但随着视频市场的竞争逐渐激烈,正版美剧和自制剧的优势逐渐消失,其他视频网站在这两方面迎头赶上,搜狐视频面临着不小的挑战。

(3)优酷网和土豆网

优酷网和土豆网是较早一批模仿YouTube的UGC视频网站,拥有稳定而大量的用户群体,网站的内容和运营基础也比较好,但从目前的状况来看,优酷网和土豆网的优势在不断缩小。2012年8月,优酷网和土豆网以100%换股的方式正式合并。合并之后的优酷土豆没有完全放弃UGC,但也同时引进了"免费+正版视频+广告"模式。合并后,分开经营的优酷网和土豆网做了一定的策略上的调整,但效果并不是十分理想。就目前的情况看,尽管优酷网和土豆网一直尝试UGC做大做强,但实际状况并不理想,甚至不如后起之秀Acfun和哔哩哔哩弹幕视频网。如何保持自己的优势,找到适合自身的发展路径,是优酷网和土豆网急需解决的问题。

11.6.4 视频网站问题及趋势分析

目前中国的视频网站面临着许多的问题与挑战,并且要想在短期内克服这些问题与挑战具有一定的难度。

(1)侵权问题严重

尽管目前各大视频网站的侵权问题已经得到了一定程度的解决,众多热门或新近上映的电视剧、电影等较少存在侵权情况,但其他资源却依然面临着侵权问题的窘境。而视频网站为追求点击率,以及用户为分享优质视频会产生"擦边球"行为。因而,目前侵权问题依然较为严重。

(2)缺乏优质内容

UGC是当前网络视频网站普遍采用的运营模式。也就是说,网站主要的视频来源是通过用户注册上传自己的视频到网站的服务器上,然后其他的用户再通过网站的软件对视频进行观看或者下载。用户的自主上传使得网站很难及时对内容进行监管,因而会造成在视频网站上传播暴力、淫秽内容,对网络环境造成污染,对社会造成不良影响。

(3)带宽瓶颈限制

技术上的问题主要是指宽带瓶颈。随着技术的进步和行业的发展,用户对于视频的要求在不断地提升,包括画面质量、缓冲时间等都成为用户关注的问题。不断增长的带宽需求对网络视频网站提出了挑战,尽管目前一些大网站的带宽已经相当充沛,但对于更多的网站而言,技术问题一定程度上阻碍了他们的发展。

基于以上分析,我国视频网站的发展趋势应包括且不限于以下方面:发展内容生产,提高自制剧和自制节目的质量;差异化发展,重视网站品牌及形象建设;注重盈利模式的开发和完善,妥善对待融资;多平台延伸,多元化发展;重视用户体验的创新与升级,提高用户忠诚度。

11.7 音乐网站商业价值分析

音乐网站同样是娱乐服务网站中的重要组成部分,音乐网站市场也在版权化的道路上不断前进。而作为拥有同样广阔市场的细分领域,音乐网站却未能像视频网站一样实现自身的商业价值。

11.7.1 音乐网站盈利模式分析

目前我国音乐网站大致上有用户下载付费模式、音乐社交模式、广告+游戏模式和增值服务模式这四种数字音乐盈利模式在探索并发展。

(1)下载付费模式

这一模式的代表企业是苹果公司,苹果公司的正版资源配合 iTunes 播放软件相当成功,并拥有广泛且稳定的用户群。在国内也有一些网站采用这种模式进行盈利,QQ 音乐便是用户下载付费模式的典型代表,其核心盈利模式即"免费+绿钻模式",但即便像 QQ 音乐这样有强大资源支持的软件,也难以在这一模式中取得像 iTunes 一样的成功。我国用户习惯免费音乐的心理短时间难以得到有效的调整,因而实现用户付费将一定会是个长期过程,但这一模式无疑是一个成熟而清晰的盈利模式。

(2)音乐社交模式

音乐社交模式是另一目前颇有市场的音乐网站盈利模式,其代表网站为

YY 音乐、唱吧、全民 K 歌等。唱吧和全民 K 歌采取点播伴奏,用户演唱并发表的方式形成社交,用户并不限于普通用户,也有部分艺人入驻。应用通过吸引用户购买虚拟礼物并送给喜欢的表演者以及吸引用户成为会员获取收入。而作为一款免费的社交 K 歌手机应用,唱吧在推出半年后用户数量就已突破千万,足以见得这一模式的强大。但这一模式还未形成稳定的盈利模式,版权问题也颇具争议。

(3)增值服务模式

增值服务模式是目前音乐网站主要发展的盈利模式,各大音乐网站纷纷提供个性化增值服务以满足用户需求,吸引用户,从而使得用户愿意通过消费来获得更好的音乐服务。这一模式的代表,即为歌单模式,用户可以通过创建自己的歌单或收听、订阅、分享和评论其他人的歌单。除此之外,音乐下的评论和弹幕形式的评论也为这种模式增加了吸引力。增值服务模式将社交属性与音乐服务牢牢联系在一起,从而为用户提供更好的用户体验。但这种模式也存在着一定的弊端,即短期回报率较低,需进行长期的运营。

11.7.2 音乐网站 SWOT 分析

传统音乐行业因盗版等问题持续下滑,而在线音乐却如火如荼地发展起来。2014 年中国内地实体唱片产值规模约为 6.15 亿元,较 2013 年下降约 5.4%。新华书店系统、零售门店等传统线下渠道实体唱片销售约为 5662.2 万张,同比上一年下降 19%。星外星、京东等线上实体唱片销售约为 271.04 万张,同比下降 21.8%。2015 年全球数字音乐收入超过 67 亿美元,首次超过实体唱片,其中下载服务收入占比为 45%,流媒体为 42%,整体保持了 9.8% 的增长。①

音乐网站的优势在于以下几个方面:

第一,服务丰富。网络音乐转变了原有的单向传播模式,同时也打破了原有的唱片公司及零售门店的销售模式,多功能的服务成为网络音乐的重大优势。音乐网站不仅提供各类品质的音乐服务,同时还将音乐 MV、歌手采访等融合进了网站之中,为用户提供更加全面的音乐服务,使人们得到更好的用户体验。

---

① 2015 年中国音乐行业发展现状及市场规模预测分析[EB/OL]. http://www.chyxx.com/industry/201603/395249.html.

第二，社交属性。音乐网站从纯音乐服务网站向具有社交属性的网站转变，很好地提升了用户的忠诚度。用户不仅可以根据自身的喜好收藏音乐，建立、订阅、分享、评论歌单，还可以在音乐下留下传统或弹幕式的评论，并在建立的社交平台上跟其他用户进行互动，这使得音乐网站的生命力得以增强。

音乐网站的劣势在于以下几个方面：

第一，版权竞争激烈。音乐网站与视频网站面临着同样的版权成本问题，两者均逐渐解决了曾经存在的盗版问题。而对正版音乐需求的增加，同样造成了正版版权的竞争，各音乐网站均拥有一部分正版音乐版权，这不仅导致了版权价格的不断攀升，增加了网站运营的成本和负担，正版音乐的分散还会影响用户的使用感受。

第二，盈利模式尚在探索。尽管目前音乐网站的盈利模式较为多样，但各盈利模式短期回报率均较低，长期盈利也存在较强的不确定性。各大音乐网站多数依托企业的其他业务支持或结合其他业务进行拓展，但这并非长久之计。如若想取得进一步的发展，找出成熟且较为稳定的盈利模式是音乐网站的必要选择。

音乐网站的机会在于以下几个方面：

第一，发展前景广阔。中国网民的数量相当庞大，而网络音乐与网络视频一样，用户使用比例相当高，并且这一比例还在不断上升，用户使用比例从2006年的三成多上升到2015年的73%，具有相当前景的产业配上巨大的潜在客户群，网络音乐的发展空间巨大。

第二，流媒体技术的发展。流媒体技术的发展使得数字下载成为过去，多终端同步在线收听取代了本地下载，付费包月替代了购买下载，使用户的消费模式得到了更新。而这一技术同样彰显了巨大的成长潜力，其高速增长的态势不可阻挡，苹果、谷歌、亚马逊、腾讯等大型互联网公司纷纷试水流媒体服务市场，流媒体技术的发展将使音乐网站的发展进入全新的高度。

音乐网站的威胁在于我国音乐产业整体发展不足。我国音乐产业的发展处于较低水平，首先我国音乐产业规模较小，音乐产业收入远低于其他国家，与市场严重不相配；其次，我国音乐产业的国际影响力不高，缺乏具备国际影响力的音乐作品、音乐家，也缺乏具备国际竞争力的唱片公司和经纪公司；第三，盗版问题的猖獗使我国音乐产业链发展受阻，进而影响音乐行业的整体发展。

11.7.3 音乐网站代表网站分析

（1）荔枝 FM

荔枝 FM 作为新类型音乐网站的代表，口号为"人人都是主播"。荔枝 FM 为用户提供简易的节目录制工具和展示平台，以方便主播们制作节目。内容选择上，荔枝 FM 拥有海量的原创 UGC 内容，但是对于新用户来说，用户很难对电台的质量有一个迅速的了解。而在 PGC（Professionally generated content）越来越重要的现在，谁能够快速拿到优质的内容资源从而抢占市场才更为重要，在这方面荔枝 FM 应有所注重。尽管荔枝 FM 并不能算作严格意义上的网络音乐网站，但其崛起也代表了音乐市场空间的广阔，值得其他音乐网站借鉴。

（2）网易云音乐

网易云音乐是目前崛起的另一个音乐平台。网易云音乐以出色的页面设计和用户体验强势进入网络音乐领域，其定位、内容、用户设计、个性服务等优势使其上升速度极快。目前，网易云音乐以优质的体验和服务赢得了用户的好评，但尚未探索到适合自身的盈利模式。除此之外，网易云音乐还存在着一定的不足，尤其是在服务延伸和社交方面。尽管在这两方面已有了一定的尝试，但发展空间依然较为广阔。

11.7.4 音乐网站问题及趋势分析

尽管目前音乐网站的发展势头良好，发展前景广阔，但音乐网站面临的问题十分严峻。首先是音乐自身的问题，数字音乐和流媒体技术的发展无法扭转整个音乐行业的下滑趋势，甚至更加加剧了行业的下滑，原有的唱片公司体系在不断衰落，技术的发展又在不断削弱音乐制作、发行、销售的成本，在如此的恶性循环之下，对于音乐网站能否逆势而上，只能保持谨慎的态度。其次是流媒体的问题。流媒体技术的发展使得各大互联网公司赚得盆满钵满，但其利润分配和支付体系的问题却未得到有效的解决，而音乐网站作为其中一个重要的利益相关方，这一问题的解决势必对音乐网站造成影响。第三是盗版的问题，尽管盗版问题在行业内得到了一定程度的解决，但以目前的程度，我们无法对此保持乐观。盗版的层出不穷对音乐行业、音乐网站始终是巨大的隐患和威胁。

基于以上分析,我国音乐网站的发展趋势应包括且不限于以下方面:注重版权问题,重视正版化内容与资源;差异化发展,重视网站定位及相应的品牌建设;完善盈利模式,提升短期回报率;普及数字化和流媒体技术;探索智能化领域,与其他终端设备结合。

11.8 在线直播网站商业价值分析

在线直播网站作为新兴的网站类型发展势头正劲,资本正向这一细分市场快速涌入。在线直播网站的商业价值被广泛看好,但目前这类网站仍处在发展初期,其商业价值的发展空间是否广阔依然有待观察。

11.8.1 在线直播网站盈利模式分析

目前,在线直播网站处于发展初期,市场较为混乱,其盈利模式主要包括以下几种:

(1) 用户付费模式

用户直接付费模式是目前应用最为广泛的在线直播盈利模式。用户是直播网站最主要的付费者,即所谓的用户打赏,具体为用户在观看直播中将平台中的虚拟货币或礼品赠送给心仪的主播。目前各大网络直播平台,如斗鱼、虎牙等,均已开放该付费模式。除此之外,直播房间具有较强的互动性,主播会对观看用户的问题、要求进行适当的反馈,这会为直播平台提供更多可能开展收费业务。

(2) 流量收入模式

流量收入是网络直播平台的另一大收入模式。直播与社交的联系十分紧密,而这种社交除了增加用户与主播的互动频次和质量外,同时也增加了用户粘性。主播通过高质量的内容播送和忠实观众的分享,便可为自己打造一个较为稳定的社群。而社群的到来则顺理成章地为直播网站带来了相当可观的流量变现,具体方式包括应用启动广告、弹幕广告等。这种盈利模式在在线直播网站也相当普遍。

(3) 网红经济模式

Papi酱的巨额广告费吸引了整个社会的目光,而网红经济也成为直播网站盈利的新模式之一。网红与直播二者可以说是非常出色的搭配,网红通过直播提升关注度,而平台可与企业、经纪公司或艺人本身签订合同,二者共赢。目前众多直播平台也开始培养自己平台的网红,以实现这一盈利模式的稳定。

11.8.2 在线直播网站SWOT分析

2015年,中国在线直播平台数量接近200家,其中网络直播的市场规模约为90亿,网络直播用户数量已达2亿,大型直播平台每日高峰时段同时在线人数接近400万,同时进行直播的房间数量超过3000个。①

在线直播对用户和主播的门槛都非常低,只需一台电脑和一个账号即可。各类不同的主播形态纷纷出现,如秀场、户外、电竞、明星等,IP、粉丝、流量等众多抢手资源吸引众多资本投入,行业发展加速。

在线直播网站的优势主要表现在以下两个方面,在场感以及即时性与交互性的共同存在。

网络视频直播是媒体发展到现在的高端形态之一。从传播的角度看,直播不仅覆盖了原有媒介可提供的声音、画面、动作等,更为用户提供了情境信息。而这一情境并非主播自身制造而成,而是主播与用户的交流及用户之间的交流构成的。这样的即时交互产生的情境所带来的在场感使得用户无法预料后续内容的发展,从而激起了用户的好奇心。

网络视频直播平台的另一大优势为即时性与交互性的共同存在。主播直播时并非一定有确定的主题,相当部分的直播内容选择泛娱乐化和生活化的主题,因而直播期间有一定的发生偶然事件的可能。当偶然事件发生时,主播随即作出反应,观众则可即时观看,因而对于观众而言有着一定的新鲜感。而互动性的存在更是加强了用户的投入度,从而增强了网络直播的冲击力。当用户对直播内容有一定要求时,可通过某些方式传达给主播,而主播可能会满足用户的部分要求,这种即时互动使得主播与用户之间关系更加密切,从而加强用户的投入度和直播的冲击力。

在线直播网站的劣势主要表现在两个方面,对观众数量要求高和用户获取信息难。

对于任何一个网络主播而言,其直播持续下去的动力便是有相当数量的用户关注,同时用户需进行参与,向主播赠送礼物或虚拟货币,使主播获得收

---

① 视频直播全面爆发 网络直播市场规模90亿用户量2亿[EB/OL]. http://www.entgroup.cn/news/Markets/2033433.shtml.

益。主播直播的内容质量难以保证,在这种情况下需要有一定数量的用户关注实现难度较大,长期将会造成大量网络主播的流失。

直播没有时长限制,且不具有提示信息的功能,这就使得用户难以迅速地获取信息,尤其是事件的核心信息。当直播平台对某事件或活动进行直播时,一旦关键信息或有效信息已传播结束,这之后进入的用户便错失了这一事件或活动的关键信息,在直播平台上也没有其他能够获得该信息的渠道。

在线直播网站的发展机遇十分广阔。目前各类在线直播发展均相当迅速,除传统秀场占据主要市场外,移动直播和游戏直播上升势头也不容小觑。在线直播种类丰富、主播多元、内容多样,且观看门槛低,对用户具备着一定的吸引力,再加之我国规模十分巨大的网民群体,用户数量上涨的空间大,其发展前景十分广阔。

在线直播网站的竞争威胁主要是盈利模式局限,长期依靠投资较难。目前资本的火热助推了在线直播网站的发展,但从现状来看,在线直播网站的盈利模式尚未成型,长期实现盈利的目标较不乐观。目前大多数网站的资金来源均为风险投资,但投资的势头能持续多长时间,规模能有多大,一切均是未知数。一旦盈利模式的局限性难以突破,在线直播网站的发展将受到很大阻碍。

11.8.3 在线直播网站代表网站分析

(1) 斗鱼

斗鱼于2014年成立,从游戏直播起家,短短两年时间已发展成为国内第二大网络直播平台,发展十分迅速。2016年,腾讯注资后斗鱼逐步由游戏直播向其他类型的直播内容扩张,但仍以游戏为主。斗鱼运营的初衷为通过主播播送优质的内容,吸引用户观看实现盈利。所以初期,斗鱼的虚拟礼品并不能用钱购买,而是通过任务的形式发放给用户,从而增加主播和观众的用户粘性。而目前斗鱼面临的主要问题是成本压力与商业化变现。

(2) 虎牙

虎牙,前身为YY游戏直播。YY此前作为即时语音软件,十分重视互动性,而虎牙同样继承了这一传统。虎牙致力于培养主播与观众的关系,以提高用户粘性,提升用户购买平台上虚拟礼品的意愿。而发展至现在,虎牙也正在向商业化的方向转化。而YY作为国内最大的网络直播平台,为虎牙的发展提供了强大的资源与平台。但目前其商业化发展趋向很不明朗,面临着较大变数。

11.8.4 在线直播网站问题及趋势分析

在线直播网站作为市场热点发展势头正劲,但仍处于发展初期,面临的问题相当严峻。首先是内容质量低下,低俗内容盛行。目前网络直播市场上,具有窥私欲和性暗示刺激的内容大行其道。2016年4月14日,文化部查处了19家网络直播平台,对这一现象进行了治理,①但目前以暴露、挑逗等方式来吸引用户的方式依然普遍。其次是内容冗长,缺乏创意。在线直播内容不受时长限制,直播时间往往较长。而随着直播次数的增长,内容趋向于乏味,容易损失用户。第三,细分市场有待开发。尽管目前各类直播网站纷纷出现,但在各细分领域开发较为不足。

基于以上分析,我国在线直播网站的发展趋势应包括且不限于以下方面:提升专业内容制作能力,PGC与UGC相结合;形成网红的产生机制,建立联盟,提升影响力;提升受众参与积极性;寻找合适的盈利模式。

---

① 文化部公布第二十五批违法违规互联网文化活动查处结果[EB/OL]. http://news.xinhuanet.com/shuhua/2016-07/13/c_129140827.htm.

参考文献

[1] Gartner Corporation. The Gartner framework for e-government strategy assessment[R]. 2002.

[2] Accenture. *E-government leadership: engaging the customer*[R]. 2003.

[3] Brown University (West D M). Global e-government[R]. 2004.

[4] United Nations. *World public sector report* 2003: *e-government at the crossroad*[R]. 2003.

[5] 张成福,唐钧. 电子政务绩效评估:模式比较与实质分析[J]. 中国行政管理,2004.

[6] 刘兴宇,王彤. 政府网站综合评估方法[J]. 情报科学,2004.

[7] 冯英键. 深度审视企业网站的专业性[EB/OL]. http://www.marketingman.net, 2004.

[8] 周述文,郭晓军,孙爱平等. 电子商务网站的分类及评价初探[J]. 中国管理科学,2000.

[9] 刘雷鸣,王艳. 关于网站评估模式的比较研究[J]. 情报学报,2004.

[10] 刘百芳,刘叶. 资产属性:财务会计界一个不容忽视的问题[J]. 经济师,2007.

[11] 中国资产评估协会. 资产评估价值类型指导意见[S]. 2007.

[12] 徐海成等著. 资产评估学[M]. 西安:陕西人民出版社,2003.

[13] 王巍,吕发钦等. 网络价值评估上市[M]. 北京:北京经济科学出版社,2000.

[14] 邹振华,董江山. 商业网站盈利能力的理性分析[J]. 甘肃社会科学,2006.

[15] 郭丹霞,庄明来. 我国三大门户网站盈利模式比较[J]. 会计之友,2006.

[16] 王新宇. 企业人力资源价值评估新模型的探讨[J]. 科技情报开发与经济,2007.

[17] 杨子江.网络价值评估[M].北京:中国人民大学出版社,2002.

[18] 严复海,慈佳,张涛.目标企业价值评估的实物期权定价法探讨[J].中国管理信息化,2007.

[19] 罗小芳,祝美芳,邹维.电子商务网站盈利模式研究[J].时代经贸,2007.

[20] 潘海江,韩东方.商业网站价值评估理论方法探讨[J].中国资产评估,2007.

[21] 卢致杰.基于距离的客户群价值研究[J].管理工程学报,2006.

[22] 徐会敏,胡芝春,王勇.网站价值评估初探[J].商业科技,2007.

[23] 任永功,李义勇,张庆.网站评估指标体系的研究与建立[J].教育信息化,2004.

[24] 杨明智,庄玉良.电子商务网站评价理论与方法综述[J].电子商务,2006.

[25] 张炳信.基于实物期权的房地产估价方法研究[D].武汉:华中师范大学,2007.

[26] 尹玉杰.论实物期权理论在企业价值评估方面的应用[D].济南:山东大学,2007.

[27] 邱红.DEA在网站评估理论中的理论研究与应用[D].成都:电子科技大学,2005.

[28] 周慧文.面向公众的政府网站的评估与应用研究[D].武汉:武汉大学,2005.

[29] 全国注册资产评估师考试用书编写组.资产评估[M].北京:中国财政出版社,2007.

[30] 谢希仁.计算机网络[M].北京:电子工业出版社,2003.

[31] 吴祈宗.系统工程[M].北京:北京理工大学出版社,2006.

[32]《第37次中国互联网络发展统计报告》[R].中国互联网络信息中心,2016.1.

[33]《中国互联网站发展状况及其安全报告(2016)》[R].中国互联网协会,国家互联网应急中心,2016.

[34] 潘海江.网站价值评估理论研究[D].西安:长安大学,2008.

[35] 罗淇.引入非财务指标的互联网企业价值评估研究[D].济南:山东大学,2013.

[36] 章文佳. 媒体微博商业价值评估模型的研究——基于凤凰网微博实例的模型研究[J]. 商场现代化, 2014(33):27-29.

[37] Melville, N., Kraemer, Keneth. L., Gurbaxani, Vijay. "Information Technology and Organizational Performance: An Integrative Model of IT Business Value" (2004). Center for Research on Information Technology and Organizations University of California, Irvine. www.crito.uci.edu.

[38] 潘海江, 韩东方. 商业网站价值评估理论方法探讨[J]. 中国资产评估, 2007(5):20-23.

[39] 杨金国. 网络企业价值评估研究[D]. 西安:西安电子科技大学, 2009.

[40] 宋菲菲. 人民网股份有限公司价值评估研究[D]. 哈尔滨:哈尔滨商业大学, 2015.

[41] Hahn, Jungpil and Kauffman, Robert J., "A Methodology for Business Value-Driven Website Evaluation: A Data Envelopment Analysis Approach" (2004). *SIGHCI* 2004 Proceedings. Paper 12.

[42] 潘广峰. 网站特征对互联网品牌忠诚的影响机理研究[D]. 济南:山东大学.

[43] 秦卫东等.《商业价值该如何创造》[J].《商业时代》,2003年第15期,p13.

[44] 谢蓬.《互联网企业商业模式价值评估研究》[D]. 成都:西南财经大学.

[45] 郭蕾.《网络企业的价值评估研究》[D]. 北京:北京邮电大学.

[46] 陈铭麟. 互联网产业的生态群落运行机理与掩体过程研究[D]. 上海:复旦大学,2008.

[47] 杨子江.《网络价值评估》[M]. 北京:中国人民大学出版社.

[48] 郭靓.《网站的价值评估与增值因素简析》,湖南大学学报(社会科学版),2000.6(2).

[49] 徐英(2002).《网站排行榜评价模式及其评价方法研究》.

图书在版编目（CIP）数据

网站商业价值评估报告.2016/谢新洲，施侃主编. --北京：华夏出版社，2016.11

ISBN 978-7-5080-9012-2

Ⅰ.①网… Ⅱ.①谢… ②施… Ⅲ.①网站－商业管理 Ⅳ.①F407.67

中国版本图书馆 CIP 数据核字（2016）第 258603 号

网站商业价值评估报告（2016）

主　　编	谢新洲　施　侃
责任编辑	梅　子

出版发行	华夏出版社
经　　销	新华书店
印　　刷	三河市少明印务有限公司
装　　订	三河市少明印务有限公司
版　　次	2016 年 11 月北京第 1 版 2016 年 11 月北京第 1 次印刷
开　　本	720×1030　1/16 开
印　　张	19.75
字　　数	334 千字
定　　价	66.00 元

华夏出版社　地址：北京市东直门外香河园北里 4 号　邮编：100028
网址：www.hxph.com.cn　电话：（010）64663331（转）
若发现本版图书有印装质量问题，请与我社营销中心联系调换。